想象另一种可能

理
想
国
imaginist

看见

柴静

广西师范大学出版社
·桂林·

序 言

　　十年前，当陈虻问我如果做新闻关心什么时，我说关心新闻中的人——这一句话，把我推到今天。

　　话很普通，只是一句常识，做起这份工作才发觉它何等不易，"人"常常被有意无意忽略，被无知和偏见遮蔽，被概念化，被模式化，这些思维，就埋在无意识之下。无意识是如此之深，以至于常常看不见他人，对自己也熟视无睹。

　　要想"看见"，就要从蒙昧中睁开眼来。

　　这才是最困难的地方，因为蒙昧就是我自身，像石头一样成了心里的坝。

　　这本书中，我没有刻意选择标志性事件，也没有描绘历史的雄心，在大量的新闻报道里，我只选择了留给我强烈生命印象的人，因为工作原因，我恰好与这些人相遇。他们是流淌的，从我心腹深处的石坝上漫溢出来，坚硬的成见和模式被一遍遍冲刷，摇摇欲坠，土崩瓦解。这种摇晃是危险的，但思想的本质就是不安。

我试着尽可能诚实地写下这不断犯错、不断推翻、不断疑问、不断重建的事实和因果，一个国家由人构成，一个人也由无数他人构成，你想如何报道一个国家，就要如何报道自己。

　　陈虻去世之后，我开始写这本书，但这本书并非为了追悼亡者——那不是他想要的。他说过，死亡不可怕，最可怕的是无意识，那才相当于死。他所期望的，是我能继续他曾做过的事——就像叶子从痛苦的蜷缩中要用力舒展一样，人也要从不假思索的蒙昧里挣脱，这才是活着。

　　十年已至，如他所说，不要因为走得太远，忘了我们为什么出发。

目 录

二〇〇〇年，我还是湖南卫视"新青年"主持人，进了央视后，这个头发很快被剪短了，穿上了套装，坐在主播台上，想着自己脸上的表情、语言、化妆、衣服。这一场下来什么都得想，不知道怎么才能忘掉自己。陈虻说："回家问你妈、你妹，她们对新闻的欲望是什么，别当了主持人，就不是人了。"（王轶庶 摄）

第一章　别当了主持人就不是人了

二〇〇〇年，我接到一个电话。"我是陈虻。"

说完他意味深长地停顿了一下，可能是想给我一个发出仰慕尖叫的时间。

"谁？"

"我，陈虻……没给你讲过课？"

"你哪个单位的？"

"嘎……中央电视台新闻评论部的，找你合作个节目。"

我们在央视后面梅地亚酒店见了面。

我打量他，中长头发，旧皮夹克耷拉着，倒不太像个领导。他跷着二郎腿，我也跷着。

他开口问的第一句话是："你对成名有心理准备么？"

哟，中央台的人说话都这么牛么？

我二十三四岁，不知天高地厚得很："如果成名是一种心理感受的话，我二十岁的时候就已经有过了。"

"我说的是家喻户晓式的成名。"

"我知道我能达到的高度。"

他都气笑了:"你再说一遍?"

"我知道我能达到的高度。"

……

"如果你来做新闻,你关心什么?"他开了口。

"我关心新闻当中的人。"

他在烟雾里眯着眼看了我一会儿:"你来吧。"

"我不去。"

我有我的节目,湖南卫视的"新青年",人物采访,很自在,用不着签约,我住在北京,每月去一趟,录完拿现金。"体制里的工作我干不了。"

他也不生气,把烟头按灭了,站起身:"这样,你来参加一次我们评论部的年会玩玩吧。"

年会上来就发奖,新闻评论部十大先进。

这十位,长得真是。头一位叫孙杰,歪着膀子上了台,手里拿一卷卫生纸,发表获奖感言:"感冒了,没准备,写在这纸上了,我讲几个原则啊……"讲完把纸一撕,擤擤鼻涕下台。

晚会前是智力问答,我跟台长分一组,白岩松主持这环节,问:"一九一九年五四运动发生在什么季节?"台长按钮抢答:"冬季。"——大概他脑子闪现的都是系围巾的男女群雕。于是被大笑着羞辱一番。

当时正是评论部与"东方时空"分家的阶段,接下去放的是崔永元的《分家在十月》:"运动啦,七八年就来一次……兄弟们,抢钱抢女编导,一次性纸杯子也要,手纸也要……"领导们坐第一排,在片子里被挨个挤兑。

"李挺诺夫硬挺着入睡的夜晚,气恨地说:'《痛并快乐着》,这书只配用来垫脚!'……"坐在第一排中央的新闻中心主任李挺正被群众抢钱包，钞票全部被撒向空中，大家哈哈大笑。其中一百块红艳艳，飘啊飘，飘到了我手里。

嘿，这个地方好。

陈虻拿了一张破纸，让我在上面签个字："你就算进中央台了。"我狐疑地看了一眼。这连个合同都不是，也没有记者证，没有工作证，没有工资卡，连个进台证都没有。

"我们看中了你，这就够了。"

瞧他的嘴脸。

他带我去新闻评论部。我边走边打量，看了看部门口挂的牌子：求实，公正，平等，前卫。前卫……嗯，一个新闻部门，还想前卫？我左看右看。

他头也不回地走在前头，一边敲打我："你就是个网球，我是个网球拍，不管你达到什么高度……"

哦，这人挺记仇。

他转过头盯着我："记住，我都比你高一厘米。"

切。

一进门，办公室正中间放一把椅子，化妆师熟练地一甩，往我身上套了块布："来，把头发剪了。"我一直披挂在半脸上的头发落了一地，像只小秃鸭子。"这样可以吹得很高了。"他满意地拨弄一下我那刘海。

男同事们坐一圈，似笑非笑地看着我："去，给我们倒杯水，主持人，我们一年到头伺候你，你也伺候伺候我们。"我天生没什么机灵劲儿，还在南方女权文化里待惯了，不知道怎么回应这种幽默，只好呆呆地去倒了几杯水。

他们跟我开玩笑："柴静，司长大还是局长大？"

我真不知道。

陈虻把我交给那个拿卫生纸上台的家伙："练练她。"这家伙看着跟那天不大一样，严肃地看了看我："你写一写建党八十周年节目的解说词。"

这个……

我倒真敢写，洋洋洒洒。

写完给他，他真是特别善良，看了一眼，连叹气都没叹，诚恳地说："你回家休息吧。"

我要做的这个节目叫"时空连线"，每天十六分钟的时事评论，连线多方专家同时讨论。我之前从没做过新闻，陈虻也没看过我在湖南卫视的节目，不过直觉告诉我最好别问他是怎么发现我的，这种人绝不会按正常方式回答你，还是少说少问为妙，免受羞辱。他只说了一句："我们要给白岩松找个女搭档。"

年会的晚上有人打电话来，声音低沉："岩松要跟你谈谈。"我一去，一屋子男同志，挺像面试。后来才知道，白岩松这个人什么都彪悍，就是不习惯跟女生单独讲话。

大家跟我聊，他只插空问了两个问题："你喜欢谁的音乐？"我好像说的是平克·弗洛伊德。他问："华人的呢？""罗大佑。"他没再问什么，只说了一句："这是条很长的路，你要作好长跑的准备。"

第一期节目就是惨败。是关于剖腹产的话题，我自己联系好医生、生孩子的人、社会学家，约好演播室，化好妆坐进去，几位台领导正从玻璃外路过，看了一眼："有点像小敬一丹。"陈虻给我打了一个电话："这就代表认可啦。"

现场采访只录了三十分钟，谈完剖腹产怎么不好，就顺利结束了。那会儿我不把电视当回事，在纸上编完稿子，让同事帮忙剪片子送审，自己去外地耍了。

放假回来，在办公桌上挂只大画框，是在西藏拍的照片，还弄个水瓶，插了些花花草草。

看办公室人脸色，知道审片结果很不好。大家不好跟我转述最狠的话，只说已经这样了，你就把结尾再录一遍吧。

陈虻在会上公开批评我："你告诉人们剖腹产是错误的，自然生产如何好，这只是一个知识层面，你深下去没有？谁有权利决定剖腹产？医生和家属。怎么决定？这是一个医疗体制的问题。还有没有比这个更深的层面？如果你认为人们都选择剖腹产是个错误的观点，那么这个观点是如何传播的？人们为什么会相信它？一个新闻事实至少可以深入到知识、行业、社会三个不同的层面，越深，覆盖的人群就越广，你找了几个层面？"

我越听心底越冰，把结尾一改再改，但已无能为力。

年底晚会上，同事模仿我，披条披肩，穿着高跟鞋和裹腿小裙子，两条腿纠结在一起坐着，把垂在眼睛上的头发用手一拨，摸着男生的手，细声细气地采访："你疼吗？真的很疼吗？真的真的很疼吗？"底下哄笑，都认同是对我的漫画像。

白岩松当时是制片人，压力比谁都大，也不能拔苗助长，别人笑我的时候，估计他心里比谁都难受。有次我穿印花纱裙子到办公室，他叫我过去，说："回去把衣服换了。"

每天节目结尾主持人都要评论，我别扭坏了。按我原来花里胡哨的文艺路子，肯定是不行的，按节目的习惯写，我又写不来。一遍又一遍，都过不了关，到后来有一次没办法，白岩松递给我一张纸，是他替我写的。

每次重录的时候，都得深更半夜把别人叫回演播室，灯光、摄像后来已经不吱声了，也不问，沉默地隐忍着。录完，我不打车，都是走回去，深一脚浅一脚，满心是对他们的愧疚。

部里安排所有主持人拍合影，我是刚来的小姑娘，自然而然站在最后一排边上。崔永元回头看见我，扶一下我的胳膊，把我带到第一排正中间他的位子上，他当时连我的名字都不知道。

他是这样的人。有个场合，几乎所有人都在互相敬酒，他进来了，在饭桌边坐下来，什么也没说，但谁都不敬了。

这就是他。

那几年评论部的内部年会，看崔永元主持是我们的狂欢，看他在台上手挥目送，戏谑风头人物，逗逗女同事，拿领导开涮。也就他能修理陈虻，说："陈主任站起来。"

陈虻被群众打扮成日本浪人，头顶冲天辫，重重叠叠好多层衣服，半天才撑着大刀勉强站了起来，群众起一大哄，小崔伸手压住，指一指大屏幕上一堆怪诞字符，只有一个中国字是"钱"。小崔说："这些字怎么念，陈主任？"

陈虻踅摸了半天："不认识。"

"哦，陈主任连钱字儿都不认识。"

大家笑。

"再给你一次机会。"他说，"这些字里头你认识哪个？"

陈虻这次答得挺快："钱。"

"哦，陈主任原来只认识钱。"

大家吹口哨，尖叫。陈虻手扶着大刀也跟着乐。

小崔正是如日中天，可以"别一根签字笔，揣一颗平常心，走遍大江南北，吃香的喝辣的"，但他公开说，每次录节目，开场前心里焦虑，总得冲着墙向自己攥拳头。

我见惯了强人，他这点儿软弱几乎让我感激。

我在台里新朋友不多，史努比算一个。那时候好像就我和他单身，办公室雷姐还想撮合我俩。我看他一眼，年岁倒是不大，但长得吧……他自己说早上洗完脸抬头看镜子，差点喊"大爷"。有一次在地铁，他死盯着一个姑娘看，最后那姑娘犹犹豫豫站起来要给他让座。他真诚地对我说："我从小就长这样，等我四十的时候，你就看出优势了。"

他学中文的，在新闻评论部内刊上写文章，题目就是他的梦想，叫"饭在锅里，人在床上"，不免被一干做新闻的人讥笑。开会谈节目，他开口，一屋子人就摇头笑"人文主义者"。别人都做时事类节目，元首访问什么的，讨巧，也好做，他偏做生僻的，有一期叫"哥德巴赫猜想"，民间有位倾其一生研究哥德巴赫猜想的，专业人士和普通人都觉得可笑，但这人在节目中说："小人物也有权利发出自己的声音。"别人笑，史努比只自嘲，从不反击，也没见他对人凶恶，我有时觉得他有点近于怯懦，他只说："道德，不是没有弱点，而是看清它，然后抑制它。"

有次聚餐，在一个吃东北菜的地方，都喝得有点儿多了，有人大声呼喝，有人往地下砸瓶子。他也喝高了，摇摇晃晃蹲在地上捡碎片。我去捡的时候，听见他嘟嘟囔囔："什么是人文主义者？人文主义者，就是不往地上砸瓶子。"

那时候，他手头正青黄不接，每天拎着单位发的纸袋子，装着泳衣和盗版碟，游完免费的泳，吃完免费的三餐，回家看五张盗版碟，发工资全存建行，每天坐公交车时看着建行的大招牌，"有种深沉的幸福"。

就是这么个人，看我很不得意，居然花钱送给我一盆花。是他上班路上看到地铁口挤了好多人，想着肯定是好东西，挤进去一看，是从天安门广场上撤下来的国庆菊花，板车上放着，一块钱一盆。

很贫贱的小黄菊，他小心翼翼地放我桌上，作陶醉状深嗅一下，差点熏一个跟头。

中午开会大家评我的节目，他最后发言："大家都说'好的我就不说了，我提点儿意见'，好的为什么不说呢？好的地方也要说。我先说……"

我看他一眼。

他私底下爱教育我："你生活得太塑料了，不真实。"

我白他："怎么了？"

"过分得体。"

"什么意思？"

他来劲了，比比划划："要像打枪一样。有句话，叫有意瞄准，无意击发。要有这个'无意'。"

挺神的反正。

后来，史努比跟我说过，看我当时真是吃力，天天采访前挨个打四十分钟电话，每次采访都在本子上写一百多个问题。化妆的时候还斜着眼继续写，化妆师一边抖抖地画眼线，一边叹气："我看人家别的主持人这时候拿本金庸看，你怎么这么紧张？"到录的时候，我就照着本子上的问题往下问，听不见对方说话，只想着自己的下一个问题。

绳子越缠越紧。

大老杨是摄像，录完节目大雪里送我回家，他说姑娘你可得加把油啊，领导说扶不起来就不扶了。

当时"时空连线"首次使用连线的方式让三方嘉宾评论同一新闻事件，试图创造争论和交锋的空间。这个技术刚开始试，还没办法在演播室里实现三方在屏幕上同时出现，只能用电话采访，摄像在现场拍下他们说话的镜头，回来合成画面。在演播室里我盯着空荡荡的屏幕方向，只能在耳机里听到三位嘉宾的声音。

"往这儿看。"摄像引导我往黑暗里望，做出与三个嘉宾交流的眼神，"要有交流感。"我只好每个问题都配合点眼神儿，身体也跟着拧，装作在跟谁交流，营造一种气氛。光拧这个身子就能把我弄个半死。

摄像"咂"一声："你眼里没有人。"

我不服气："是，那些嘉宾的人影都是后期加上的，我根本看不见他们。"

"不是这意思。"对方摇摇头，没再说下去。

慢慢的，我已经不会写东西了，拿张纸对着，一个字也写不出来。再过一阵子，我连话都不会说了。在餐厅遇到"新闻调查"的张洁，他说他理解这感觉，说他拍过一个片子，白血病人晚期的治疗要把身上的血全抽出来，再换成新的。我血已流光，龇出一个纸一样苍白的假笑看着他。

再后来，我干脆出溜了。以前当观众时，老讥笑别人八股腔，现在当了主持人，用得比谁都熟练，每天结尾我都说："让我们期待一个民主法治的社会早日到来。"

这话是不会错的，然后我就可以卸妆下班了。

梦里我又回到小学四年级。

八岁的我站在教室走道里，一只手捂着左眼，一屋子同学都埋头看书。老师拿一支小棍，点着视力表的最底下一行。

这是我小时候最恐惧的场景，直到现在，看到视力表还感到条件反射式的恶心。

我早就近视了。但谁也没看出来。

我站在过道上，非常冷静，食指上下翻飞地指着。我已经把最后一行背熟了。老师把小棍一放，埋头边写边喊："一点五，下一个。"……现在我跟大家一样了。谁也没注意到我，我不动声色地回到了座位上。

眼前黑板上的字，我什么也看不清。

有一天穿过客厅，看见电视里"经济半小时"有个记者正在采访刚当了县长的牛群。这记者叫陈大会，真是职业杀手，快、狠、准，剑光一闪，夺命封喉。我端着饭碗站在那儿一直看到完。

业内对他的采访有争议，但都承认他勤奋："他是第一个细心研究国外节目的采访记者，把节目像拆螺丝一样拆开，每一个导语，每一个问题，包括每个表情和姿势，都模仿研究。"

我把他的采访，还有法拉奇、拉里·金……能找到的都打印下来塞在文件夹里，提问抄在小本上，采访前常常偷换一下问题的内容就直接用。江湖上的小女生，以前那点儿华丽的水袖功夫，上阵杀敌时一概用不上，只能老老实实蹲马步，照猫画虎。

我遇见陈大会，他说要小心身上的毛病，不要到了三十多岁改不过来，在连线采访中，要心无旁骛，不要管这节目到底要什么，不要去管什么气氛啦交流感啦、不要冷落任何一个嘉宾啦这回事。"你就记住一点，"他说，"新闻本身是最重要的。如果有一个人能够接近新闻的核心，那你这期节目就让他一个人说话，其他两个坐在那儿一言不发也无所谓。"

我迟疑："嘉宾会不舒服吗？"

"他们舒服不舒服不重要，记者的首要任务是揭示真相。"

他这话让我心里动一下，但我根本没这勇气，我像只粽子一样被死死绑住。

他大概看出了我的状态："跟你讲个事，一九九六年的时候，'东方时空'开会，制片人问大家，咱们'东方之子'的采访记者最差的是谁？××还是陈大会？"

我开始向他学，但是这种拣本《葵花宝典》闭门自修的方式，很容易就向邪路上去了，以为厉害的记者就是要把别人问得无地自容。

遇上一个新闻，两名陕西青年组队骑自行车飞越长城，有一位失去了生命。我策划了一期"飞越的界限"，采访遇难者的队友和教练，他的队友在节目里朗诵爱国的诗，我问："你就是想要那种特别来劲的感觉吗？这比命还重要吗？……这是不是草台班子？你们是不是炒作？……"

录完后同事奇怪我的变化："哟，这次挺尖锐啊。"我还挺得意。

李伦当时是"生活空间"的编导，给我发了条短信："你把重心放错了吧？"我还没明白他的意思，就看到《南方周末》上刘洪波评论这期节目："电视记者语带嘲讽，步步为营。"他认为责问的对象应该是负责安全审查的管理部门，用不着只拿当事人取笑。

网上有观众写看完这节目的感受：冷酷的东方时空，冷酷的柴静。

过了好几年再看这期节目，提的问题还在其次，那个坐在台上、一头短发、雪青色套装的女主持人，脸上都是凌厉，眼内都是讥诮。我不是试图去了解他们，而是已经下了一个判断。

满满腾腾都是杀气。

我那点儿本来就少的观众说："本来觉得你还有点亲和力，现在不太喜欢你了。"

央视南院食堂，每天集体吃饭时电视上正重播"时空连线"，陈虻吃完饭给我打个电话："人家说，这人还是陈虻招的？你可别让我丢人。"说完把电话挂了。

他骂人的这个劲儿，史努比说过，让人轻生的心都有——因为他骂的都是对的。

他审一个人的片子，审完把对方叫过来，问人家多大岁数了。对方莫名其妙，问这干嘛。他说："看你现在改行还来不来得及。"

他嫌我小女生新闻的那套路数："你简直矫揉造作不可忍受。"

小女生血上头，眼泪打转。

他还说："批评你不可怕，对你失望才可怕。"

直到他看我真没自信了，倒是对我温和点了："你得找到欲望。"

"我欲望挺强的呀。"我回嘴。

"你关心的都是自己，你得忘掉自己。"他说。

"怎么才能忘掉自己？"我拧巴得很。一期节目三方连线，我得时刻想着我的身体要拧成三十五度、四十五度、六十度角，还要想脸上的表情、语言、化妆、衣服。这一场下来什么都得想，我怎么能忘掉自己？

"回家问你妈、你妹，她们对新闻的欲望是什么，别当了主持人，就不是人了。"

我真是一期一期问我妈和我妹，设计问题时有点用，尽量从常识出发，但一上台，几盏明晃晃的灯一烤，导播在耳机里一喊"三，二，一，开始"，身体一紧，我声音就尖了，人也假了。

陈虻说："你问一个问题的时候，你期待答案么？你要不期待，你就别问了。"

我不作声。

我问医生朋友："为什么我呼吸困难？"

他说："情绪影响呼吸系统使呼吸频率放慢，二氧化碳在体内聚集造成的。"

"有什么办法吗？"

"嗯，深呼吸。"

上楼的时候，我深呼吸；下楼的时候，我深呼吸。我看着电梯工，她松松垮垮地坐着，闲来无事，瞪着墙，永远永远。我强烈地羡慕她。

上班时只有在洗手间，我能松垮两分钟。我尽量延长洗手的时间，一直开着龙头，一边深呼吸，看着镜子里的自己。我知道自己身上已经开始散发失败者的味儿，再这样下去谁都会闻出来了——在动物界，你知道，只要你散发出那样的气味，几乎就意味着没有指望了，很快，很快，就会被盯上，毫不留情地被扑倒在地，同伴会四奔逃散，甚至顾不上看你一眼。

那段时间，临睡前，我常看一本叫《沉默的羔羊》的书，不知哪儿来的满是错别字的盗版，书皮都快掉了。

很多年后，我看到了它的续集，愤怒地写信给作者。我说你这续集里蹩脚的狗屁传奇故事把我心里的史达琳侮辱了。那个吃着意大利餐、欣赏油画、跟食人魔医生谈童年创伤的女人根本不是她。

在我心里，她一直是美国联邦调查局（FBI）二十四岁的实习生，说话带点儿土音，偶尔说粗口，没有钱，穿着一双不怎么样的鞋子，孤身一人去调查杀人案，监狱里的疯子把精液弹到她脸上，参议员认为她偷了自己女儿的珠宝，她知道失败和被人看轻是什么滋味。

可是她左手可以一分钟扣动七十四下扳机，胳膊上的筋脉像金属丝一样隆起，卷起袖子去检验那些腐败的死尸，对认为她只是依靠姿色混进来的男人说"请你们出去"。

她曾希望在FBI这个大机构里得到一席之地，但最后她不再为身份工作，"去他妈的特工吧"，她只为死去的人工作，在心里想象这些被谋杀的女人，跟她们经历同样的侮辱，从刀割一样的感受里寻找线索。

人在关口上，常是一些看上去荒唐的事起作用。在演播室开场之前，我很多次想过："不，这个用塑料泡沫搭起来的地方可吓不着史达琳，这姑娘从不害怕。"

我决定自己做策划和编辑，找找那个抽象的欲望是什么玩意儿。

每天给各个部委打电话联系选题。大老杨看我给外交部打电话联系大使被劫案的采访觉得好笑："得多无知才能这么无畏啊。"但居然联系成了。录节目的时候他负责拍摄，冲我默一点头。我心里一暖。

我每天上午报三个选题，下午联系，晚上录演播室，凌晨剪辑送审。

就这么熬着，有个大冬天凌晨两点，人都走光了，没人帮我操机，我自己不会，盯着编辑机，心想，我不干了，天一亮我就跟陈虻打电话，去他的，爱谁谁。我在桌边坐着，恶狠狠地一直等到七点。电话通了，陈虻开口就问："今天是不是能交片了？"

我鬼使神差地说："能。"

我抱着带子去另一个机房，编到第二天凌晨三四点。大衣锁在机房了，穿着毛衣一路走到电视台东门。我是临时工，没有进台证，好心的导播下楼来，从东门口的栅栏缝里把带子接过去。回到家电梯没了，爬上十八楼，刚扑到床上，导播打电话说带子有问题，要换，我拖着当时受伤的左脚，一级一挪，再爬下去。

大清早已经有人在街上了，两个小青年，惊喜地指着我，我以为是认出了我。

"瘸子。"他们笑。

浅青色的黎明，风把天刮净了，几颗小银星星，弯刀一样的月亮，斜钉在天上。

白岩松有天安慰我："人们声称的最美好的岁月其实都是最痛苦的，只是事后回忆起来的时候才那么幸福。"

节目这么播了一期又一期，常被转载，也拿到一些奖，过得宽松点儿了。但我说不上来自己的感觉。默多克说，新闻人就是要去人多的地方。但我心里知道我不爱扎堆。

小时候，我有个外号叫"柴老总"，因为老是"总"着脸，山西话。大人们例行逗孩子取乐，捏个脸啊，亲一下，说"笑一个"什么的，我总面无表情看着对方，弄得很无趣。谁喜欢一个不叽叽喳喳的小孩儿呢？

"你不可能是个好新闻人。"有同行直言不讳地对我说。

"什么是？"

"爱打听，好传播。"

是，我本性不是。我每天四处打电话争取采访机会，做了很多独家的选题，但这么做的目的，只是为了让领导和同事接受我，让这件事成为第二天的媒体头条。我知道什么样的题能拿奖和被表扬，可我心里清清楚楚，这些不是我打心眼儿里有欲望的题，它们不会触动我。

有一些选题会让我心里一动，有次在报纸边角上看到一个十三岁的女老师带着一批艾滋孤儿的事。那时候媒体还没有接触过他们。报题会上大家说："那不是我们的题。"

有一天我看见法学会报告上有一个小数字，云南省女子监狱里，暴力重犯的六成是因杀夫入狱，吓我一跳，想知道这是怎么了，但报题会上大家说："这是'新闻调查'的题。"

……

这样的时候多了，想起九八年我刚来北京的时候，去一家杂志实习。编辑对我挺好，让我做"物种多样性"的封面选题。我去采访中科院植物所的人，写他们研究的困境。编辑看了稿说："我要的不是这个，你去编译点儿最前沿的国外材料。"

我说："可是我觉得国内研究的现状要提一下啊。"

"说了有用吗？"

我较劲："我不知道，但是不说的话肯定没有。"

"这不是我们杂志要的，改吧。"

"可是……"

"去改吧。"

"……"

"你改不改？"

"不改。"

我俩同时把电话挂了。这是我来北京后的第一份工作，我丢了它。

有一天，一个小姑娘，我当年在电台时候的听众，从广院坐了两个多小时车来我办公室，进门也不寒暄，挺厉害地问了我一句："你觉得现在这样有劲么？还找得到当初和听众之间那种信赖吗？"

我愣在那儿。她转身走了。

少年时代，我爱听台湾电台，喜欢那里的人味儿，想干这行，一上大学就去电台兼职，毕业后找领导申请一个放花鼓戏的周末深夜时段，做一档节目。

他跟我说："这个节目是没钱的。"

"嗯。"

"也没加班费。"

"嗯。"

"坐车也不能报销。"

"嗯。"

我掩饰住我的狂喜——真的？让我干我喜欢干的，还不用付钱？

节目很简单，听众写信说他们的事，我不评论，也不回复，只把选中的信每个字都念出来，姓名日期在我看来都金贵得很。念完往上一推音乐键，我往后一靠，潮乎乎的软皮耳机里头，音乐排山倒海。胳膊枕在播音台沉甸甸的皮子上，胳膊肘那块蹭出了深褐色的印子。沉沉的晚上，头顶一盏小灯烤着，栎木板和皮革有一种昏黄老熟的味儿，对面玻璃反射这点小光，好像整个世界都窝在里头。从第一次坐在这儿，我不兴奋，也不担心，心里妥当——就这儿了。

时间长了，听众说："把你当成另一个自己。"

现在到了电视台，做了新闻，我清清楚楚地知道，我在工作，卖命地工作，但我是在为制片人、奖金、虚荣心，为我的恐惧而工作。最简单的东西没有了，我的心不在腔子里。

有天，吹着高高的头发，化了妆去录节目，路上碰到一个当年的朋友，看着我，看了一会儿，说："你可小心，别变成最初你反对的人。"

做了一年多主持人，二〇〇三年二月，白岩松突然把我叫到办公室，说新疆地震，半个小时后，你去现场。"接接地气，"他说，"知道为什么不让你穿裙子了吧？干这行得随时准备出发。"

新疆大地震，我们坐伊尔76军用运输机去喀什。机舱里开进三辆大卡车，放了十几只搜救犬的笼子，没座位，我找了个废轮胎坐上，没窗子，噪音大得根本听不见对面的人说话，飞了五个小时，地震局不少男同志都颠吐了。

到喀什是凌晨三点，大月亮，天地刺白，军用卡车从飞机里开出来，我们坐上，四小时开到伽师。地面不好走，刚开始站在卡车车厢里，站不住了就蹲着。路已经破坏得很厉害，一颠簸，我和巨大的德国搜救犬一起滚倒在厢板上。它一声不吭，从我身子底下挪开，把大尾巴抽出来，厢板上一拍，琥珀色眼睛看着我，等我爬起来了，竖耳拧头目视远方。

下车的时候，我终于踩到地上，以为自己腿软了，低头看，才发现自己站在一家人原来的茅草屋顶上，已经塌平，草从地里孳出来。

我茫然往前走，六点八级的地震，两百多人死亡，眼睛能看到的范围内，土木结构的房子基本完了，喀什噶尔平原上空空荡荡。往前走，成百的男子，围成一圈，阿訇站在中央，为盖着白布的死者念诵《古兰经》。再往前，女人们正在找大石头，在空地上架锅做一点吃的。黎明刚起，巨大的原野一片青黑，赤红的火苗一蹿一蹿舔着锅底。

如果这会儿是在演播室，灾难对我来说，只是一个需要完成的新闻，我只关心我播报赈灾的数字是不是流利，但看见一个老大爷光着一只脚，另一只脚上穿只解放鞋，拄着拐走了两里路，从我们的卡车上翻找出一只在北京随处可见的带眼的旧黄皮鞋，端详一下，套在脚上走了，我才知道什么是赈灾。

陈虻说过："去，用你的皮肤感觉新闻。"

这地震把我从演播室震出来，震到了地上。

再往前走，走过一个坍塌半边的墙。我站住，用手指轻轻碰了一下，是粉砂土加了一点水泥，水泥极少，一捻就碎。旁边站着一个戴赭黄头巾的维族老人，我还没来得及张口问什么，她忽然回身把我抱住，在我肩头哭了起来。我下意识地搂着她一耸一耸的肩膀，脸贴着她的脸，她的皱纹冻得冰凉。

第二天去拍帐篷小学升旗。去的时候记者云集，小学生从废墟压着的课桌里，把红色绿色的书包抽出来，拍拍土，升上国旗，开始念"我美丽的校园"。

做完节目，我被表扬了："不错，有细节。"

拍完撤器材的时候，边上有一对双胞胎姐妹在玩。我问她们住在哪儿，小孩子领着我走，停在一个空地上。房子塌了，从家里拉出来的两床被子就放在地上，连个铺的毡都没有。我伸进手一摸，里头都是细碎潮湿的沙砾。当时晚上是零下十二度。

"喝水怎么办？"

她们的小哥哥拿只铁皮桶，带我走了约莫一里路，有一个积着雨水的小坑。他把漂在上面的败叶用桶底漂开，装了半桶，回来搬两块石头，把水倒在铝壶里烧。

这就是他们的生活，而我刚才在向全国人民说他们已经背着书包开始高高兴兴上学了。

我什么也说不出口，只能蹲下来给小姑娘把鞋带系上。

新疆的最后一天，"面对面"制片人赛纳打来电话，让帮忙采访个人物。

"采访谁？"

"不知道，你自己找。"

我找到了达吾提·阿西木。他是个村支书，戴着维族老年人那种黑皮帽子，一圈花白淡黄的络腮胡，脸又红又宽，坐在塌掉的房子前头砸坏的凳子上。他满脸是灰，我也是，头发全是头盔压的印子，这次我什么问题也来不及准备。

我看了看周围，问："您现在房子没有了，晚上睡在哪儿？"

"地上。"

"睡着了吗？"

"一想到家里有五个人死了，想睡也睡不着。"

"睡不着的时候想什么？"

"想以前的生活，想我村子里的一千四百多户人怎么活下去。"

如果在演播室，这时候就会想，该第二段落了，该上升到什么层面了，但是坐在这长天大地上，什么都没了，灯光没了，反光板没了，耳机里的导播没了，我采访的人听不懂汉语，翻译是当地人，只能问最简单的问题。

"这个地震怎么发生的？"

"当时感觉有打枪的声音，地就晃开了，晃了两次。我就在原地蹲下来，旁边的那堵墙塌了下来。我滚进了水渠里。在水渠里面我抓住了一个桑树枝。满天的灰尘。"

"从水渠出来以后呢？"

"就往家里跑。到了家以后我爬上了房顶，周围全是尘土。我在房顶上挖，把房顶扒开花了很长的时间。"

"您用什么挖的？"

"当时找不到任何工具，就用自己的手挖。一开始看到一个手腕时也不能确定是我媳妇还是儿媳妇，等看到衣袖的时候我才确定是我孩子他妈。然后我就停下来了，其他人把她挖了出来。"

他脸上全是灰，被泪水冲刷得深一道浅一道，翻译说到"然后我就停下来了"，我心里抽动，一时问不出下一句来。

回到北京，从来不理我的节目策划陈耀文在食堂里端一盆菜坐我对面："现在终于可以跟你说说话了，节目有人味儿了。"

四月十七号，我得到通知，离开"时空连线"，去"新闻调查"工作。

梁建增主任跟我谈完，看我茫茫然，以一种对小孩子的怜恤送我本书，写了句话："在连线中起步，在调查中发展。"

我回去收拾东西。史努比帮我把办公室墙上挂的画框摘下来，很大很沉。他一路拎着上头的铁丝，笨笨地换着手，下了楼。

我回头说："你回去吧。"

他说："送你过去。"

到了新办公室，他找到我的桌子，退两步，把一张秃桌子打量一下，满意地左看右看，土得不得了。还跟我的新同事点头哈腰，意思是"姑娘不懂事儿，以后多照顾，该打打该骂骂"，就差给人敬支烟架耳朵上了。

"画框挂哪儿？"他东张西望。

"不了，"我说，"不挂了。"

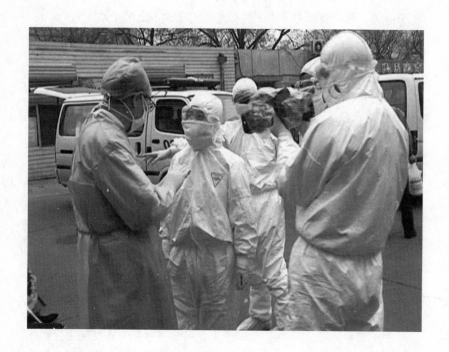

二〇〇三年四月二十二日，人民医院，运送病人的医生没有隔离服，只穿着普通的蓝色外科手术服。图中正接受采访的人民医院副院长王吉善，一周后也发病了。没人要我做这个节目，我也不知道能不能做出来，能不能播。但我不管那么多，心里就剩了一个念头，我必须知道。（图片来自视频截图）

第二章　那个温热的跳动就是活着

二〇〇三年四月十七日，到"新闻调查"的第一天，晚上大概九点，我给制片人张洁打了一个电话："我来报到。"

张洁说："我们正在开关于非典的会。"

我说："我想做。"

我已经憋了很长时间。之前几个月，"非典型肺炎"已被频繁讨论。最初，媒体都劝大家别慌，但到了四月，我家楼下卖煎饼的胖大姐都沉不住气，车把上挂着一塑料袋板蓝根，见了我从自行车上一脚踩住，问："你不是在电视台工作吗，这事到底怎么着啊？"我哑口无言。干着急参与不进去，闷闷地想，将来我要有个孩子，他问我："妈，非典的时候你干嘛呢？"我说："你妈看电视呢。"这话实在说不出口。

挂了张洁电话，手机扔在沙发上，我又拽过来给他发了条短信："我现在就去好吗？"没等他回，我电话打过去："十分钟后到。"

一推开门，一屋子人，热气腾腾，跟新同事也来不及寒暄，直接问：

"现在到底是个什么情况？"

"不知道。"

"那怎么做？"

"去现场。"

这个栏目的口号是"探寻事实真相"。

当天晚上开会还在说要采访卫生部长张文康、北京市长孟学农，但谁也联系不上。大家说，那就去医院吧。那时候都没防护意识，也没有防护服，办公室姚大姐心疼我们，一人给买了一件夹克，滑溜溜的，大概觉得这样病毒沾不上。我分到一件淡黄的。

台里的办公区也发现了疑似病例，为防止蔓延，制作和播出区的人员已尽可能减少，宁可重播节目以保安全。正式的选题程序暂时中止，这时候进不进去现场，请示也只能让上司为难，我们几个自己商量着来。去跟北京市疾病预防控制中心的人缠："让我们进去吧。"

负责人看看录音杆："这个毛茸茸的东西不能进。"

"那好，录音师不进。"

他再看摄像机："这个没办法消毒，也不行。"

"那……摄像也不进。"

所有机器都不能带。

"那让我进去，我可以消毒。"我说，"给我别一个麦克，别在衣服里面。"

"有意义吗？"

"有。"

我们跟着一位流行病学调查员到了首都医科大学附属胸科医院，穿了他们的防护服。病区不在楼里，是一排平房。玻璃门紧闭，没人来开。调查员走在我前面，手按在门上，用了下劲，很慢地推开，留了一个侧身进去的缝。后来主编草姐姐说，进门之前，我回头向同事招招手，笑了一下，她在编辑台上一遍遍放慢看过，但我自己一点印象都没有了。

门推开的那一刻，我只记得眼前一黑。背阴的过道很长，像学校的教室长廊，那一凉，像是身子忽然浸在水里。过道里有很多扇窗子，全开着，没有消毒灯，闻不到过氧乙酸的味道，甚至闻不到来苏水的味儿——看上去开窗通风是唯一的消毒手段。

病房的木门原是深绿色，褪色很厉害，推开时"吱呀"一声响。一进门就是病床的床尾，一个老人躺在床上，看上去发着高烧，脸上烧得发亮，脖子肿得很粗，脸上的肉都堆了起来，眼睛下面有深紫色的半月形，呼吸的时候有一种奇怪的水声。

"哪儿人？"调查员问。

"哈尔滨。"很重的东北口音。

"家里人？"

"老伴。"

"电话？"

"她也得了，昨天去世的。"说到这儿老人忽然剧烈地咳嗽起来，整个上半身耸动着，痰卡在喉咙深处呼噜作响。

我离他一米多远，想屏住，却在面罩后面急促地呼吸起来。口罩深深地一起一伏，贴在我的鼻子上，快吸不上气来。背后就是门，我有生以来第一次感到身体不受控制，脚往后缩，想掉头就走。

那个三十多岁的调查员，站在床头一动不动。他个子不高，离老人的脸只有几十公分，为不妨碍在纸上记录，他的眼罩是摘掉的，只戴着眼镜。等老人咳嗽完，他继续询问，声音一点儿波动都没有。

整整十分钟，我死死盯着他，才有勇气在那儿站下去。

离开的时候，我看到另一张病床上的小伙子，脖子上绑着一个痰巾，上面有一些秽迹，小腿露在被子外面，全是曲张的静脉。我们走过的时候，他连看都不看一眼。我停下来看他。他没有昏迷，眼睛是睁着的，只是什么表情也没有。日后，我在很多绝望的人脸上看过同样的空白。我想跟他说几句话，调查员举手制止了。

这时，我才发现直觉里的诡异之感来自何处——整个病区里只有三个病人，没有医生，没有护士，没有鞋底在水泥地上的摩擦声，没有仪器转动的声音，没有金属托盘在什么地方叮当作响，这个病区没有任何声音。

胸科医院当时没有清洁区和污染区。出来后，我们站在门外边的空地上脱隔离服，连个坐的地方都没有，只能站着脱。我单脚跳着往下扒拉鞋套，踩在裤子上差点摔倒。抬头，才发现摄像陈威正拿机器对着我，红灯亮着，我才想起来得说点儿什么。边想边说我看到的情况，结结巴巴，没人怪我，包括我脸上口罩勒的一道一道滑稽的印子。

"疫情公布由五天一次改为一天一次；取消五一长假；北京市确诊三百三十九例，疑似病例四百零二人。"四月二十日的新闻发布会后，恐惧"嗡"一声像马蜂群一样散开，叮住了人群。

系统嘎嘎响了几声后迅疾启动，开始对疑似病人大规模隔离。海淀卫生院的女医生第一次穿隔离服，穿了一半又去拎一只桶，拎着那只桶她好像忘了要干什么，拿着空的小红桶在原地转来转去。我问她怎么了，她嘴里念叨着："我小孩才一岁，我小孩才一岁。"

医生都是跑上车的，我们也只好跟着跑，镜头抖得像灾难片。"趁着天亮，快！快！"他们喊。

上了车，他们都不说话，手腕一直弯着向后反扣，系口罩。系好了，过一会儿，松开，再系，系得更紧一点。

车开到中国农业大学宿舍楼底下，之前有病人住过这里，两个穿墨蓝西装的物业在等着接应，看见一大车全副武装的人下来都傻了。医生给他们手里塞了口罩："戴上。"他们木然着，以绝对服从的姿态戴上，一人戴两个蓝口罩，压在一起。其中那个胖子，不知道从哪找了一个白色护士帽戴着，有一种让人恐惧的滑稽。

病人的房间在二楼，防疫消毒人员上了楼，没有敲门，先拿喷雾器往门上喷，声音很大。房里的人打开门，看见一群通身雪白的人，一声尖叫，"咣"给关上了。门被叩了几下，从里头瑟缩地打开，喷雾器比人先进去，印花格子被子上，墙上张曼玉的画像上，粉红色兔子上……过氧乙酸的雾体漫天飘落下来，掉进桌上热气腾腾的方便面桶里。

后来我发现，人在那样的状况下，通常不是哭或者抗拒。一个女生隔着桌子，茫然地把一张火车票递给我："我今天下午回家的票……能给我退了么？"我不知怎么办，把票接过来，又放在桌上。

临走的时候，她们本能地想跟着出来。门缓缓带上，我看见她们的脸重重地往下扯着，眼看就要哭出来。那个有一岁小孩的医生又走了进去，安慰她们。我在门口等着她，她出来的时候大概知道我想问她什么，说："我也是母亲。"

那时候我才能回答陈虻的问题——当一个人关心别人的时候，才会忘记自己。

到七二一医院的时候，我看到医生护士冲过来，飞奔着跑向卫生院的消毒车。一个四十多岁、戴金丝眼镜的男医生拍着车前盖，泪流满面："政府去哪儿了呀？怎么没人管我们了呀？"

去消毒的是海淀区卫生院一个刚毕业的小伙子，他把手放在这个医生肩膀上，拍了拍："拿桶水来。"小伙子把过氧乙酸沿着塑料桶沿慢慢倒进水里，打开背上的喷雾器，齿轮低声闷响，转动，他说："让开一下。"喷嘴处无色的水破碎成细小的雾滴，被气流吹向远处。

"以后就这样用。"他说。旁边的人点点头，镇静下来。

但是重症病房他只能一个人去，我们的镜头也不能再跟。

我给他提了一下淡黄色的乳胶手套，往袖子上箍一箍——他的手套太小了，老滑下来露出一小段腕子。他看着我。我们不知道对方叫什么，都穿着防护服，只能看到对方的眼睛。

他说："五一后才是高峰，小心。"

"嗯。"

他孤零零，背着喷雾器拐过一个弯，不见了。

二〇〇三年五月，北京东城区草厂东巷，一名医务人员正在等待接收一名"非典"疑似患者。（CFP图片）

五一前，能走的人都走了，因为传说北京要封城。还有人说，晚上飞机要洒消毒液。北京像一个大锅，就要盖上了。人们开始抢购食物。我回不了家，只有我妹一人，她在超市里挤来挤去不知买什么好，找到一箱鸡蛋扛回家。

好像"轰"一声，什么都塌了，工作停了，学校停了，商店关了，娱乐业关了，整个日常生活被连底抽掉。

我们只能守在急救中心，跟着他们转运病人。到哪儿去，运到哪儿，都不知道。

二十二号，突然通知有临时转运任务，开出两辆急救车。长安街上空空荡荡，交警也没有，司机周师傅开金杯面包车载着我们，跟在急救车后面开了个痛快。那年天热得晚，来得快，路上迎春花像是憋疯了，纯金的枝子胡乱抽打着往外长，衬着灰扑扑的荒街。老金杯在长安街上开到一百二十码，窗开着，外头没人，风野蛮地拍在脸上。我原来以为这一辈子，就是每天想着怎么把一个问题问好，把衣服穿对，每天走过熟悉又局促的街道，就这么到死，没想到还有这么一天。

到医院，车一停下，我看到两个医生推着一个蒙着白布的东西，颠簸着跑过来。

我吓了一跳。

他们把它往救护车上抬的时候，我才发现，是个轮椅，一个老太太坐在上面，从头到脚被白布罩着，白布拖在地上。她是感染者，但没有穿隔离服，没有口罩，从普通的客梯里推出来，身上的白布是病床上的床单，大概是临时被拽过来，算隔离手段。

病人一个接一个地出来，很多人自己举着吊瓶，我数了一下，二十九个人。这不可能，公布的没这么多。我又数了一遍，是，是二十九个。

运送病人的医生居然没一个人穿隔离服，眼罩、手套也都没有。只是蓝色的普通外科手术服，同色的薄薄一层口罩。我拦住一个像是领导模样的人，慌忙中，他说了一句"天井出事了"。事后我才知道，他是北京大学附属人民医院的副院长王吉善，一周后也发病了。

晚上回到酒店，大家都不作声。编导天贺抽了一会儿他的大烟斗，说："觉得么，像是《卡桑德拉大桥》里头的感觉，火车正往危险的地方开，车里的人耳边咣咣响——外面有人正把窗户钉死。"

我们住在一个小酒店里。人家很不容易，这种情况下还能接收我们。一进大门，两条窄窄的绳子，专为我们几个拉出来一个通道，通往一个电梯。进了电梯，只有我们住的三楼的按钮能亮，其他楼层都用木板封死，怕我们乱跑。进了三楼，没有其他客人，空荡荡的长走廊里靠墙放着一溜紫外线消毒灯，夜里磷光闪闪。

楼层的服务员挺好的，给我房间打电话，说我们要撤了，以后你们自己照顾自己吧，给你们一人留了一个体温计，自己每天量量吧。平常窗外男孩子们打球的操场空无一人，挂了铁丝，满场晾的衣服，白荒荒的日头底下，飘来荡去。

我家小区也知道我去过病房了。物业给我打电话："挺好的吧？大家都挺关心你的……最近不回来吧？"我理解，拍完了我们也不回办公室，车开到南院门口，把带子放在门口传达室。会有人来取，把带子消毒后再编辑。

我妹来酒店给我送东西，我让她带只小音箱给我。晚上在空无一人的大街上，隔着三四米远，我让她站住："放下，走吧。"

妹妹在黯淡的路灯下看着我。去病房前我俩谈起过父母，我问她："你觉得我应该去病房吗？"她说："你可以选择不当记者，但是你当了记者，就没有选择不去的权利。"

一天晚上，张洁莫名其妙地跑来酒店住，还带着一大束花。"咳，领导，这时候您来干嘛呀？"大家心想，还得照顾您。他不解释，还一一拥抱，男人们着实不习惯，倒拽着花，绷着身体忍受领导的亲热。

事后，我在媒体报道里看到过张洁说："他们几个早期的时候回到南院来吃过一次饭，结果大家找我反映：你还注意不注意我们大家的安全？唉，一瞬间，真是……但转念想，是啊，大家的安全也重要啊！"

他怕我们心里难受，就来酒店陪着我们。

记者问我，我一点不记得去南院吃饭这事儿了。费劲地想半天，解释说："那时，南院好像不存在了，不那么真实地存在了。"

每天早上醒来，我闭着眼从枕头边摸到体温计，往腋下一夹，再半睡半醒五分钟。反正发烧就去医院，不发烧也要去。有一天，我觉得鼻子里的气是烫的，热流直蹿到脑门上，觉得肯定是感染了。闭着眼睛想，怎么搞个DV进病房之类，不能白死。睁开眼看了看体温计，才三十六度五。

有位女法警，负责给刑场上已被执行死刑的囚犯拍照。她说从不恐惧，只有一次，晚上洗头的时候，打上洗发精，搓起泡沫的一刹那，所有那些脸都出现在她面前。

她的话我觉得亲切。非典时，我很少感到恐惧，有一些比这更强烈的感情控制了人。但那天晚上，我站在水龙头下，开着冷水，水流过皮肤，一下浮出颤栗的粗颗粒，涂上洗面奶，把脸上擦得都是泡沫，突然觉得是死神在摸着我的脸。我一下子睁大眼睛，血管在颈上嘣嘣地跳。我摸着血管，这就是最原始的东西。活着就是活着。在所有的灾难中，这个温热的跳动就是活着。

后来我才知道，有一阵子，我们几个都认为自己肯定感染了。从医院回来，大家不约而同冲很长时间的热水澡，觉得有什么粉末已经沾在身上，鼻孔里嘴里呛得都是，但谁也不说，好像不说就是一种保护。

台里给了我们五个免疫球蛋白针指标，这在当时极稀缺，是当保命的针来打的，但司机周师傅不是本台职工，没有指标，这五针被安排到当晚八点打，过后失效。

这是二〇〇三年，春夏之交，北京。（CFP图片）

"要么六个都去，要么都不去。"我们打各个电话争取，但台里也协调不了。

录音刘昶一边听着，说了句："别球争了。"七点半，他把门一锁，不出来了，敲也不开。陈威跟他多年好友，扯了扯我："走吧，这样他安心。"

我们五个回来的时候，他正泡好功夫茶等着，一边给他的录音杆弄土法消毒——罩个女式黑丝袜在杆头的绒上，一根烟斜衔在嘴角，眼睛在烟雾里眯起来："没事儿，该死屌朝上。"

第二天在医院里碰到个女病人，举着自己的吊瓶，看陈威拿镜头对着她，转头跟身边医生说："再拍，再拍我把口罩摘下来亲丫的。"我们哈哈大笑。

"九·一一"后不久，美国人就开始做娱乐脱口秀，一边捶着桌子忍住眼泪，一边继续说笑话。我当时不太明白，现在理解了，人们还能笑的时候，是不容易被打败的。

我们待在急救中心，摄像小鹏每天去找漂亮的护士消毒。他最喜欢一个叫"钢丝眼"的，因为那姑娘戴着口罩，眼睛又大又亮，睫毛漆黑像一线钢丝。他老站在远处瞄着，又不好意思近前。钢丝眼呵斥他："过来！消毒！"

他说："我不怕死。"

钢丝眼冷笑一声："不怕死的多了，前几天我拉的那两个比你还不怕呢，已经死了。"

他立刻凑过去了："多给点儿。"

钢丝眼白他一眼，咕咚咕咚给他倒消毒液。

"要不要头上也来点儿？"他嬉皮笑脸指着自己的光头。

姑娘拿起就倒。

他服了。

混在他们当中，我迅速变得粗野了，车在空无一人的长安街上，他们递给我根糙烟，说抽一根能防非典。工作完找地方吃饭，饭馆大都关了，就一家湖南小馆子彪悍地开着，几个服务员大红袄小绿裤，闲来无客在门口空地上抢大绳钻圈，见我们车来，一笑收绳，上几锅最辣的干锅驴肉，颤巍巍地堆成尖儿。多要一碗白蒜片，一碗红辣椒圈儿，一碗碧绿的蒜苗段，齐投进去，滚烫得直溅猩红的泡，往米饭里浇一大勺，再拿冰矿泉水一浸，把头栽进去吃，几只光头上全是豆大光亮的汗珠，跟服务员说："给我一万张餐巾纸。"

他们吃完一锅，也给我倒一杯白酒放着，讲在新疆拍日全食，天地乌黑，只剩太阳中心鲜红一点，像钻石一样亮。小鹏说他把机器往戈壁上一扔，放声大哭。他就是这么个人，拍人物采访时，常是大特写，有时镜头里只剩一双眼睛："看这人的眼睛，就知道真不真诚。"

我说不上的跟这些人亲。

我们拍过的从人民医院转运的一部分病人，在首都医科大学附属佑安医院治疗，我们去采访时已经可以正式进病房拍摄了，一位大姐半躺在床上，看我蒙面进来的身形，边喘边笑："中央台怎么派个小娃娃来了？"

我也笑："把脸遮住就是显年轻。"

问她现在想得最多的是什么，她看外头："要是好了，真想能放一次风筝。"

小鹏的镜头，跟着她的视线摇出窗外。五月天，正是城春草木深。

出了门，我问主治的孟医生："她情况怎么样？"女医生四十多岁，笑起来像春风，没直接答："一个病人来了之后晚上从来不睡，总张眼睛坐着，怕睡着了就死了。再这么着就垮了。我说给我三天，我一定让你好。"

天塌地垮，人只能依靠人，平日生活里见不着、不注意的人。这个病区里的人，连带我们这几位蛮汉，看着孟医生的眼神，都带点孩子式的仰赖。告别时她对我说了句："医生要让人活着，自己得有牺牲的准备。"

"你有么？"

"我有。"她为我们拉开了玻璃门。

在空地上收拾家伙的时候，天贺拿只小DV，突然问我："你害怕非典吗？"

"我不怕它，我憎恨它。"我掉头就走。

从医院出来，五月玫瑰色的晚霞里，看着湿黑的老榆树，心想，树怎么长得这么好看呢？晚上用小音箱听钢琴，这东西怎么能这么好听呢？走在路上，对破烂房子都多看两眼。

干完活，无处可去，我们几个到北海坐着，架鸟的、下棋钓鱼的、踢毽子的、吃爆肚的……都没了，四下无人，大湖荒凉，热闹的市井之地难得闻到这青腥野蛮的潮气。远远听见琴声，顺声望，只一位穿蓝布衫的老人，坐在斑驳剥落的朱红亭子里，膝上一块灰布，对着湖拉胡琴，琴声有千灾万劫里的一点从容。我们听了很久，一直到暮色四合。

这期节目叫"非典阻击战"。播的时候，我们几个人坐在宾馆房间看，只看了前面的十分钟，就都埋头接电话和短信。在那之前，我还真不知道我在这世界上认识这么多人，那期节目的收视率是百分之五点七四，意思是超过七千万人在看。那时候才知道电视的阵势真大，短信里有个不认识的号码，说："要是你感染了，我能不能娶你？"

一瞬间确实一闪念，要是现在死了，总算不会浑身散发着失败的腐味儿。

小鹏看了一会儿手机，没理解为什么舆论会有这么大反应，抬起头说："咱这不就一恪尽职守么？"

陈虻也给我打了个电话，没表扬，也没骂我："送你一句话——只问耕耘，不问收获。"

我父母在山西，不知道我去病房的事情，我妈学校停课，正在邻居家打麻将，一看见片子，手停了。邻居说我妈哭了。但她没跟我说。她不是那种碰到事多愁善感的人，就问了我一句："你接下去做什么？"

　　接下去，我要去人民医院，因为心里一直没放下那个叫"天井"的地方。四月二十二号，我在那里看到病人从头到尾盖着白布推出来。两天之后，我们的车又经过那里。这个有八十五年历史的三级甲等医院刚刚宣布整体隔离。

　　黄色的隔离线之后，有三个护士，坐在空空荡荡的台阶上。她们手里拿着蓝色护士帽，长长的头发刚洗过，在下午的太阳底下晒着。相互也不说话，就是坐着，偶尔用手梳一下搭在胸前的头发。

　　车在医院门口停了十分钟，小鹏远远地拿DV对着她们。

　　人类与非典最大也最艰苦的一场遭遇战就发生在这里。从四月五号开始，陆续有二百二十二人感染，包括九十三位医护人员，有将近一半的科室被污染。门诊大楼北侧的急诊科是当时疫情最重的地方，天井就在这里。我不明白这家医院怎么会有这么多人感染，但我知道应该跟上次拍转运的那二十九个人有关系，我得知道这是为什么。没人要我做这个节目，我也不知道能不能做出来，能不能播。但我不管那么多，心里就剩了一个念头，我必须知道。

　　到那个时候，我才知道什么是陈虻说的"欲望"。

　　采访中，急诊科主任朱继红告诉我，当时这二十九个病人都是非典病人，世界卫生组织检查的时候，他们曾被装在救护车上在北京城里转。

　　九年后，再看二〇〇三年对他的采访，那时候我还不能明白这个人为什么说话语速那么慢，脸上一点表情都没有。现在我理解了，那是沉痛。

　　我用了很长时间说服他接受采访。我说："你不用作什么判断和结论，只要描述你看到、听到、感觉到的，就可以了。"

在电话里，他沉默了一下说："回忆太痛苦了。"

"是，"我说，"但痛苦也是一种清洗，是对牺牲的人的告慰。"

朱继红带我走进急诊室门廊，他俯下身，打开链子锁，推开门，在右手墙上按一下，灯管怔一下，亮了。惨白的光，大概普通教室那么大的空间，蓝色的输液椅套上全是印的白字：四月十七日，周四；四月十七日，周四……

每个床上都是拱起的凌乱的被褥，有些从床上扯到地上，椅子翻倒在地，四脚朝天，那是逃命的撤退。

这就是我之前听说的天井。四周楼群间的一块空地，一个楼与楼之间的天井，加个盖，就成了个完全封闭的空间，成了输液室，发热的病人都集中到这里来输液。二十七张床几乎完全挨在一起，中间只有一只拳头的距离。白天也完全靠灯光，没有通风，没有窗，只有一个中央空调的排气口，这个排气口把病菌传到各处。

病历胡乱地堆在桌上，像小山一样，已经发黄发脆。我犹豫了一秒钟。朱继红几乎是凄然地一笑，说："我来吧。"病例被翻开，上面写的都是"肺炎"。他指给我看墙上的黑板，上面写了二十二个人的名字，其中十九个后面都用白粉笔写着：肺炎、肺炎、肺炎……

"实际上都是SARS。"他说。

病人不知道。

"那些不知情的因为别的病来打点滴的人呢？"

"没有办法，都在这儿沤着。"

如果我坐在演播室里，我会问他"你们怎么能这样不负责任"，但站在那里，他说这些话的时候脸上木然柔顺的绝望，让我的心脏像是被什么捏着，吸不上气来——他和他的同事也沤在里面。人民医院有九十三名医护人员感染非典，急诊科六十二人中二十四人感染，两位医生殉职。

我想起转运当天见他们的时候，他们只穿着普通的蓝色外科手术服。当我在胸科医院战战兢兢地穿着全套隔离服进病房，回到急救中心要消毒四十分钟，身边的人紧张得橡胶手套里全湿了的时候，这些医生护士，在天井里守着二十几位病人，连最基本的隔离服都没有。我问他那几天是什么状态，他说："我很多天没有照过镜子，后来发现，胡子全白了。"

牛小秀是急诊科护士，三十多岁。她坐在台阶上，泪水长流："我每天去要，连口罩都要不来，只能用大锅蒸了再让大家用……我不知道这是我的错还是谁的错……"

朱继红带我去看留观室改成的SARS病房，我只看到几间普通的病房，迟疑地问他："你们的清洁区、污染区呢？"他指了指地上："只能在这儿画一根线。"我不能相信，问了一句："那你们怎么区分清洁区和污染区？"朱继红沉默了一会儿，慢慢举起手，在胸口指了一下："在这儿。"

我问："你们靠什么防护？"

他面无表情，说："我们靠精神防护。"

我原以为天井关闭之后他们就安全了，但是急诊科的门诊未获停诊批准，只能继续开着，病人还在陆续地来，没有条件接诊和隔离的医院还在继续开放，发烧门诊看了八千三百六十三个病人，一直到四月二十二日我们来拍摄时，病人才开始转运到有隔离条件的医院。当时病人连输液的地方都没有了，只能在空地上输。

他带着我去看，所有的椅子还在，输液瓶挂在树杈上，或者开车过来，挂在车的后视镜上，椅子不够了还有小板凳。一个卫生系统的官员在这里感染，回家又把妻子儿子感染了，想尽办法要住院，只能找到一个床位，夫妇俩让儿子住了进去。两口子发烧得浑身透湿，站不住，只能颤抖着坐在小板凳上输液。再后来连板凳都坐不住了。孩子痊愈的时候，父母已经去世。

一张张椅子依然摆在那里，原样，从四月到五月底，谁也没动过，蓝色的油漆在太阳底下已晒得褪色，快变成了绿的，面对大门口敞开放着，像一群哑口无言的人。

墙那边一街之隔，就是卫生部。

五月二十七日，急诊科的护士王晶去世。

丈夫给我念妻子的手机短信。

第一条是："窗前的花儿开了，我会好起来的。"

他不能探视妻子，只能每天站在地坛医院门口，进不去，就在世界上离她最近的地方守着。

她写："回去吧，你不能倒下，你是我在这个世界上唯一的依靠。"

再下来，她开始知道自己不好了，在短信里交代着存折的密码。

最后一条，她要他系上红腰带："本命年，你要平安。"

他一边恸哭一边念，我的眼泪也满脸地流。小鹏瞪我一眼，做记者哪能这样呢？可是我没办法。

他没有告诉孩子。女儿大宝才六岁，细软的短发，黑白分明的眼睛，她的卧室门上贴了张条子："妈妈爱我，我爱妈妈。"

我问她为什么贴在门上，她不说话。我说："你是想让妈妈一回来就看见，是吗？"她点点头。临走的时候，她坐在床上叠幸运星，说装满一整瓶子妈妈就回来了。我在黯淡的光线里站了一会儿，看着她叠，大圆口玻璃瓶里面已经装了三分之一。她叠得很慢，叠完一个不是扔进去，而是把手放进罐子里，把这一粒小心地搁在最上层。我看着，想找句话说，说不出来。过了一会儿，她抬起头看我一眼，我心里"轰"一下：她已经知道妈妈去世了，她只是不想让任何人知道自己的难过。

出来后，车开在二环上，满天乌黑的云压着城，暴雨马上就要下来。一车的人，谁也不说话。

这是二〇〇三年，春夏之交。

九年之后，人们还会说"这是进非典病房的记者"，我常觉羞惭。

从头到脚盖着白布的病人从我身边推过的时候，还有媒体的信息是"市民可以不用戴口罩上街"。

我看到了一些东西，但只不过隐约地感到怪异，仅此而已，仅此而已。我觉得自己只是大系统里的一粒小螺丝，一切自会正常运转，我只是瞥到了一点点异样，但我没有接到指令，这不是我节目的任务，我觉得转过头很快就会忘记。

然后我就忘掉了。

我做的节目播出后，有同行说："你们在制造恐慌。"当时我身边坐着时任《财经》杂志主编的胡舒立，她说："比恐慌更可怕的是轻慢。"

最后一天，我们在协和医院门口等待检查结果，确认是否有人感染。张洁在办公室等消息。我们几个坐在车里，等了半小时，一开始还打着岔，嘻嘻哈哈，过一会儿就都不说话了。天贺的电话响了，他接起来说："对，结果怎么样？……出来啦？……哦，真的呀？谁？……对，是有一个女孩……"

我坐在最前面，没动，在心里说了句粗口。

他挂了电话，戳一下我说："喂，医生说你白血球很低，免疫不好。"

节目都播完了。金杯车在街上漫无目的地开，谁也没有散的意思，我们打算就这么工作下去，张洁说："你想去哪儿？"我说无所谓，去哪儿都行。

回到酒店，收拾东西回家，小音箱里放着Skinny Puppy的音乐，站在高楼的窗口，看着空无一人的北京。看了一会儿，我回身把耳机扣在头上，拿头巾用力一绑，把音乐开到最大。如果当时有人看到这一幕，可能会认为我疯了，因为那根本不算舞蹈，那只是人的身体在极度紧张后的随意屈张，音乐就像是谁站在万仞之上，在风暴中厉喊。

我闭着眼睛张着手脚，胡乱旋转，受过伤的左脚踝磕在桌腿上，疼像刀一样插进来。人在那种快意的痛苦里毛发直竖，电子乐里失真的人声像在金属上凶狠地刮刺，绳索突然全都绷断了，我睁开眼，像一只重获自由的小兽，久久地凝视着这个新的世界。

数月之后，我接到一封信，很短："还记得七二一医院吗？"
我马马虎虎地往下看。
"从那以后，我一直在大街上寻找你的眼睛。"
我一下坐直了。
"有一次我认为一个女孩是你，非常冒昧地拉住她问："是你吗？"
对方很惊慌。直到在电视上看见你，我才知道你是谁，原来你是个有名的记者。"
他在最后说："你会觉得好笑吗？我曾以为你会是我的另外一半。"
非典结束了。

这个镜头后来争议很大，还产生了个新名词，讨论我是不是"表演性主持"，钱老师说："这么做对么？不，先别回答，你要像苏联作家说的那样，'在清水里呛呛，血水里泡泡，咸水里滚滚'，十年之后咱们再来讨论。"（图片来自视频截图）

第三章　双城的创伤

进"新闻调查"的第一天，有个小姑娘冲我乐。一只发卡斜在她脑门上，耳朵上戴四五个滴哩哩的耳环，挂着两条耳机线，走哪儿唱哪儿，一条短裙两条长腿，叽叽呱呱，你说一句她有一百句。

她二十三岁，痛恨自己的青春，尤其见不得自己的红嘴唇，总用白唇膏盖着，"这样比较有气质"。哦，这好办，我叫她老范。她挣扎了一阵子就顺从了。

这姑娘大学毕业自报家门来应聘，领导每次开口问问题，她都立刻说："你先听我说……"张洁估计是以一种对女儿般的容忍，让她留下来的。

"我是三无人员，"她说，"无知，无畏，无耻。"

我心想，你真是没吃过亏啊姑娘。

她还挺会为自己找理论依据的："有句话叫'阴阳怕懵懂'，我就是懵懂，嘿。"是，瞧她找的题：一周之内，同一班级五个小学生连续用服毒的方式自杀，没有人知道为什么，获救的孩子都保持沉默。媒体认为可能是邪教造成的。她到处找人，说来说去，没人搭理，最后找到我。

我不相信太邪门的事，我更感兴趣那个沉默的原因。

张洁看着我俩，心知这种节目多半是白花钱，平常选题都得有个七八成把握了才出发，不然徒手而归成本太高，但他是个对姑娘们说不出个"不"字的领导。"去吧，省点钱，别双机了，也别带录音师了，一个摄像就够了……哎哎，也别带大机器了，带台DV。"他说。

从机场出来打车，师傅姓毛，一脸西北人的清刚，车上放着一盘邓丽君，他听了好多年，放的时候像钢丝似的。我和老范摇头摆尾地跟着合唱《偿还》："沉默的嘴唇，还留着泪痕，这不是胭脂红粉……"毛师傅从后视镜里看我俩一眼，又看一眼，乐了。

西北壮阔，赤金的油菜花开得像河一样，没完没了。青苍的山转过一弯，还是。

我说我也喜爱美剧《老友记》，陪我多少年。老范"哈"一声扑上来，摇得我披头散发。

同行说当地政府不支持媒体采访。趁着月黑风高，我们找到最后一个服毒的小杨家。

武威在河西走廊，古称凉州，双城是这西部边塞的一个小镇，三万多人，过了晚上十点，只有几户灯光。小杨家灯是亮的，院子里一块菜地，堆着化肥，一根水泥管子上晾满了鞋。父亲醉酒刚回，红着脸，粗着脖子敞着怀，说不清话，母亲坐着一句话不说。我们刚坐下，大门"咣"一响，来了五六个当地大汉，不说是谁，要赶我们走。老范跟他们吵人权和新闻自由，双方驴头不对马嘴，倒是能互相抵挡一阵子。

我抓住机会问小杨："你愿不愿意和我一块回武威，回我们住的酒店采访？"那男孩子之前垂着细脖子，只看到两弯浓眉毛，一直不说话。我不抱指望地问了这么一句，但他说："我愿意。"

我蹲在地上，有一秒钟没回过神，居然问他："为什么？"

他说："因为我看过你关于非典的报道。"

几个月前做非典报道得到的所有荣誉称赞，都比不上这一句。

回酒店的路上，毛师傅老到得很："后面有车跟。"我们往后看，普通黑桑塔纳，只有一个司机，后座上没人。

我们在酒店下车。第二天，毛师傅来接我们，说昨晚我们走后，桑塔纳下来两个人，上了他的车，问："刚才那几个人是哪儿的记者？"

毛师傅直接把车拉到110，把两个人卸在警察那儿，回家睡觉去了。

后来知道这俩人是镇长和他的同事。我们去找："这事儿还用这么躲闪啊，跟你们又没啥关系。"

镇长心一下就宽了，把遮着半边脸的大墨镜摘了。

我奇怪："当时我怎么没看见你们呢？"

他得意："哎呀，你往后一看，我们两个立刻倒在后座上。快吧？"

采访小杨，他不肯说什么原因。我说："我想去现场看看，我明天会去你们学校。"

他忽然问："我能不能跟你一道去？"

第二天，这孩子带我去学校。校长来给我们开门，中年人，头发花白，一见人就用手往后爬梳，不好意思地笑，"这几个月白的，"说话声音是破的，"心里难受，压力太大，精神几乎都崩溃了。"他勉强绷着笑，脸都抖起来了。

找到六年级的瓦房，一张张桌子看，有一部分课桌上有歪歪扭扭的"519"，一刀刀刻得很深，后来刷的红漆也盖不住。小杨在其中一张桌子边停下来，低头不语。

桌子是第一个服毒女孩苗苗的，死亡的日期是五月十九号，与她同时服毒的女孩小蔡经抢救脱险。两天后，五月二十一日中午，同班同学小孙服毒，经抢救脱险；五月二十三日早上，小倪服毒，经抢救脱险；五月二十三日晚，小杨服毒，经抢救脱险。

几个孩子桌上都刻着"519"，苗苗父母认为他们是集体约定自杀。

镇上的人卷着纸烟，眼里放着光，说不清是兴奋还是恐惧："跟你说吧，肯定是个什么教，听说还有白皮书呢。"眼睛扫一扫旁边的高台，"还有这地方，邪得很。"高台叫魁星阁，说是一个供着魁星像的高大石阁，他们说出事的孩子常常在上头待着，还刻了什么字。

我跟老范对视一眼，心里一紧。

小杨不肯多言，说你们去问苗苗的一个好朋友小陈吧，她都知道。

我们找到这姑娘家，小女孩十二岁，穿件碎花白衬衣低头扫地，发根青青，小尖脸雪白。看见我们进来，不慌不忙，扬扬手里的扫帚说，"等我扫完地。"一轮一轮慢慢地扫，地上一圈一圈极细的印子，扫完把扫帚绳往墙上的钉子上一扣，让她妈给我们拿凳子坐，转身进了屋。我隔着竹帘子看她背身拿着一张纸，打了一个电话。

她撩了帘子在我对面坐下，我问什么，她都平静答："不知道，不清楚。"

我说："苗苗不是你的好朋友吗？"

她说："我们班上的人多了，哪个都是朋友。"

我愣了一下："那这个事情你不关心吗？"

她不紧不慢地说："学习这么忙，关心不过来。"

她看着我，礼貌地等着我往下问。我看着她，饱亮黑圆的眼里没有表情，只映出我自己。我问不下去了。这时候窗外鞋声敲地，几个成年人进来，说："你们有记者证吗？"

他们穿着深蓝夹克黑皮鞋，这次不是镇上的，看来是市委宣传部的，不希望我们待在村里，一车直接拉去了当地的雷台汉墓："报道这个多好。"前后都有人跟着解说。老范倒随遇而安，她第一次到乡村，看到地上有活的小青蛙，跟在后面跑，又笑又叫，宣传部的同志没见过这么天真的记者，再严肃都看乐了。老范又吃惊西北壮丽的天色，大叫着指给我看："云！"

走在前头的宣传部负责人三十多岁，名字结尾正是"云"字，他

44

惊喜又羞涩地转头："叫我？"

众人哄笑。这一笑之后，都不好意思再绷着脸了。

之后再聊节目。我们说："这个事情谁都困惑，处理起来也棘手，但是不公开，被认为是邪教，对谁都不好。我们多了解一些，你们也多些处理的经验，是不是？"

云叹口气："这事我们都查了这么长时间了，一开始也当邪教查。没有这事，搞不明白，你们去看吧。"

我们去了魁星阁，门已经被铁丝扭住挂了锁，有小孩子手脚并用，沿着斜的墙面噌噌爬上去，一坡青砖被他们磨得溜光水滑。我找人开了门，沿台阶转上去，魁星像也不知道哪年哪月就没了，空空荡荡的像个戏台子。有个原来刻着文字的照壁，出事后被政府重新粉刷一遍，用石灰盖住。照壁不大，我没带工具，用手擦，石灰干又薄，底下的字露出来，小铅笔刀刻得歪歪扭扭的"一见钟情"或是"武林盟主"，不过如此——我在小地方长大，不奇怪小孩子为什么常常待在这儿，大概这是小镇唯一有文艺气息，能带给他们一点幻想的地方。

小地方没有电脑，没有书店，学校里唯一的娱乐设施是乒乓球台子，两块砖头垒起来算是球网。地摊上卖的还是郑智化在九十年代的磁带。小杨的房间里贴着一张四方大白纸，上面抄着爱情歌曲的词，和歪歪扭扭的简谱。

政府的人说他们搜查学校的时候，有学生确实把几本书扔到了房顶，是青少年杂志，有一页折过角，是一个女孩为了爱死去的故事，角是苗苗折的。

我问这是不是她自杀的原因，小杨有点不耐烦的不屑："怎么可能？她们都看。"

农村孩子上学晚，双城小学是六年制，苗苗已经十三岁，我在她这个年纪已经快初中毕业，班上女生全都手抄凄美爱情故事，喜欢那种戏剧化的感伤气氛，苗苗小本子上的贴画跟我那时的一样——翁美玲。

"那我们就理解不了这件事了，"苗苗的父母说，"我不相信我女儿能影响别人也去自杀，小孩子能有多深的感情？"

苗苗是服老鼠药自杀的，当时另一个女孩小蔡跟她一起。

我们找到小蔡家，她母亲拦住门说："不要拍，我女儿早好了，以前是被人带坏了。"

我问她："你知道她为什么服毒吗？"

"……"

"她多长时间没说话了？"

"十几天了。"

"你担心吗？"

"……"

"让我试试吧。"

她让出一条路来。

小姑娘细眉细眼，坐在门口的小凳子上。我们都痛恨用马赛克压在人脸上的丑陋和不尊重，摄像海南很有心，在背后用逆光剪影拍她，能看到深蓝的天空和院子里青翠的南瓜叶子。一根倔强的小歪辫子，投射在地上的光影像是内心的流动。问她，不吭声。我给她一瓶水，她像抱洋娃娃一样斜抱在怀里。

我握住她的胳膊，小小的手腕上，刀痕刻着小小的"忍"字，用蓝墨水染了。

"忍什么呢？"

她不说话。

"能睡着吗？"

孩子摇摇头。

"想什么呢？"

她不说。

我们俩对着，沉默了一会儿，我跟她说："我像你这么大的时候，有一个好朋友，叫高蓉。她是我最好的朋友，忽然有一天说她不再上学了，第一天晚上我一个人回家的时候，我特别伤心。后来我长大一点儿了，就明白了，人总是要分开的，但有的东西永远在的，就像课本上那句话，'天涯若比邻'。"

小蔡脸上泪水纵横。

她回身进了屋子，从本子里拿出一张纸条，歪歪扭扭的粗彩笔写着"我们六个姐妹是最要好的朋友，有福同享，有难同当"，底下是六个人的签名。

一个天真的誓言。

小蔡说苗苗自杀的原因是几个月前的一次聚会上，有男孩子摸了苗苗的胸部，被几个低年级的学生看见，传了出来，"说得很可怕"。从那时候苗苗就开始有自杀的念头。

我问："什么让她最痛苦？"

"从聚会的那天起，很多同学骂她……"

小杨后来给我看过他的笔记本，写到苗苗时说："她是一个走投无路的人，仍然有自尊的需求，我懂她的心，所以我很伤心。"

他不说具体的事，我只好问他："以你对苗苗的了解，你觉得她最不能忍受什么？"

他轻声说："也就是别人对她的侮辱吧。"

四月二十九日，苗苗在小卖铺用五毛钱买了一袋颗粒状"闻到死"老鼠药。在周会上，她从抽屉里拿出来吃，被同学看到。"你要吃，我们就都吃。"十几个人为了拦住她，每人服了两粒。老师在讲台上，没看到。

我吓了一跳，问小蔡："然后呢？"

我第一次见到孩子的苦笑："那药是假的。"

这件事后，苗苗说她还是想死，小蔡说那咱们一起。

"朋友比生命还重要吗？"我问小蔡。

她的声音很轻："也许是吧。"

五月十九日，下午课外活动，苗苗一个人在操场上看书，同班一个男生用手中的弹弓绳勒了一下她脖子，然后放开。她拾起地上的东西打他，没打着。两名男生看见了，其中一人故意大声说："他摸了苗苗乳房！"

放学回家后，苗苗和小蔡到小卖铺买了一瓶粉末状"闻到死"，老板还搭给她们一瓶。她俩打了一会儿羽毛球，在旁边的小商店借了个玻璃杯，在水龙头接了水，把老鼠药溶解，在一个凳子上坐下，背对背，手拉手。

小蔡说："我们都笑了。"

"为什么会笑呢？"

"想笑着离开世界。"

"死亡不可怕吗？"

"不可怕。那是另一个世界。"

"什么世界？"

"没有烦恼的世界。"

"谁告诉你的？"

"自己想的。"

苗苗的裤兜里装着她的遗书，开头是："爸爸妈妈，你们好，当你们看到这封信的时候，我已经到另一个世界里快乐生活了。"

苗苗死后，十几个孩子曾经旷课翻墙去医院的太平间看她，发现他们的医生说："我从没见过小孩儿那么痛苦。"

从太平间回来之后，有个叫小孙的孩子再没说过一句话。老师说："我没觉得他有什么不对。"

中午小孙他妈看他愣愣站着，就说："你放了学也不吃饭，整天玩……"随手拿了箱子上黄色的塑料包装皮，在他头上敲了两下。她一直想不明白："没使劲啊，咋后来就不答应了？那几天风气也不好，小苗家喝药了，我说你是不是也喝药了？！他气呼呼地：'哎，就是的！'"他转身就找瓶农药服了毒。

"小孙是我世界上最好的朋友，"同班的小倪说，"我想他一定死了。"他哭了一个晚上。学校害怕学生出事，开始要求每个孩子必须由家长接送。老师在大门口查岗，看见小倪一个人来上学，骂了他几句，不允许他进校门："万一在学校发生意外怎么办？"

小倪在门口蹲了一会儿，回家拿了农药，在麦田里服下。

三起极端事件之后，政府成立专案组进驻学校，身着警服的人传讯与服毒者亲密的学生，在没有监护人的情况下讯问。小杨被传讯了，警察询问他与苗苗是否发生"不正当关系"。

小杨说："我解释，他们不听。"

当天晚上他也服毒，被洗胃救了下来，他说："我受不了侮辱。"

二〇〇三年双城镇人均年收入不到三千元，孩子的家人都是农民或个体商贩，生活不容易。苗苗的父亲说："给她吃好的，穿好的，还要啥？"小杨的父亲当着我们的面，手扣在肚子上骂儿子："你为什么不干脆死了呢？给我惹这么多麻烦。"小杨的母亲蹲在地上哭："你把我的脸都丢完了。"

小杨嘴抿得紧紧的，掉头走了。

我跟上他，他脸都歪扭了。"你不要跟别人说，"他说，"等你调查完了，我就不在这世界上了。"

"如果是因为我们的调查，我今晚就走。"我说。

"那你就再也看不到我了。"

第二天我们停了工作，叫上小杨："玩儿去。"

当地一个马场，长着老高的野草，两匹不知哪儿来的秃马，脑袋上扎一朵红花，没精打采披个破毡。两个农民抄着手在旁边收钱，五块钱骑一次。

小杨不说话，也不骑。

我不知死活，穿着半截牛仔裤就上去了，自告奋勇："看我给你骑。"

上了马，我刚拉上缰绳，农民大概是踹了马屁股一脚，那马就疯了。我在马上颠得魂飞魄散，路过小杨的时候，居然还顾上冲他龇牙一乐。

他看我这样子，也笑了。老范说，这么多天，就看他笑了这一次。

到晚上，我两条小腿内侧都是青紫的。

老范这个没有常识的人，给我端盆水："泡，热水里泡泡就好了。"

我把腿像面团子一样插在热水里发着，一边写了封信给小杨："对遭受的侮辱，不需要愤怒，也不需要还击，只需要蔑视。"

蔑视侮辱并不是最好的方式，但我当时能想到的，只是用这种说法去激发一个男孩子的骄傲，帮他熬过这段时间。

"痛苦的时候，"我大概还记得信的结尾，因为像是写给十四岁的自己，"去看西北的天空，去看明亮的树林，那是永恒的安慰。"

我问过几个孩子，为什么你们对苗苗的感情这么深？

共同的说法是："她能理解人。"

"在你看来，什么样的人能理解人？"

"听别人说话的人。"小蔡说。

连续服毒事件发生后，从省里来过两位年长的心理老师，他们说："这个年纪的孩子，特点就是以伙伴的价值观和情感为中心。他们这种非常牢固的小团体友情，一旦关键链条断了，就很危险。"

链条的中心是苗苗。照片上这姑娘眉目如画——柔和的蜡笔画，小尖下巴，笑起来大眼一弯，成绩好，还没有班干部气质，鸦黑头发向后一把束起，小碎卷弯在额头边上。她站在台上擦黑板，底下男生女生都默默看她的马尾荡来荡去。

她在遗书里让爸妈不要伤心，让妈妈对奶奶好一些："爷爷走了，奶奶很寂寞。奶奶有些话不说，但我知道，奶奶不需要钱，只需要你们的关心和体贴。"去世几天后，又有一封信寄到家里，落款是"你们的宝贝女儿"，信里写："看到你们哭肿的双眼，我的心都碎了……"

父母认为一定是别人的代笔，但司法鉴定这确是苗苗的笔迹，交由她的朋友在她死后投递给邮局……这个孩子想在父母最悲痛的时候以这样天真的方式安抚他们。

苗苗去世之后，她仍然是表弟在内心里"唯一可以对话的人"。

"你现在心里痛苦的时候呢？"

"忍气吞声。"苗苗的表弟上五年级。

"有疑问的时候呢？"我想起小蔡胳膊上拿刀刻的"忍"字。

"问自己。"

"你回答得了自己吗？"

他沉默不语，脸上挂着泪。

"为什么不跟成年人谈呢？"

他的话像针落在地上："不相信他们说的话。"

学生连续服毒后，学校采取了紧急措施，砖墙的大黑板上，写着"守法纪，讲文明"，工整的楷书写着"看健康书籍，不进游戏厅，不拉帮结派，不参加封建迷信活动……"五六年级都开了"爱惜生命"班会。"老师怎么跟你们说的？"我问。

"说服药会得胃病。"

"我不知道该怎么教育他们，"六年级的班主任头发乱蓬蓬的，皱纹缝里都是尘土，他说自己上次接受心理学培训是一九八二年的师范班，"也没有人告诉我怎么办。"

他只能呵斥他们的痛苦，命令学生把刻在课桌上纪念同学的"519"字样抹掉。他们拒绝之后，他叫学校的校工把所有的课桌都重新漆了一遍，那些刻下来的字，看不清了，但用指尖还可以摸到。

我想起自己的小学。四年级我刚刚转学来，唯一的朋友是我的同桌，叫高丽丽。她对我很好，把泡着葡萄干的水给我喝，上课的时候我俩坐第一排，在课桌底下手拉着手。班主任厉喝："你们两个，像什么样子！"她掰了一小粒粉笔头，扔在我的头上，班里的同学吃吃地轻笑。

一直到放学，我的头发上都挂着一缕白色。

二十年之后，我觉得我的老师也很不容易。

我问那位六年级的班主任："你有什么心里话跟谁说？"

大概从来没人问过他这个问题，他愣了一下："不说。"

"那你碰到难受的事怎么办呢？"

"忍着。"他的答案和小孩一样。

这期节目让我重回电台时光。我收到很多孩子的信。一个小男孩说："我跟妈妈看完节目抱在一起，这是我们之间最深的拥抱。"一个姐姐说："这两天正是弟弟统考成绩不好的时候，看完节目，我起身去隔壁房间找了弟弟，跟他有了一次从未有过的长谈。"回到家，小区传达室的大爷递我一封信，是小区里两个双胞胎孩子留给我的，我在这里租住了好几年，并不认识他们，信里说："我们看了这期节目，只是想告诉你，欢迎你住在这里。"

电视也可以让人们这样。

但我的医生朋友小心翼翼地跟我谈："这期节目很好……"

"你直接说'但是'吧。"

他笑："你是文学青年，还是记者在发问？"

"有什么区别么？"

"像我们在急诊室，实习的医生都很同情受伤的人，会陪着他们难受，但是如果一个医生只是握着病人的胳膊，泪水涟涟，这帮不了他们，冷静询问才能求解。"

我有点强词夺理："你说得对，但我还做不到，也顾不上，我就是那个刚进手术室的小医生，我第一次看到真实的伤口。我有我的反应。"

采访苗苗表弟的时候，他说起死去的姐姐，满脸是泪水，我觉得采访结束了，就回头跟摄像海南说了声"可以了"，蹲下去给男孩抹一下眼泪，说去洗洗脸吧。

他不吭声，也没动，肩膀一抽一抽。

我问他："你在心里跟姐姐说过话吗？"

"说过。"

"说什么呢？"

"……你好吗？"

我问不下去了。他站起身，没去洗脸，跑进了屋子里，倒在床上。小男孩捂着脸，弯着身子，哭得浑身缩在一起抖。我站在床的边上，抬起手又放下，抬起手又放下。

看节目我才知道，老范把我给孩子擦眼泪的镜头编进片子里了，她百无禁忌。

这个镜头后来争议很大，还产生了个新名词，讨论我是不是"表演性主持"。小鹏瞪着大圆眼来问我："你为什么要给他擦眼泪？"

"那你怎么做？"

"什么都不做，这才是记者。"

正好钱钢老师来参加年会，他是我们敬重的新闻前辈，大家在威海夜里海滩上围坐一圈，问他这件事。他不直接说谁对谁错，给我们讲故事，说美国"60分钟"节目的记者布莱德利在监狱里采访一个连环杀人犯，问，你为什么要杀那么多人？

杀人犯是个黑人，回答说："因为我在布鲁克林区长大。"意思是那个地方是黑人聚集区，治安不好，社会不公，所以把我变成了这样。

布莱德利是个老黑人，当时六十多岁，胡子花白。他站起来揪着这个杀人犯的领子，摇着他说："我也在布鲁克林区长大。"

钱老师说："他这么做对么？不，先别回答，你要像苏联作家说的那样，'在清水里呛呛，血水里泡泡，咸水里滚滚'，十年之后咱们再来讨论。"

十年将至，到底这么做对还是不对，我在心里已经过了好几个来回，还是没有最终的答案。只是我必须承认，当年面对医生的辩解，一部分是要隐藏自己的无能。那时我说出的只是人生的皮毛，这些孩子之间的情感复杂远超过节目中的描述。

节目里，我们只叙述了因聚会流言而起的故事，但我和老范还知道另外一些细节，这个年级里有很多学生喜欢苗苗，用皮筋勒住苗苗脖子的男孩总是在上课的时候摸她的胳膊和头发……苗苗最反感别人摸她的头发，告诉了小杨，小杨揍了这男孩。

小杨是班上年纪最大个子最高的男生，他十四岁了，苗苗叫他"哥哥"。

在自杀之前，他们吵过一次架，因为苗苗认了另一个保安做"哥哥"，小杨不再理她。她请求原谅，在一个小巷子里遇到，苗苗拦住他说"对不起"，他不理她，往前走。她从地上捡起块砖，砸到自己额头上。小杨说："血和着砖灰流下来。"他没停脚，继续走了。

后来他才知道，苗苗转身回到操场，到处都是学生，她当众跪下，说："我对不起杨……"也许她认为只有以这种方式羞辱自己，才会被谅解。

那个出事的聚会上，一个喜欢苗苗的男孩要抱她，小姑娘不愿意。小杨对苗苗说："让他抱。"

或许是为了让他原谅自己，这个姑娘听从了。她是在自己喜欢的男生要求之下，被另一个男生拥抱，也许还有更进一步举止的时候，被外人看到了。

故事还不止于此，那个聚会集中了几乎全部的情感冲突……那个在我们采访时电话通知宣传部的小姑娘，是当初签了"有难同当"的六个女生之一，她跟苗苗的漂亮和成绩在伯仲之间，聚会上，她当着苗苗的面向小杨表示好感……更细密的人性真相紧紧压裹着，不可能在九天内剥开。

服毒的当天下午，苗苗被男生欺侮后，从操场回到教室，趴在小杨座位上哭泣。之后，她向小杨要了一张照片，说："谢谢你实现了我最后一个愿望。"她在桌上刻下了"519"，对小杨说"莫忘五月十九日"，转身离开了学校。

小杨跟我说这些细节时，一再问我："是不是真的是我害死了她？"我无法回答，但看得出他深受这个问题的折磨。

将近十年后，再看节目，一个镜头拍到了他的笔记，有一行字，我当年没有留意到，"她和我别离了，可是她永远地活在"，字写到这儿停止了。

这些年，我和老范对这事耿耿于怀，就因为这些没能弄清讲明的真相，怕说出这些孩子间的情感纠葛，会让观众不舒服和不理解，也许还会觉得"才十二三岁怎么就这样"……虽然大家十二三岁的时候，又与他们有什么两样。

它们没有被呈现，这是一个新闻媒体的"政治正确"。我们叙述了一个事情的基本框架，但只是一个简陋的框架，以保护大众能够理解和接受这个"真相"。

日后我看到托尔斯泰说，他在构思《安娜·卡列尼娜》的时候，原型是新闻里一个女人做了别人情人后卧轨自杀的故事，最初安娜在他心中极不可爱，她是一个背叛丈夫、追求虚荣的女人，他要让她的下场"罪有应得"。但写着写着，他并没有美化她，只是不断地深化她，人性自身却有它的力量，它从故事的枝条上抽枝发芽长出来，多一根枝条，就多开一层花，越来越繁茂广大。安娜的死亡最终超越了小市民式的道德判断，在人的心里引起悲剧的共鸣。

对人的认识有多深，呈现才有多深。

做这期节目的时候，我对人的了解还远远不够，只下了个简易的判断。

走之前，我们终于找到了最后一个孩子小孙。看到我们，他撒腿就跑，上了一个土崖，我脱了鞋，拎在手里光着脚爬上去。我们俩坐在崖边上，摄像机从后面拍他的背，录音杆凌虚放在崖边的坎上。

小孙不看我，看远处，白杨树环绕的村子，风吹的时候绿的叶子陡然翻过来，银白刺亮的一大片。

我家在山西，到处都是这样的土崖，我早年爬惯了，常常一个人爬过结冰的悬崖，从那儿够下头去看早春的杏花。

我问他："你常坐在这儿？"

他点点头。

"因为这里别人看不见你？"

"是。"这是他这些天对大人说的第一个字。

我看到他胳膊上的伤痕："用什么刻的？"

"刀刀。"

他头扎在膝盖里，我蹲在他面前，握住他黝黑的细胳膊，他的皮肤晒得发白，把浮土抚掉，能看到三道淡红色的伤疤。

我想再往下问，小孙忽然站起身，一言不发地走下山坡。

镜头注视他，直到他消失。

他根本不愿意跟我谈，一瞬间电光火石，我没有道理地觉得，也许他就是那个在聚会上抱住苗苗的男孩子。

他走下山坡，绕过牛圈，再拐过一个房子，头也没有回过，消失在一个矮墙后头。

一分多钟，我怔怔地看着他的背影，都没有意识到镜头已经摇回来对着我了，直到海南轻声说"说点什么"，我愣了一下，说了我的感受："看着孩子在采访中离开，我们知道他还有很多话没有说出来，也许那些话才是服毒的真正原因，双城事件调查到最后，我们发现，最大的谜，其实是孩子的内心世界，能不能打开它，可能是每个人都需要面对的问题。"

这个一分四十四秒的长镜头用在了节目结尾，后来在我的职业生涯中常被提起，说这是镜头前的即兴评论能力什么的。但这个段落，对我来说，跟那些无关，它只是撬起了深扎在我头脑里的一根桩子。之前我坐在演播室里的时候，总认为结尾的评论必须是一个答案，说出"让我们期待一个民主与法治的社会早日来到"才可以收拾回家，就好像这演播室只是一个布景，我只是在表演一个职业。我从来没想过一个节目会以无解来结尾，一直到我明白真实的世界即是可能如此。

到外面去

张洁总担心善良的人做不了刚性调查，但身边这些人让我觉得，其实只有善良的人才
能刚性。善良的人做"对抗性"采访，不会跃跃欲试地好斗，但当他决定看护真相的
时候，是绝不撤步的对峙。（图片来自视频截图）

第四章　是对峙，不是对抗

二〇〇三年九月，张洁搞改革，"调查性报道"成为"新闻调查"的主体，以开掘内幕为特征，采访会很刚性，开会的时候他发愁："柴静跟我一样，太善良了，做不了对抗性采访。"

老范接下茬："都不见得吧？"

"真的，她台上台下都是淑女。"一屋子人，只有老张见过我怯懦的时候。

"她？"天贺笑得直喘。

这帮坏蛋。

新同事都是非典时才认识我，那时我刚从烂泥境地拔出脚，沾了点轻度躁狂，带着矫枉过正的活泼，上楼都一步两级，沿着楼梯上指向"新闻调查"的箭头一路跳上去。还是我爸最理解我，说："就像我们手术台上的病人，麻药劲儿过去了，话特别多，抑郁很容易转成亢奋。"

这种虚亢上阵交手，一招就溃败。

一个医院监听120电话，违规出车抢病人，病人死亡，取证时只拿到一段出车抢人的录音。家属一直怀疑延误了治疗时机导致死亡，但病历拿不到，时间紧任务重，我赤手空拳，又必须一试。机器架起来，我坐在医院负责人的对面。

他四十多岁，见了镜头不躲也不紧张："坐，问吧。"

他浑身都是破绽，但我就是点不到要害。他承认违规出车，但认为违规出车和病人死亡之间没有必然关系。医疗是非常复杂的专业问题，你可以无限怀疑，但事实弄不清，这节目就是废的，说什么都没用。我只是一个记者，没有他的允许，不能掀开他家里的帘子去看看后面有没有人，不能使用超常的技术手段，虽然他左口袋的手机里可能就有那个事关秘密的号码。

采访了一会儿，他直接把胸口的麦克风拔下来，站起来说："我没时间了，需要去休假，车就在楼下。"

我失魂落魄走到楼梯口。他把我叫住，从楼梯高处把我落在桌上的采访本递过来，突然一笑："你忘东西了……怎么，比我还紧张？"

失败感比口含硬币还苦。

史努比当时主持评论部内刊的一个"圆桌讨论"，大家谈我，最集中的意见就是能不能做好刚性采访："她的神态时刻在告诉对方，坐在你对面的是一个林妹妹，但也许这是她个人的特点，我说不好。"

另一人说："是，老觉得她像个电台夜间节目主持人，要向你倾诉点什么。"

史努比落井下石："她的一些动作我倒是记得挺牢。忽闪大眼睛也好，一颦一笑也好，捋个头发什么的，她可能是没意识的，但是观众能意识到，就被这些干扰，我觉得在这些细微的地方应该有意识地收敛。"

气得我——谁忽闪你了谁忽闪你了？我那是隐形眼镜老干涩行么？

但别人没看错，非典的时候冒死不难，提一口气就够了，生活却是呼吸不绝。天性里的那点怯弱，像钉子一样钉着我。小时候看到邻居从远处走过来，我都躲在墙角让他们过去，打招呼这事让我发窘。

我妈看着我直叹气。

一直到长大成人，生活里碰到厉害的人，我就走避，不搭讪，不回嘴，不周旋，只有跟孩子、老人、弱者待在一起，我才觉得舒服。我觉得我就像《史努比》漫画里的圆头小子查理·布朗，连条小狗也管束不了，每次上完露西的当，下次还吃亏。明知"吱吱叫的车轮才有油吃"，就是开不了口。

电视台新闻组有自己的女性传统，前辈介绍的经验是："除了去厕所的时候，永远不要意识到自己是女人。"同事们老拿我在双城的采访开玩笑，说这是"泣声采访"，他们观望我："这种路数能不能干好硬新闻？"

史努比倒又说回来了："她以前挺吃力，但她有一种对人的关注方式，她的成长会有个不变应万变的过程，也会找到自己的位置。"

哼。

我知道问题不硬的根本原因不是头发和表情，是我不懂，不懂就被糊弄，稳不住。

一开始采访农村征地问题，我连农村土地和城市土地适用的是不同法律条款都不清楚，张洁不管我，也不教我，出发前不开编前会，也不问我要采访提纲，出差在外都不打电话问一声进展怎么样。我真不知道他怎么敢冒这个险，调查性报道全靠现场挖掘，但凡有一点记者问得不清楚，后期怎么补救也没用。

我自己沉不住气问他："你也不担心啊？"

"你们不求助就说明顺着呢。"他笑。

"那我丢了调查的人怎么办？"

他又一笑："大节不亏就好。"他要我自己多揉搓，把头脑里的疙瘩一点点揉开，揉出劲道。

别无他法，晚上，我左手拿着专家联络表，脖子夹着手机，右胳膊按着《中华人民共和国土地管理法》，趴在满床的材料上看一夜。

心智平平，相关的法律法规要像小学生一样，一条一条在本子上抄一遍才能记住，青苗补偿费的数据挨家挨户算一遍，问题列出来，想象对方会如何答，一招一式怎么拆解，笨拙地双手互搏。

看一会儿材料看一下表，就怕天亮，就怕天亮。过一会儿，鸟叫了，越叫越密，我气急败坏，忍着心里刺动往下看，再抬头天色薄明，清晨六点，街声都起来了。胳膊撑在床上已经打不了弯，龇牙咧嘴地缓一阵子麻痛，洗脸吃碗热米线去采访，知道这么青面獠牙地上镜不好看，顾不上了。

史努比老说我有"塑料感"，跟现实隔着朦朦一层。但这层膜很快就保不住了，人被硬生生直接摁在犬牙交错的生活上，切开皮肤，直入筋骨。

不说别的，进了农村，跟狗打交道都是个坎。你盯着它，它盯着你。它斜着小圆眼，讨好它也不理你，拿个伞吓唬它也没用，它反正闲得很，有的是时间，走到哪就往你面前一横，你左它左，你右它右，意思是"过我一个看看"。

比狗更难的是大嫂。

在山西采访两个村委会主任候选人贿选的事，一进村才知道什么叫陷入人民群众的汪洋大海，双方都怀疑我们是对方花钱请来的，每方都有一队人马跟着我们。想讲理，说什么客观公正，没人理这一套，我们正在采访，另一方在高坡上大声叫骂，接受采访的大婶从炕上一跃而起，推窗高叫还骂。

我们被直接堵在大门口，领头的是个三十多岁的短发女人，她是另一方候选人的老婆，上来一言不发先扯住我前襟。我觉得好笑，想挣脱，挣不开，场面就有点狼狈了。女人背后有二十多个成年男人，叉着手。我的同事也都是男性，只要有一个上来干预，场面就会失控。

好笑的感觉没了，被扭住的时候，人本能地往下扯着脸，想喊"你要干嘛"，不过她的推搡不算用力，只是一种挑衅，我克制着没去掰她的手，说："你要什么吧？"

"不能采访他们。"

谈新闻平衡是没用了，我只能说："行，那就采访你们。"她愣了一下，回头看了一眼那群男人，手松开了："每个都要采。"二十多人一下就嚷起来，要这么采会没完没了，但不采访走不了，我说："好，把机器打开。"

"你们站好。"我说。我不知道自己打算干嘛，但能感觉到他们也不知道，在不知道中他们莫名其妙地有些顺从，不说话了。

"排成三排。"

没人动，他们有些不满。我说："摄像机只能拍到一定的范围，你们要想被拍进去，必须排成三排。"接着点了一下那个女人："你站在最前面。"

她对"最前面"这几个字似乎很满意，立刻站了过去，指挥其他的人排了起来。

我面对着他们，很奇怪，声音没有从喉咙里出来，是从胸腔里来的，这个声音比我平常的声音要低要慢，像个三四十岁女人的声音，有点像……我妈的声音："我们是中央电视台记者，客观记录这个村子里的实际选举情况，你们保证你们的态度是真实的吗？"

"保……证。"有零散的声音，其他人不说话。

"选举是严肃的事情，请负责任地表达。"我用了书面语，再问："你们保证你们的态度是真实的吗？"

"保证！"他们齐声大喊。

"现在请你们举手表决，支持王玉峰的请举起手。"王玉峰是他们一方的候选人。

都举起了手。

我缓慢地清点，在这种电视上才有的正式口气里，现场寂静无声："……二十三,二十四，好，请把这个数字记录下来，二〇〇三年九月二十一日，下午三点，老窑头村，二十四人参与，二十四人举手，二十四人支持王玉峰当选。"

"现在，把手，放下。"我第一次用这种口气对人说话。

所有人驯顺地放下。

"原地，"我说，"解散。"

"哗"一下，都散了，带着满意的神情。

最练人的都是遭遇战。

偷拍机派上了用场，但岁数跟我差不多，没有专门的话筒，机身已经老得不行了，转起来"嘎啦嘎啦"响，录下来的都是它自己转的声音。用的是老式磁带，过一会儿就得换带子。磁头接触不良，只能拿胶布贴上，每过十分钟，就得神经质地去看一趟到底录上了没有。偷拍的时候，我只要看到摄像席鸣脸色一变，站起身说"请问洗手间在哪里"，就知道话筒又掉了，只能向对方解释他拉肚子。

有次拍房地产黑幕，拍了足足四十分钟，回来一听，只有电流声，只能再去一趟。人家看见我，叫得很亲热："姐，你怎么又来了？"让人难受的，不是冒风险，而是面对这个热情，还得把问过的问题变着法再问一遍，还不能让他起疑心——哪本教科书上教这个？

也有丢人的时候，有次去重庆调查公交车连续事故，拿着这机器去交警队，他们说事故调查报告"能看不能拍"。

我用身子遮着，席鸣把报告拿过来，装模作样地看，拿夹在胳膊底下的公文包式的偷拍机晃着拍。

交警队政委托着腮帮子看了我们一会儿，一脸怜悯，忍不住说："你们这个机器太老了，要不然把我们的借给你吧。"

但关键时候，它还是能顶上的。在深圳，老范和我去调查外贸诈骗公司，公司老总拖住我们，进屋打了个电话。十几分钟后上来七八个人，都是平头，黑T恤，大金链子，肚子走在人前头："哪儿来的？"

我跟老范对视一眼，想的一样：老大，换换行头嘛，这套已经过时了呀。

金链子问我："你们干嘛的？"

"记者。"

"来干什么？"

"接到新闻线索来调查。"我看了一眼摄像李季，知道他肯定在拍。

"谁给你的线索？"他肚子快顶着人了。

"观众。"我问他："您是谁？"

他愣了一下。

"谁让您来的？"

"我兄弟……朋友。"

提供新闻线索的人说过，这些黑社会背景的人有枪，他见过。但我知道这些人的目的不是要伤害我们，只是要赶我走，我的目的也不是把他当场扭送公安，是要把他拍下来。

扯平。

这一小会儿，经理已经在掩护下撤退了，他们也准备撤了。公司空空如也，我只好代尽主人之谊，客气送他们到电梯口："知道经理去了哪儿告诉我们一声。"他们相互对视，哈哈大笑，电梯关上了。

以前这些可能被视为无关的花絮舍掉，老范编辑时把这段和《无间道》里的电梯镜头对接，我问熬夜编片感觉如何，她说"太快乐了"。

做调查性报道，出发时能不能做成没一点着落，回来后能不能播出没一点把握，但出差回到办公室围坐一圈，摄像老陈强给我们泡铁观音，一把壶摸得油亮油亮，银白的水高抛一线，烫完一圈紫砂杯子，砂绿的茶叶在沸水下寸寸挣开赭红的边，他慢悠悠地说："你看玩电脑游戏的孩子，什么时候说过自己累？有乐趣的人从不说累。"

这工作跟剥笋一样，一层一层，把女学生式的怯弱剥掉了，你不得不作出决断，躲开追赶，藏起带子，坐在各种会议室里，吹着塑料杯托里绿茶上的白沫，互相摸虚实，探真假，连说带笑语带机锋，还不能拉下脸。

在河北时有位副县长，上来叫我"柴主任"。

"您叫我柴静吧。"

"哟，柴主任不给面子。"

"叫柴记者吧。"

"柴主任是央视名记呀，那就叫柴记吧。"

"名记"这两个字加一个重音，桌上的几个男人都扑哧笑了，挤眉弄眼。

到了采访现场，我采访的是他下属，结束后，旁观的他又上来按我的肩膀："柴记，别起来别起来，坐在椅子上跟我合个影。"

他几个下属拿着相机说："来来，美女，照一个。"

我说："请坐。"

他在对面椅子上坐下了："笑一下嘛柴记，别那么严肃。"

我笑了一下，说："把机器打开。"

他说："对对，亮着灯，更像真的。"

我问他分管的领域在此事上的责任，他张口结舌。问了四五个问题，我说："可以了，谢谢。"

我们坐车离开，他的车跟在后面，一路追到北京："柴主任，柴记者，我看能不能不要播刚才那段了……柴记者……"

调查性报道大旗一张，多来刚猛之士。

小项从安徽来，善良近于讷，线条至刚，两只大眼直视，走路也都是直线，走到折角处拐一个漂亮的直角。每日斜坐办公室最内角，不哼不哈像只秤砣。抛下一岁多的儿子来京只为做调查性报道，选的题很多都是知其不可而为之。

调查现任官员洗钱时，他找到的知情人逃亡已久，家里门窗被砸烂，弟弟每天把斧头放在枕边睡觉，在与几个不明身份的人打斗中，刺中了其中一人被拘捕。我们去上海取证知情人当初曾被胁持的经历，证据有，但是警方很狐疑地看看她，说当地有人不久前说过，这个女人一旦在上海出现，要立刻通知他们来带人。警察起身要打电话，一出门，小项拉着知情人噌地站起来，从后门走了。在最近的长途汽车站，坐上最快的一班车。一直到夜里，绕了百里路，才回到我们住的酒店。

那是上海一家有上百年历史的饭店，层高四米，长走廊，黑柚木的地板上了蜡。一到晚上地板开始变得吱吱呀呀的，远远的好像听不清的人的呼叫，还有老房子里奇奇怪怪的各种声音。临睡前，江上的汽笛也让人不能安心。

夜里，我坐在床上，靠着墙，听见知情人在隔壁冲洗的声音，才觉得安心一些。突然水声停了，一秒钟后，我认为自己听到了清楚的枪声，又是一声。

我陡然从床上坐起身，第一反应是想翻身伏在床下，立刻觉得没有任何用，便僵在床上，舌苔都是干的。我打电话给小项，他稳稳当当说了声"我去看看"，核实她安全之后，我嘴里的干燥还久久不去。

这个节目挫磨得很。小项后来为了省经费，向领导要求自己花钱出差。有一天下雨，他湿淋淋地来台里，问他才知道，连坐公共汽车的钱都不舍得了，就这样他还带楼下来反映情况的老人去食堂吃碗饺子，又买了十几张大饼让人家带在路上吃，说："调查这样的节目，不能做得让人汗颜。"

我偶尔路过机房，看见三十多盘带子堆在床上，小项一脸浓胡子，一杯残茶，已经不眠不休熬了几个通宵。那时候用的还是编辑机，屏幕上是采访的画面，为了把一句采访剪辑好，得反复用旋钮拧来拧去，定位很多次，人的脸和话就这么前前后后，快退快进，很长时间才能剪好一句话。我正问到"那你认为哪里安全"，坐我对面的知情人说："你们的镜头前是世界上最安全的地方。"

我看着这段采访，能不能采访准确，不是能不能完成工作，或者能不能有乐趣这么简单，这事关人的性命，我要是问得不准确，不配坐在这椅子上。

我的新偶像是意大利记者法拉奇，她的采访录被我翻得软塌塌，在我看来她是史达琳的现实版——一个从不害怕的女人。

　　二战，美国飞机轰炸佛罗伦萨时，她还是个小孩子，蜷缩在一个煤箱里，因为恐惧而放声大哭。父亲狠狠地掴了她一耳光，说："女孩子是不哭的。"她日后写："生活就是严峻的历险，学得越快越好，我永远忘不了那记耳光，对我来说，它就像一个吻。"

　　采访伊朗宗教领袖霍梅尼，谈到妇女不能像男人一样上学、工作，不能去海滩，不能穿泳衣时，她问："顺便问一句，您怎么能穿着浴袍游泳呢？"

　　"这不关您的事，我们的风俗习惯与您无关，如果您不喜欢伊斯兰服装您可以不穿，因为这是为正当的年轻妇女准备的。"

　　"您真是太好了，既然您这么说了，那么我马上就把这愚蠢的中世纪破布脱下来。"她扯掉为示尊重而穿上的披风，把它扔在他的脚下。

　　他勃然大怒，冲出房间。

　　她还不肯罢休："您要去哪儿？您要去方便吗？"她长坐不走，连霍梅尼的儿子乞求也没用，直到霍梅尼以《古兰经》的名义发誓他第二天会再次接见她，她才同意离去。

　　真带劲。

　　她采访以色列的沙龙，指控他轰炸平民："我亲身经历了咱们这个时代所有的战争，包括八年的越战，所以我可以告诉您，即使在顺化或河内，我也没有见过像在贝鲁特发生的那么惨无人道的轰炸。"

　　他抗辩说他的军队只轰炸了该市的巴勒斯坦解放组织基地。

　　她说："您不仅轰炸了那些地区，而且轰炸了闹市区！"她拉开皮包，取出一张照片，是一堆从一岁到五岁儿童的尸体，"您看，最小的孩子身上没有脚，最大的孩子失去了小胳膊，这只无主的手张开着，像在企求怜悯。"

　　沙龙在这次采访结束时对她说："您不好对付，极难对付，但是我喜欢这次不平静的采访，因为从来没有一个人像您一样带着那么多资料来采访我，从来没有一个人能像您一样只为准备一次采访而甘冒枪林弹雨。"

张洁总担心善良的人做不了刚性调查。其实只有善良的人才能刚性。

像天贺这样柔善的胖子，如果能选，更愿意待在家跟金刚鹦鹉一起听交响乐，但他报道山西繁峙矿难，冒着漆黑的夜雨走山路进去，连个接应的人都没有。三十八位矿工死亡，被瞒报成二死四伤，遗体被藏匿或者焚毁。此事中有十一个记者收了现金和金元宝帮助隐瞒事实，被披露出来后，开会时领导表扬大胡子有职业操守，让他谈两句感想。他胖胖地一乐："没人给我送啊。"大伙哄笑了事。

事后他说起那个矿井，一百三十米深，罐笼到底时，一声巨响，他的膝盖一阵哆嗦，抬起头，看不见洞口的蓝光。"生和死真他妈脆弱，就这么一百米，这些人天天这么过，超负荷地工作。我难过的是，他们很知足，觉得这比村里种地强多了。"他拍到那些被藏的尸体遗骸，闻了被烧过的裹尸布，"你要是真见过他们的样子，就不可能为几个钱把灵魂卖了。"

善良的人做"对抗性"采访，不会跃跃欲试地好斗，但当他决定看护真相的时候，是绝不撤步的对峙。

我俩去一个地级市采访。一位民营企业家被双规，因为他"不听话"，在"市长和市场之间选择市场"。企业家腿中间夹张白纸，对墙站着，纸掉了就被打。他被判了三年，"挪用资金罪"，每天在监舍里原地跑五千步来督促自己"不能垮，要活着"。采访的时候，天贺不像平常盯着镜头看，而是圆圆地窝在那里，埋着头听。

去采访市领导，说出差了，过两天就回来，过了两天还有两天，知道我们等不了那么久。

这种事情急不得，也无处发作。

大胡子让我去把楼里每一层的门都假模假式敲了一遍，他坐在楼下台阶上，见着人就挨个儿问："请问您见着书记了么？我们找他，有这么个事儿，我给您说说……"

这两句相当有用，二十分钟后，秘书来了："领导请你们去办公室。"

这位企业家被判了三年，主要证据是一个复印的手写材料。复印的证据是不能被采信的，但法官就这么判了，我走进法官办公室，镜头在我身后，我问："这个案子，您明明知道这份意向书不是原件，为什么还要采用它？"

法官愣了一下，呜噜呜噜说了几句："不是原件……有些没有原件。也不是我们非要这个证据不可。"

我没听懂，问："不是原件为什么要采用它？"

"我认为它是原件。怎么不是原件呢？"

我把纸放在桌上："您认为它是原件？我们看到的明明是手写的一个复印件。"

他嗓门高起来："我没有看到。你在哪里看到手写的？"

我指指二审的判决："中院都说了，这不是原件。"

他把手挥得我脸上都是风："不是原件，你相信就行了。"

我问："那您为什么采用一个不是原件的……"

"我没有采用，我哪有采用了？"

我指指判决上的字："法官，这儿，这儿，第六点。"

他急了："我还有一二三四五七八。你为什么只查我第六点？"

"您别激动。"

他脸都扭曲了："我没激动啊。"

我让声音柔和一些："您还是采用了它？"

他喊了出来："我至今还认为他是有罪的。"他转身往外走，一边挥舞着手："你不要成为别人的工具。"

我紧跟在他身后，镜头在我身后："法庭辩论的时候，辩护律师说司法不要成为工具，您怎么看？"

他跳得真高。

采访完，张天贺叼个大烟斗，定了会儿神，说："这温柔的小刀儿，左一刀右一刀，一会儿就剩下骨头了。"又叹气："一个姑娘家这么厉害，谁敢娶？"

过了一阵子，就没人说我厉害了，因为组里来了新人。

第一次见面，嚯，这姑娘，剪短发，一条背带牛仔裤，眼清如水，一点笑意没有。

我俩下班回家，发现走的是一条路，租的房子紧挨着。过马路的时候，她对我说："以前你在湖南卫视的时候我挺喜欢的。"

我刚想扭捏一下，她接着说："你在'东方时空'主持的那是什么烂节目呀？"

"嗯……"

她转过头毫不留情地看着我："那个时候，我很讨厌你。"

姑娘叫老郝。后来对我比较容忍了，大概觉得我笨。我好不容易领点钱，姚大姐千叮万嘱，逼着我当面装在信封里包好，又怕我掉，拿订书机订上口，又怕包没有拉链，让我用手按着，临走我还是把黄澄澄的信封丢在办公桌上了。第二天，老郝把钱带给我，押着我在路上存进银行。柜台小姐问，活期还是定期？

就那么几千块钱，我装模作样地想了一会儿，说，定期。

老郝仰天大笑，笑得都跑出去了。

她知道我搞不太清楚定期活期有多大区别，医疗、保险……她都得惦记着，我和老范从此有人管，蹭在老郝的小房子里，厨房小得进不去人，老郝一条热裤，两条长腿，围个围裙，做泰国菜给我们吃，拿只小银剪剪小红尖椒圈，脚底下放着一盆鲜虾："今天好不容易买着鱼露。"我和老范倒在藤摇椅上，喝着蜂蜜水，手边水晶碗里是金丝枣，硬纸叠的垃圾盒让我俩放核。

"老郝。"

"嗯？"她在厨房应。

"我要娶你。"

"滚。"

采访的时候她总冷眼看我，刚开机她就叫"停"。

"你那个——"她指指我手腕上戴的很细一支的银镯子，我穿着白衬衣，想着没人会看见。"你不戴，没人不高兴，"她说，"你戴了就可能有人不喜欢。"

我摘下，之后不在工作时候戴首饰。

老郝眼底无尘，她来之后，选题就更硬更难。我们去江西找个失踪的贩卖假古董的犯罪嫌疑人，深冬半夜，车熄火了，两人冻得抖抖索索，在后头推车，身上都是泥点子。满天星斗亮得吓人。找到嫌疑人家，一进家门，正对着桌板上放一个黑白镜框，是个遗像。

家属一摊手："死了。"

这人是当地公安局长的弟弟，我们去了公安局。

局长戴一个大墨镜，见面寒暄，拿出上百万字文学作品集送我们，聊了半天文学，才开口说案子，说嫌疑人被山东警方带走了，再没见过，说可能在监狱里病死了。

我狐疑："听说这人是您弟弟？"

他大大方方地说："是啊，我大义灭亲，亲自把他交给山东警方的。"

我们打电话问山东警方，这死人到底怎么回事。人家根本不理我们。也是，隔着几千里，打电话哪儿成啊。

五个人回到宾馆，愁眉苦脸，像吃了个硬币。

老郝说："我去。"每次，她决心已定时，都是嘴往下一抿，一点表情没有，眼里寒意闪闪。

她看了下表，没收拾行李，从随身小黑包里拿出个杯子，接了一杯热水，拧紧盖，插进侧包，下楼打车，三小时后到了车站，一跳上去火车就开动了。到车上打电话跟我商量去了找谁，怎么办。一个多小时后，电话没电了，突然断掉，不知道车到了哪儿。

我放下"嘟嘟"空响的电话。那天是圣诞节，手机关了声音，一闪一灭都是过节的短信，北京上海，都是远在天边的事儿，我对墙坐着，小县城里满城漆黑，无声无息。

满是霉味的房间里，深绿色地毯已经脏得看不出花纹，水龙头隔一会儿就"咔啦啦"响一阵子，流一会儿铜黄色的水。我在纸上写这件事的各种可能，如果真是局长私放了他弟弟，他会怎么做？……这样做需要什么程序，谁能帮助他？这些程序会不会留下痕迹？……我乱写乱画，证据不够，脑子里像老汽车一遍遍拿钥匙轰，就是差那么一点儿打不着火，又兴奋又痛苦。

不成，这么想没用。

我必须变成他。

我趴在桌上继续在白纸上写：如果是我，我会怎么做？我会需要谁来帮助我？……我的弱点会是什么？脑子里像有灯打了一下闪，我打电话问公安局的同志，闲聊几句后问："你们局长平时戴眼镜么？"

他犹豫了一下："不戴。"

挂了电话，我继续写："见记者的面要戴墨镜遮自己的眼睛……是个写诗的文学青年……他的弱点可能是什么？"

我写："意志。"

陈虻有一次跟我讲，日本横纲级的相扑选手，上台的时候，两人不交手，就拿眼睛互相瞪，据说胜败在那时候就决定了。两刃不相交，就靠意志。整整一天，我们没有出宾馆的门，敲门也不开，当天的日记里我写："交战之前，明知他腰里有银子，但被衣衫盖着，不知道该怎么出剑，但经验告诉我，那就别动。风动，树梢动，月光动，你别动，就会看到端倪。"

第二天傍晚，公安局的同志打电话来："他向组织坦白了。"

再见局长的时候，他的眼镜已经摘了，眼球上一抹一抹的红丝，他说我想抽根烟。给了他一根。他抽完，承认了，他弟弟和另一个嫌疑人是他从山东警方手里以江西有案底为由接回，之后私放，让家属对外宣称死亡。

我问到跟他同去山东接的还有哪位警察，他久久地沉默。一个人是不能办这个手续的，我再问："有没有人跟你去山东？"

"没有。"

膝盖上的手机响了，是老郝发来的短信：山东警方提供了介绍信号码。我把这个号码写下来，递给对面的人："这是你开的介绍信号码，信上有两个人的名字。"

他叹口气："他年轻，我不想他卷进这件事。"

我说："那你当时为什么让他卷进来呢？"

他再长叹一声。

采访完，老郝正立在山东潇潇大雪里，攥着手机默等我的消息。跌跌撞撞的土路尽头，看到一段赤金灼灼的晚霞，李季下车去拍它，我给老郝发了一个短信："赢了。"

这样的节目做多了，有阵子我有点矫枉过正，用力过猛。我妈说："跟你爸一样，有股子牛黄丸劲儿。"

在深圳采访诈骗案时，公安局的同志可能被媒体采访得烦了，不让我们进门。

穷途末路，录音师小宏想起来他有个同学在深圳市局上班，一联系还在。对方念旧，帮忙找来他的上级，端着一个玻璃瓶当茶杯，悠悠喝一口，把茶叶再吐回杯子里："跟你们走一趟吧。"

安排了经侦大队一位警官接受采访，黑瘦，两眼精光四射，说话没一个废字。

我问："为什么这类案件当事人报警后警方不受理？"

警官说，因为合同纠纷和合同诈骗的区别，法学家都说不清楚。

我追问："不清楚？说不清楚你们怎么判断案件性质？"

他说："这个公司之前没有逃逸，就只能算经济纠纷。"

我说："你们不受理之后，他不就跑了么？"

……一来一回，话赶话，忘了这采访是靠人情勉强答应的，好歹表情语气上和缓一点儿，我倒好，横眉竖目，问完起身就走，都不知道打打圆场，找补找补。

出来到车上，自己还神清气爽的，小宏坐我右手边，扭头一看，他大拇指鲜血淋淋，我说："哟，这是怎么啦？"老范笑："你刚才采访太狠了，人家同学站边上，上级绷着脸端着玻璃瓶一声不吭，小宏哥哥没法对人家交代，也不能打断你采访。你还一直问，一直问，他就把拇指放在门上夹，夹了一下又一下……"

惭愧。

《红楼梦》里写贾宝玉讨厌"世事洞明皆学问，人情练达即文章"这句话，觉得市侩。我原来也是，一腔少年狂狷之气，讲什么人情世故？采访时万物由我驱使，自命正直里有一种冷酷。这根流血的手指要不是来自亲人一样的同事，我恐怕也不会在意，他对我一句责备没有，也正因为这个，我隐隐有个感觉，为了一个目的——哪怕是一个正义的目的，就像车轮一样狠狠辗过人的心，也是另一种戾气。

节目播后，收到一箱荔枝，由深圳寄来，我发短信谢那位黑瘦警官。

他回："我一直尊敬'新闻调查'，其实很多人心里都明白，只是不太说话。不要客气，一点心意，你们受之无愧。"

二〇〇六年，一家杂志采访我，封面照片看得我吓一跳——怎么变这样了我？穿一件男式咖啡色衬衫，卷着袖子，叉着胳膊，面无表情看着镜头。好家伙，铁血女便衣。底下标题是"新闻戏剧的主角"。崔永元劝过我一次："你不适合调查，跟在别人后面追，那是疯丫头野小子干的事，你去做个读书节目吧。"他怕我有点逼自己。

我深知他的好意，但文静了这么多年，一直泡在自己那点小世界里头，怕热怕冷怕苦怕出门怕应酬，除了眼前，别无所见。有次看漫画，查理·布朗得了抑郁症，露西问："你是怕猫么？"

"不是。"

"是怕狗么？"

"不是。"

"那你为什么？"

"圣诞节要来了，可我就是高兴不起来。"

"我知道了，"这姑娘说，"你需要参与进这个世界。"

是这意思。过去当主持人的时候，我爸天天看，从来没夸过，到了"新闻调查"，做完山西贿选那期后，电话里他说："嗯，这节目反映了现实。"

长天大地，多摔打吧。大夏天四十度，站在比人高的野玉米地里采访，小腿上全是刺痒，我以为是虫子，后来发现是汗从身上不停地往下流，逼着你没法磨叽和抒情，一个问题一个问题踩实了飞快往前走，采访完满脸通红走到阴凉里头，光脚踩在槐树底下青砖地上冰镇着，从旁边深井里压一桶水上来，胳膊浸进去捞一把出来洗脸，一激灵的清凉。

那几年就是这种盛夏才有的干燥明亮，之前青春期湿答答的劲儿一扫而空。

我一个猛子扎入这世界，一个接一个出差，连气都不换，直到有一天，蹲在西北玉米地边的土墙上，等着天光暗一点录串场，饿了，一个毛头小男孩拿个大馍从我脚下经过，"小孩儿，给我们吃点儿。"

他扫我一眼，一步不停边啃边跑。

过了一阵子，墨绿的玉米地里，远远两个点儿，黑的是他，还有个红的，跑近了是他姐，拿了一塑料袋胖大的馍，还有一小袋猪头肉，和三四根娃娃胳膊粗的黄瓜。

我接住大馍一掰，热气一扑，长提一口气，一口下去，手都颤了。

那一下，像是水里一抬头，换气一刹那看见自己，蹲在田地中间半垛窄土墙上，为爬墙脱了鞋，光脚上都是土。傍晚风暴快来满天黑，只有长云的底部痛痛快快一抹鲜红。

舞者：翼飞（同性恋者）

快乐的方式不止一种

生和死，苦难和苍老，都蕴涵在每一个人的体内，总有一天我们会与之遭逢。我们终将浑然难分，像水溶于水中。（图片来自视频截图）

第五章　我们终将浑然难分，像水溶于水中

六月的广东，下着神经质的雨，一下起来就像牛绳一样粗，野茫茫一片白。草树吸饱了水，长疯了，墨一样的浓绿肥叶子，地上蒸出裹脚的湿热，全是蛮暴之气。

我们在找阿文。

她是一个吸毒的女人，被捕后送去强制戒毒。戒毒所把她卖了，卖去卖淫。她逃出后向记者举报，记者向警察举报，之后戒毒所换成精神病院继续开，领导都没换。

我们想找到她，但没有地址和电话，最后的消息是三个月前，她曾经在赤岗附近出现。我们去那一带，一家发廊一家发廊地问，深一脚浅一脚的泥水路。到今天，我最熟的一句广东话还是"阿文有无系呢度"。

开车的本地司机笑叹："你要能找着她，我明天就去买六合彩。"

找到了阿文家，姐姐说她偷家里的钱太多，已经两年没见到。迟疑了半天，她才说："她也打过电话来说被戒毒所卖了，我们不相信，没理她。在广州这样的城市，怎么会有这样的事情。"

我们只好去阿文卖淫的康乐村找。一个不到五十米的巷子，被几

座灰浊的骑楼紧夹着，窄而深，几乎没有光线，满地恶臭的垃圾直淹到小腿。三五个皮条客穿着黄色夹脚塑料拖鞋，赤着精瘦的上身，从我身边挤过去。窄破的洗头店门口，拉着一半的窗帘，女人们穿着带亮片的廉价吊带衫张腿坐着，没有表情地看我一眼，去招呼我身后的男同事。不知道哪里的污水，每走几步，就滴在我的头发里。

每去一次回来，我都得强压把头发剪掉的冲动，不是脏，是一种女人本能的污秽感。但我只不过待几个晚上，阿文必须每天在那里站街。笔录里说，如果她想逃走，可能会被打死。

没人会在意一个吸毒的人的生死。

找不到她，我们只好进戒毒所暗访。好在非典刚过，戴个大口罩也没人奇怪。为了配合录音师呼和的东北腔，我只能以他大妹子的身份出现，说要送亲戚进精神病院，先来看看。我像个拙劣的电视剧演员，表演过火，话多且密，幸好广东人对我一口山西腔的东北话不敏感。

开了锁，打开栅栏门，我看到了阿文住过的仓房，锈成黑色的铁床，枕头脏得看不出颜色。怎么说呢？那个味儿。

再往前走是水房，笔录里说戒毒人员挨打的时候就跪在这里，用脚后跟砸，打完灌一碗水，如果不吐血，继续打。冬天的话，要脱光衣服跪在水龙头下，开细细的水柱，从头顶淋下来。

"你，出去！"三十多岁的男人忽然重重拍了一下呼和的肩膀，我们俩都怔住了。

"没事，"跟我们进来的护士不耐烦地说，"病人。"

七天了。我们必须走了。但没有阿文的采访，就没有核心当事人的证明。可我不知道还能去哪里找她。

一九九八年的时候，我在北京广播学院的图书馆看到过一本旧杂志，封面都掉了，是一个女孩从背后搂着一个男子的照片——那是海南一个十六岁的三陪女，她挣钱养活男朋友，穿圆点裙子，喜欢小猫，发高烧，给妈妈打电话……最后一张，是她躺在只有一张板的床上，月光照着她，她看着我。

看完这些照片，我给编辑部写信，写了一篇评论叫《生命本身并无羞耻》，说我愿意给他们无偿做记者，唯一的期望，是能和拍这些照片的摄影师赵铁林合作。很快我得到机会和他一起去拍孤独症儿童。那时我二十二岁，老赵拿着相机在培训中心咔咔拍完了，但是我要采访的母亲一直不接受我："我不想跟别人谈我的生活。"我呆头呆脑不知道怎么办。

老赵说："我走了，先。"

我眼巴巴望着他。

他说了一句："你想采访弱者，就要让弱者同情你。"看我不明白，又补了一句："当初我拍那些小姐，因为我比她们还穷，我连吃饭的钱都没有，她们可怜我，让我拍，拍完了，她们请我吃饭。"说完走了。

不知道该怎么做，我就跟在那妈妈的后面，她去哪儿我去哪儿，隔着十米左右。她看都不看我，进了一个院子，没关门，我愣一下，也进去了。她进了屋子，我站在院子里头，天慢慢黑了，屋子里垂着帘子，我看不到她和孩子在做什么，大概在吃饭。约莫一个小时之后，孩子先吃完，到院子里来了，下台阶的时候一个趔趄，我下意识地扶了他一下，跟他在院子里玩。

过了一会儿，他妈妈出来，牵着条狗，看着我："我们去散步，你也来吧。"

回北京之前，我们决定再去趟阿文姐姐家，留个信给阿文。她姐不想再见我们，没开门。雨骤然下起来，没有伞，我拿张报纸顶着头，往里张望，她姐在屋子里能看到，一直没出来。

第二天的飞机。晚上已经睡了，我接到阿文姐姐的电话："她今晚到你们酒店来，十一点四十。"

她原来不信这事，认为我们想加害她妹妹，看到大雨里淋得稀湿的人，觉得不太像，又去找当地媒体确认我们的身份，找了一天，通过毒贩找到她妹妹。

"我也希望她能跟你们谈一谈，好知道到底发生了什么事情。"她说。

大家把大床搬开，开始布灯，谁也不说话。

但十一点四十，没人来。十二点四十，也没人。小项安慰我："吸毒的人都不靠谱。"我不死心，站在酒店门口等着。

阿文来的时候是凌晨一点。她在我对面坐下，我递给她一瓶水，很近地看着她，年轻人的样子，但低垂的直发下，双颊可怕地凹陷下去，嘴唇青紫，只有眼睛，乌黑的，非常大。她穿着廉价的淡黄色的确良套裙，腿上几乎没有任何肌肉。

她嗓子暗哑，听起来像是呓语，不断重复某些句子。采访差不多凌晨四点才结束，司机听得睡过去了。我不想打断她，这一年多的生活，她一直没机会说，说出来也没人信。她说："我可以这样厚颜无耻！我都觉得自己厚颜无耻……现在想起来也还是。你可以到那条街上站在那里跟别人讨价还价，不是说卖别人，卖什么，是卖自己呀！那是跟别人讨价还价卖自己！"

她说在噩梦里，还会一次次回到那个地方——穿着从戒毒所被卖出来时的那条睡裙，天马上就要黑了，她就要开始站在那条街上，等着出卖自己。

"你戒毒所是挽救人，还是毁灭人？"她浑身颤抖地说。

深夜非常安静，能听到台灯"咝咝"的电流声。她说："我也希望做一个有用的人，希望社会给我一个机会，不要把我们不当人。"

告别时我送她到门口，问她去哪，她犹豫了一下，没直接回答，说送她来的朋友会来接她。说完顿一下，看了我一眼。这一眼像是有点愧意，又像是询问我对她的看法。我揽了她一下，这才知道她瘦成了什么样子。她吸毒，偷东西，但她是一个人，她受侮辱，做噩梦，受了她本不该受的罪。

节目播后原戒毒所所长被捕。但有人说："自从柴静去了新闻调查，节目就堕落到了去拍网站新闻的最底下一行。"意思是你们不去拍时政新闻，却去关心边缘人群，无非为了耸动，吸引眼球。

赵铁林当年拍三陪女的时候，也被人这么说过。看到他的照片之前，我对这个题材也不关心，我知道这些女性存在，但觉得她们与我无关。

但通过他的眼睛，我看到十六岁的阿V抱着小猫嬉乐，不顾排队等着的男子，她发高烧的时候坐在板凳上举着虚弱的头，托着腮听老嫖客讲人生道理，看着她挣了一笔钱去跟自己供养的男朋友吃饭，张开双臂兴高采烈的样子，她在月光下侧脸看我的眼神，让我感觉到她的存在。

知道和感觉到，是两回事。

当年看照片时我写过：她的目光一下一下打在我的身上，让我感到疼痛的亲切。

来到"新闻调查"后，我下意识里寻找像阿V这样的人——那些我知道，但从没感到他们存在的人。

我们在广西找一个被超期羁押了二十八年的人。看守所在山里，不通公路，要步行五公里。大毒日头晒着，走到一半，豪雨兜头浇下，没遮没避，腿上全是小咬留的鲜红点子。摄像的皮鞋底儿被泥粘掉了，扛着机器斜着身子顶着鞋尖往前走。

他叫谢洪武，父亲当年因为是地主，被斗死了，他三十多岁一直没成家，有天放牛，大喇叭里突然喊，蒋介石投反动传单啦。大队里有人说，看见他捡了一张。从此他一直被关押在看守所。从调查卷宗看，除了一张一九七四年六月由当时县公安局长签发的拘留证外，无卷宗，无判决，无罪名，无期限。

他被关了二十八年。

我们去的时候，谢洪武已经在人大干预下，解除关押，被送到一家复员军人疗养院。关押他的囚室被拆了，长满到我膝盖的瓜蔓，漆绿的大叶子上刺手的绒毛，野气森森。地基还在，我拨开杂草，大概量了一下，一米五宽，不到两米长，刚够躺下一个人吧。这样的牢房有三个，都是关押精神病人的。我问看守所工作人员，这个牢室有窗吗？他们说大约两米高的地方有过一个窗。从这个窗看出去，是另一堵墙。

从看守所出来之后，谢洪武获得六十多万元的国家赔偿。但他年过六十，没有亲人，村里的房子拆了盖了学校，只能在复员军人疗养院过下去，属于他的物品是一只瓷缸子。医生说刚出来时谢洪武的腰弯得像一只球，各个关节都萎缩了，他不愿意睡床上，要睡地上，"由于驼背，四肢肌肉萎缩，躺着睡不着，要坐着才能睡着"。

他二十多年没有与外界说过话，语言能力基本丧失了，但医生说他的一部分心智是明白的——疗养院的服务项目里有洗衣服，但是他不要，他自己洗。吃完饭，病人的碗都是医院的人洗完了消毒，他总洗得干干净净才送去。采访的时候，我给他一瓶水，他小心地把一半倒进瓷缸子，把剩下一半递给我，让我喝。

我想跟他在纸上谈谈，可他只会写"毛主席"三个字了。

没有办法。我只能蹲在他面前，看着他。他的脸又小又皱，牙掉得没有几颗了，只有眼睛是几乎透明的淡绿色，像小孩儿一样单纯。

他忽然拉着我的手，让我摸他的膝盖，中间是空的。

我再摸另一个，空的。

我吃惊地看着他。

旁边的人说，这是当年被挖掉了。

二十八年，他都在这个牢房里头，没有出来过，没有放风，没有书报，大便小便也在里面，他被认为是精神病，但档案里没有鉴定记录，我采访看守所所长，他说："都说他是神经病，再说他也不喊。"

但即使是精神病人，也不能关押，所长说："他已经没有家人了，清理不出去。"村子里，他七十多岁的哥哥还在世，只是谢洪武当年是"管制对象"，哥哥不敢过问他的下落，认为他早死了，年年清明在村头烧把纸。

我问所长："他在你这儿已经关了二十多年，只有一张拘留证，你不关心吗？这个人为什么被关，为什么没放出去？"

"如果关心他早就放回家了。"

"为什么不关心他呢？"

"我说了，没有那个精力，不问那个事，也是多年的事，好像他是自然而然的，怎么说，好像合法一样。以前几个所长都把他放在疯人室里，我上来还照样。我又管这么一摊子，管他们有吃有喝，不冻死、饿死。早没有想，如果想了早就处理了，有那么高境界，我们早就先进了。"

黄昏采访完夕阳正好，谢洪武和其他的老人，都按疗养院规定在草坪上休息，工作人员拉来一批椅子，让老人们整齐地背对满天红霞坐成一排，谢洪武弯在藤椅里直视前方，看上去无动于衷，没有意愿。但我还是忍不住跟工作人员说："能不能把他们的椅子转一下，换成另一个方向？"

他有点莫名其妙，但还是换了。

聚会上，朋友说，你现在做的这些题目太边缘了，大多数人根本不会碰到这些问题。作家野夫说："那是因为我们已经不是大多数人，在很大程度上已经免于受辱了。"

一群人里有教授，有记者，有公务员，都沉默不语。

王小波说过，你在家里，在单位，在认识的人面前，你被当成一个人看，你被尊重，但在一个没人认识你的地方，你可能会被当成东西对待。我想在任何地方都被当成人，不是东西，这就是尊严。

有人半开玩笑半挤兑，说："你们这么拍黄赌毒，再下去的话就该拍同性恋了。"

我说："确实是要拍他们了。"

他愣一下说："这节目我看都不要看，恶心。"

旁边有人听到了，脱口说："你要去采访同性恋患者？"

有朋友说，他喜欢《费城故事》里律师事务所的那个合伙人："他可以那么得体地把那个感染艾滋的同性恋开掉。"他看了看我："每个人都有选择的权利，你不能去要求别人宽容。"

我问："你理解他们吗？"

"怎么不理解？"他说，曾有一个同性恋男子向他表白，他从此再不理这人。"就是觉得恶心。"

"为什么你会觉得恶心？"

"反正从小的教育就是这样的。"他可能不太愿意多谈这个话题，脸转过去了。

同性恋者就这样隐身在这个国家之中，将近三千万人，这个群体之前从来没在央视出现过。

"我可以对别人说我是艾滋病毒感染者，但不能说自己是同性恋者。"二十一岁的大玮说，"在感染艾滋的人里头，有血液传播的，吸毒的，还有嫖娼的，同性恋是最底层的，最被人瞧不起。"

"医生问起，你就说是找了小姐。"张北川教授对已感染艾滋要去看病的同性恋者说。他担心会有麻烦。

他是中国对同性恋研究最早、最有成绩的学者。

他的话不多虑。

我在青岛见到一个男孩子，他说他有过两百多个性伴侣，患性病后从外地来治疗，当地医院的医生知道他的同性恋身份后拒绝医治。医生说，妓女可以治，就不能给你治："你不嫌丢人啊，你这种人在社会上将来怎么办？"

他在医生面前跪下了。

没有用。

一个母亲带着刚刚二十岁的孩子来找张北川，她的孩子是同性恋者，那个母亲说："早知这样生下来我就该把他掐死。"

他们和其他人一样工作、上学，努力活着，但他们不能公开身份，绝大多数不得不与异性结婚，大多建立情感的社交场所是在公厕或是浴池，但那样的地方不大可能产生爱情，只能产生性行为，而且是在陌生人之间。

"和陌生人发生性关系，对于同性恋者来说有巨大的好处，这个好处就是安全。"张教授说。

安全？我很意外，这是在健康上最不安全的方式。

"你不认识我，我也不认识你，两个人完了关系大家互相都不认识，不用担心身份的泄露。"

在没有过去和未来的地方，爱活不下来，只有性。

"我曾经说过，只要自己不是那种人，我愿意一无所有。"翼飞坐在我对面，长得很清秀。他拿"那种人"来形容自己，连"同性恋"这三个字都耻于启齿，"我觉得全世界只有自己一个人不正常。因为我觉得自己那种现象是一种不健康，是一种病态。我强迫自己不去接触任何一个男孩子，尽量疏远他们，尽量去找女孩子，精神上对自己压力很大。"

一九九七年之前，他有可能因为自己的性倾向入狱，罪名是"流氓罪"。

"同性恋是先天基因决定的，几十种羚羊类动物里面，也观察到同性之间的性行为了，在灵长类动物里边，还观察到了依恋现象，人类的依恋现象，在某种程度我们就称之为爱了。"张北川说。

二〇〇一年，第三版《中国精神障碍分类与诊断标准》不再将同性恋者统称为精神病人，但"同性恋"还是被归于"性心理障碍"条目下。

翼飞拿家里给他学钢琴的钱去看心理医生，接受治疗。像库布里克的电影《发条橙》，一个人被强制性地唤起欲望，同时用药物催吐或电击的方式，让你感到疼痛、口渴、恶心。"这是健康人类的有机组织正在对破坏规则的恶势力作出反应，你正在被改造得精神健全，身体健康。"电影里，穿着一尘不染白大褂的医生说。

一次又一次，直到人体就像看到毒蛇一样，对自己的欲望作出迅速而强烈的厌恶反应。

张北川说他认识一个接受这种治疗的人，最后的结局是出家了。

"你再也不会有选择同性恋的欲望了。"

"你再也不用有欲望了。"

"你好了。"

他们坐在我对面，手拉手，十指交握。

我没见过这样的场景，稍有错愕，看的时间稍长一点儿，心里微微的不适感就没了。

我问的第一个问题是："你们怎么形容你们之间的关系？"

"爱情。"他们毫不迟疑。

他们当中更活泼爱笑的那个说："每次看到婚礼的花车开过，我都会祝福他们，希望我将来也能这样。"

当下对他们来说，只能是幻想。他们中的绝大多数最终会选择与异性结婚，成立家庭。

我们采访了一位妻子，九年的婚姻，生育了女儿，但丈夫几乎从不与她亲热。她说："我觉得他挺怪的。"

"怪在哪儿？"

"他从来没吻过我。"

"比如说你想跟他很亲密的时候，你表达出来，他会什么反应？"

"我觉得他经常很本能地把身体缩成一团，很害怕、很厌恶的那种样子。"

"厌恶？"

她凄凉一笑："对。"

我停了一会儿，问："那你当时……"

"挺自卑的，就是觉得自己真是没有吸引力吧。从孩子三岁的时候，我就开始看心理医生。"

她的丈夫说："等你到了五十岁，成为性冷淡就好了。"

他们维持了九年这样的婚姻。她看到丈夫总是"鬼鬼祟祟的，每次上完网以后，都把上网的痕迹清除掉"，她当时以为他是阳痿，在上面查什么资料，也不好意思问。后来，有一天晚上，她半夜醒了，差不多两三点钟，看他还在上网。过了一会儿他去睡了，她去把电脑打开一看，他上的全是同性恋的网站。她闭了一下眼睛："那一瞬间我知道他百分之百就是。"

过了几天，她做了一些菜给他吃，趁他不注意的时候，过去拍了拍他的肩膀："你承认吧，我知道你是同性恋了。"

他当时就愣了，就是一瞬间，眼泪哗哗往下流。

晚上，她突然听到楼上好像有个什么东西掉下来了。"我以为他自杀了，拔腿就往楼上跑，我当时就想，我什么都不要，只要他能活着就行了。"她上楼后，"看到阁楼上灯全都灭了，他一个人躺在那个地方，我就很难过，一下子扑在他身上。"

浓重的黑暗里，她用手一摸，他满脸是泪水。他们抱在一起哭。"他当时就说，我这个人不应该结婚的，我伤害了一个女人，这是我一辈子的痛。"

她说："我恨他，我也很可怜他。"

我说："从你的描述当中我想象你丈夫内心的经历，他过得也很痛苦。"

她说："他每天都在伪装。每次我跟他一块儿要是参加个应酬什么的，他都拼命给大家讲黄色的笑话，给人造成的感觉，他这个人特别黄，特别好女色。他每天很累，不停在伪装自己。"

我问过翼飞，"你们为什么还要跟女性结婚？"

他说："有个朋友说过，我父母宁愿相信河水倒流，也不相信有同性恋这个事情存在。"

很多同性恋者只能在浴池和网上寻找性伙伴。我们对浴室经营者的调查显示，这种方式中主动使用安全套的人非常少。一个提供性服务的男性性工作者说，多的时候一天他大概与四五个人有性接触，大部分顾客都有婚姻。

"在这个状况下，如果他从这个群体中感染了疾病的话，就意味着……"

他说："传播给他的家人。"

大玮是发生第一次性关系之后，就感染艾滋的。

"你为什么不用安全套？"我问他。

"我连安全套都没见过。"大玮说。

他在做爱前像每个稚嫩的孩子一样。"我以为只是亲吻和拥抱。"他鼓起勇气说，声音小小的。

没有人告诉他什么是安全的，怎么避免危险，就算他知道，他说也不敢把安全套带在身边，怕别人发现。

"安全套对国人来说意味着性而不是安全。"公开同性恋身份的北京电影学院老师崔子恩说。

采访结束的时候，张北川送了我们每人十个安全套和一本宣传册。我当时提的是一个敞口的包，没有拉锁。到了吃饭的地方，没有地方放包，我把它放在椅子上用背靠着，身体紧张地压了又压。结果服务员经过时一蹭，这只可恶的包就掉在地上了。

全餐厅的人，都看到很多小方块的安全套从一个女人的包里滚落到地上。

所有人都盯着看，张北川俯下身，一只一只，慢慢地把它们捡起来，就好像他捡的不过是根筷子。

我问张北川："我们的社会为什么不接纳同性恋者？"

他说："因为我们的性文化里，把生育当作性的目的，把无知当纯洁，把愚昧当德行，把偏见当原则。"

他前前后后调查过一千一百名男同性恋。他们百分之七十七感到极度痛苦，百分之三十四有过强烈的自杀念头，百分之十自杀未遂，百分之三十八的人遭到过侮辱、性骚扰、殴打、敲诈勒索、批判和处分等伤害。

"每年自杀的那些同性恋者，他们就是心理上的艾滋病患者，心理上的绝症患者。这个绝症是谁给他的？不是艾滋病毒给他的，是社会给他的。"崔子恩说。

我问："有一些东西对同性恋者来说比生命还要重要么？"

"对。"

"是什么？"

"爱情、自由，公开表达自己身份的空气、空间。"

"假如不能提供呢？"

"不能够提供，这种压制，这种痛苦、绝望就会一直持续下去，就成为社会的一个永远解决不了的痼疾。"

拍摄的时候，男同事们都很职业，对采访对象很客气，但与往常不同，一句不多说，吃饭的时候也一句议论都没有。

我跟老范私下不免猜测他们怎么想的，他们都笑而不答。小宏说起当年遇到过一个同性骚扰，"那个感觉……"他这样的老好人也皱了下眉头。我接着问下去，他说不舒服的并不是"同性"，而是被另一个人"骚扰"的感觉。

一个人对性和爱的态度"不在于男男、女女、男女"，只在于这个人本身。

我采访那对男性情侣的时候，两位男性手握手，谈了很久，余光看到小宏和老范正在一边传纸条。我以为他是反感这两人，听不下去采访。后来，他把小纸条抄在电脑里发给我：

范：你现在怎么理解男同性恋呢？

宏：我不相信快感之于同性和异性之间有什么差异，一样的欲望。

范：我和柴昨天晚上也还讨论来着。但有一点仍然是坚持的，性应该是有美感的。过于放纵与挥霍的性多少让人觉得有些猥亵。完全脱离了爱，岂不是又退化成了动物？

宏：同意你们的观点。当饥渴都解决不了，又何谈精神上的诗意？归根结底，没有一个宽容的制度可以海纳五光十色的生存状态。让人自由地爱吧，愈自由愈纯洁。

录制节目时，大玮坚持要以本来面目面对镜头，这让我很意外。我们的习惯是用隐身的方式来保护这样的采访对象，他是同性恋，也是艾滋感染者，我认为他需要保护。

"不，我不需要。"他说。

"你为什么要这样做呢？"我认为他太年轻了，"你知道自己会付出的代价吗？"

"知道。"他很肯定。

"那你为什么一定不用保护性的画面处理呢？"

他的眼睛直视镜头，笑容爽朗："因为我想告诉大家，我是个同性恋，我想和每个人快乐地生活在一起，我想得到真爱。"

是，这并无羞耻。

翼飞是舞者，采访间隙李季拍他跳舞，他面部需要保护，只能拍影子。

投射在墙上的巨大剪影，变形，夸张，用力跳起，又被重力狠狠扯下。现场没有设备，放不了音乐，他只是听着心里的节奏在跳。

老范在节目最后用的就是这一段舞蹈，她配上了张国荣的《我》，那是他在公开自己的同性恋身份后的演唱：

I AM WHAT I AM
我永远都爱这样的我
快乐是 快乐的方式不止一种
最荣幸是 谁都是造物者的光荣
不用闪躲 为我喜欢的生活而活
不用粉墨 就站在光明的角落

这个片子送审的时候，我们原不敢抱指望。这是二〇〇五年，中央电视台的屏幕上第一次出现同性恋的专题，他们正视镜头，要求平等。

审片领导是孙冰川，老北大中文系的，银白长发披肩。

我给他添过无数麻烦，他一句怨言和批评都没有。他不见得赞成，但他容忍。我和老范做中国音乐学院招生内幕，三个学生遇到不公正对待导致落榜。这节目播出压力大，采访时需要乔装打扮，戴上帽子眼镜，藏好摄像机进学校拍摄。审片时，我、草姐姐、老范三个姑娘一起去。我刚从西北出差回来，专门捎了条孙总家乡的烟，坐在边上递烟倒水，生怕他皱眉头。他听到学生拉二胡的时候随口说一句"这曲子是《江河水》啊"，老范劈手按了暂停的钮，盯着他，眼神里是赤裸裸的惊喜："您懂的真多。"

他早看出来我们用意，莞尔一笑。

看完节目，他让停下带子，把烟点了，就问了一句话："这个节目播了，能不能改变这三个孩子的命运？"

"能。"

他再没多说，在播出单上签了字。

但是，同性恋这一期，我连陪着去审的勇气都没有。这期通不通过，不是改几个段落，或者放一放再说，就是一眼之下，播，还是不播。

我一直攥着手机等结果，一直等到老范短信："过了，一字未改。"

孙总从中宣部新闻局调到央视第一天，人人都在观望。他没说什么，大会上只笑眯眯引了句苏东坡的诗："庐山烟雨浙江潮，未到千般恨不消。到得还来别无事，庐山烟雨浙江潮。"

他退休的时候，我在留言簿上写上了这首诗，送还他。

我和赵铁林很长时间没有联系。有天朋友说起，才知道二〇〇九年他已经去世。我半天说不出话来。

当年他给过我一张名片，名字上有一个黑框。别人问，他就笑："我死过很多次了。"

他说："生死寻常之事。"

赵铁林出生在战场上，寄养在乡下，"文革"中母亲自杀，他去矿山挖矿，从北航毕业后，做生意失败，在海南租处就是三陪女住的地方。一开始也有文人心理，想找个"李香君"或者"杜十娘"之类的人，满足"救风尘"的愿望。后来发现"根本没那回事儿"。老老实实地给她们拍"美人照"，一张二十块钱，养活自己。"她们知道我是记者，我靠拍照片吃饭，她们靠青春吃饭，你也别指责我，我也不指责你，能做到这样就行。我如实告诉她们我的目的，这对她们来说就是尊重，她们知道我不会扭曲她们。"

有人认为他的照片"伤害"了她们，或者在"关怀"她们。"无所谓伤害也谈不上关怀，"他说，"当她们认为你也是在为生存而挣扎的时候，咱们就是平等的了。"

六十年间他颠沛流离，临终前住着四十五平方米的房子，骑着自行车来去，他遇上了中国纪实摄影"也许是最好的时代"，他也知道选择这条路就是"选择了贫困"。看到他临终前的照片，我心里不能平静。他像他拍摄的人一样，承受命运施加于自己的一切，不粉饰，也不需要虚浮的怜悯。

生和死，苦难和苍老，都蕴涵在每一个人的体内，总有一天我们会与之遭逢。

　　我们终将浑然难分，像水溶于水中。

人是一样的，对幸福的愿望一样，对自身完整的需要一样，只是她生在这儿，这么活着，我来到那儿，那么活着，都是偶然。万物流变，千百万年，谁都是一小粒，嵌在世界的秩序当中，采访是什么？采访是生命间的往来，认识自己越深，认识他人越深，反之亦然。（席鸣 摄）

第六章　沉默在尖叫

我站在安华的家门口。院子里码放着几百只空酒瓶子，一半埋在肮脏的雪里，全是她丈夫留下的。

卧室三年没有人住了。大瓦房，窗户窄，焊着铁条，光进不来，要适应一会儿，才能看见裂了缝的水泥墙。绿色缎面的被子从出事后就没有动过，团成一团僵在床上。十几年间，这曾经是一个男人和一个女人生活最隐秘的地方。所有的事情都发生在这里。

她从不反抗，直到最后一次。

她刺了他二十七刀。卷宗里说，地上、墙上全是血迹。警察说，死者死的时候还被绳子捆着，"浑身是血，血肉模糊。很多杀人案件，都是一刀致命，像这样的情况，确实不多见"。他说死者眼睛睁得很大，脸上都是"难以相信"的表情。

风声让空屋子听上去像在尖叫。

在"东方时空"时，我看过法学会的一份报告，各地监狱女性暴力重犯中，杀死丈夫的比例很高，有的地方达到百分之七十以上。每一个数字背后都是人——男人，死了；女人，活着的都是重罪：死缓、死缓、无期、无期、无期……

这是我心里几年没放下的事。

做完《双城的创伤》后，我有一个感觉，家庭是最小的社会单元，门吱呀一声关上后，在这里人们如何相待，多少决定了一个社会的基本面目。

家庭是人类生活最亲密的部分，为什么会给彼此带来残酷的伤害？这是个很常规的问题。但爱伦堡说过："石头就在那儿，我不仅要让人看见它，还要让人感觉到它。"

我想感觉到人，哪怕是血肉模糊的心。

但安华想不起杀人的瞬间了。"五年了，我也一直在想，但想不起来。"她说，四方脸上都是茫然。

她穿着蓝白相间的囚服，一只眼睛是鱼白色，是出事前几年被丈夫用酒瓶砸的，啤酒流了一脸，"瓶子砸在眼睛上爆炸了，一下就扎进去"，眼珠子好像要掉下来了。

她当时没有还手。

她被打了二十年，忍了二十年。她说不知道最后怎么会动手杀人，那二十七刀是怎么砍下去的，一片空白。"我可能是疯了。"她说得很平静。她在法庭上没有为自己作任何辩护。

村子里七百多人联名请求法院对她免于处罚，死者的母亲就住在紧挨着他们卧室的房间里，八十多岁了，为她求情："她是没办法了，没办法了呀。"

我问："他打过您么？"

老人说："喝醉了谁也不认，一喝酒，一喝酒就拿刀，成宿地闹。"

小豆用铁棍把丈夫打死了，打在脑袋上，就一棍，他连挡都没挡，大概根本没想到。

她被判死缓，已服刑八年，但她始终不相信他死了。

她有一张尖细的青白色的脸，眼睛微斜，一边说一边神经质地摇着头："他不会死的。"

我愣住了："什么？"

她说："他还没把我杀死。我死了他才能死。我没死他怎么能死呢？所以我不相信他会死的。"

她十五岁时嫁给他，相亲的时候，他瞪着眼睛看着她："你嫁不嫁？"她从第一眼就害怕他："一回到家他就好像审你似的。他不允许我跟任何男人说话，和女的说话也不行，我自己的家人都不允许，老担心别人挑唆我不跟他过。他就会对我动手。"

"用什么打？"

"皮带，鞋底子。不听话把你绑起来，拿皮带'溜'。"

皮带抽在光的皮肤上，噗的一声，她被吊着，扭着身子尽量让他打在背上，尽量不叫，怕别人听见羞耻。他从不打她的脸，打得很冷静，反正夜还长，噗，噗噗。

结婚八年，她从来没穿过短袖衣服，不能让别人看见身上的伤，她最怕的不是打，而是不知道什么时候来。晚上睡着睡着，脖子一冰，是他把刀子放在她脖子上，揪着她的头发往后拉，把整个脖子露出来，她只能盯着屋顶，叫不出来，不断咽着口水，等着他会不会割下来。"要不就突然给你一瓶子药，喝吧。"

"都不为具体的事情吗？"我问。

"他说你别管为什么，因为你长大了，你死吧。"

她抬起恍惚的眼睛，问我："我长大了就该死吗？"

有一个问题，在我心里动。摄像机后面有男同事，我犹豫了一下，它还是顶上来了："在你跟他结婚的这些年里，你们的夫妻生活是正常的吗？"

"太痛了，我不想说。"

"别问我这个，我心痛。"

十几个人，回答几乎一模一样。

跟我们一起去调查的陈敏是从加拿大回来的医学专家，说她接触的所有以暴制暴的妇女，"没有例外，每一个都有性虐待"。这种虐待最让人受不了的不是身体的伤害，燕青说："他侮辱我。"

我不想问细节，只问："用很卑劣的方式吗？"

"是。"她双眼通红。

说到这儿，她们哭，但哭的时候没有一点声音。这种无声的哭泣，是多年婚姻生活挫磨的结果，十年之后，即使想要放声大哭，也哭不出来。

"这些女人太笨了，弄一壶开水，趁他睡着，往他脸上一浇，往后准保好。"有人说。

我中学的时候，学校附近有个小混混，他个子不高，看人的眼光是从底下挑上来的。每天下晚自习的时候，他都在路口等着我，披一件棉军大衣，就在那儿，路灯底下，只要看见一团绿色，我就知道，这个人在那儿。

我只能跟同桌女生说这事。她姓安，一头短发，说她送我回家。

"你回去。"他从灯下闪出来，对她嬉皮笑脸。

"我要送她回家。"

"回去。"他换了一种声音，像刀片一样。我腿都木了。

"我要送到。"她没看他，拉着我走。

一直送到我家的坡底下，她才转身走。大坡很长，走到头，我还能听到她远远的口哨声，她是吹给我听的。

长大成人后，我还梦到这个人，跟他周旋，趁他坐在屋子里我跑了，还冷静地想，跑不过他，决定躲在大门的梁上，等着他追出去。他跑出来找我，眼看就要从门口冲出去了，但是，脚步忽然放慢了，我看到他站住了，就在我的下方，他的眼光慢慢从底下挑上来。

他马上就要看到我了，我甚至能看到，他嘴角浮现的那一缕笑。

我全身一震，醒了过来。一个没当过弱者的人，不会体会到这种恐惧。

采访的十一个杀夫女犯中，只有一位没有说杀人的原因。我去她娘家。她姐把我拉到一边，迟疑再三，对我说："你不要问了，她不会说的……她为什么要杀他？因为出事那天，他赤条条去了两个女儿的卧室。"

"什么？"

她姐紧紧地扯我衣服："不要，不要出声。"回身指给我看卧室门上，深绿色的荷叶扣像是被撕开了，只剩一个螺丝挂着，悬在门框上。"这是那个人撞坏的，他把我……"她没说下去，如果不是这个伤口一样的荷叶扣，和这个四十多岁的女人脸上惨伤羞耻的表情，我很难相信这是现实。

院子里，上百只翠绿的酒瓶子直插在深灰的脏雪里，乌黑的口森森朝上，是这个男人曾存在的证据。

这些女人结婚大都在七十年代，没受过教育，没有技能，没有出外打工的机会，像栽在水泥之中，动弹不得。安华也求助过村书记，村里解决这件事情的方式是把她丈夫捆在树上打一顿，但回家后他会变本加厉地报复，别人不敢再介入。妇联到了五点就下班了，她只能带着孩子躲在家附近的厕所里冻一夜。

全世界都存在难以根除的家庭暴力，没有任何婚姻制度可以承诺给人幸福，但应该有制度使人可以避免极端的不幸。

在对家庭暴力的预防或惩戒更为成熟的国家，经验显示，百分之九十以上的家暴只要第一次发生时干预得当，之后都不再发生。警方可以对施暴者强制逮捕，紧急情况下法官可以依据单方申请发出紧急性保护令，禁止施暴者实施暴力或威胁实施暴力，禁止他们联络、跟踪、骚扰对方，不得接近对方或指定家族成员的住所、工作地点以及一切常去的地方，这些政策向施暴者传达的信号是：你的行为是社会不能容忍的。

但直到我们采访时，在中国，一个男人仍然可以打一个女人，用刀砍她的手，用酒瓶子扎她的眼睛，用枪抵住她的后背，强暴她的姐妹，殴打她的孩子。他甚至在众人面前这样做，不会受到惩罚——只因为他是她的丈夫。

人性里从来不会只有恶或善，但是恶得不到抑制，就会吞吃别人的恐惧长大，尖牙啮咬着他们身体里的善，和着一口一口的酒咽下去。最后一夜，"血红的眼睛"睁开，人的脸也许在背后挣扎闪了一下，没有来得及尖叫，就在黑色的漩涡里沉下去了，暴力一瞬间反噬其身。

她们都说："最后一天，他特别不正常。"

小豆说："好像那天晚上不把我杀死，他绝不罢休。"

"你怎么感觉出来的？"

"因为他看着表呢。"

"这个动作怎么了？"

"给我一种感觉就是，他在等时间。那时候我记得特清楚，四点五十，天快亮了。他说：嗯，快到五点了。他说你说吧，你自己动手还是我来动手？"

"你那天晚上看他的眼睛了吗？"

"我看了。他的眼睛都发直了，血红血红的，一晚上了。"

她有过一个机会逃掉，拉开门想逃到娘家去，被他用刀抵着后背押了回来。她把心一横："是不是我死了就算完了？"

他说："你姐姐、你父母、孩子，我一块儿炸了他。"

"我当时想，我一条命还不够吗？我跟他生活了八年，还不够吗？我就顺手抄起棍子打了他。"就这一下，她都不知道自己使了多大劲儿。打完之后，小豆不知道他死了："我说怎么出血了呢？我还擦了擦。"

她擦完血，抬头看了看表，对倒在床上的人说："真到点了，五点了。你睡吧，我上法院跟你离婚。"她就抱着孩子走了，后来，她是在法院门口被抓住的。

"你这么多年来反抗过吗？"我问她。

"没有，从来没有反抗过。这是最后一次也是第一次。"

燕青拿起的枪是她丈夫的，他在一家煤矿当私人保镖。

他喜欢玩枪，有次子弹没拿好，有几颗掉在地上。他捡起了一颗，上了膛，拿枪口指一指她："我喊一二三，你捡起来。"她怀孕七八个月了，扶着肚子，半弯着，把沙发底下的子弹一粒一粒捡起来。他端着枪，对着她的背。她说："我认为他肯定会开枪的，我觉得我马上就会听见枪响。"

他要她生个儿子，"他说他的老板没儿子，我们钱没有他多，我们一定要有个儿子气气他。他明确地跟我说，咱们要生一个女儿就掐死她吧。我说那是畜生干的事儿。"她生了个女儿。第二天，"屋里很暗很暗，就一个小红灯泡。他说你给我五分钟的时间。他的神情很古怪"。

"什么神情？"

"我说不出来，我就感觉我和孩子都完了。他冲着孩子真去了。我就拽他，我拽他，他把我一下子打一边了。我看他的手冲孩子的脖子去了，我就拿起了枪，我就给了他一枪。"

她说这种情况下，没有第二个选择。

"你的判决结果是什么？"

"无期。"

"无期的意思就是你的一辈子？"

"为了我孩子，我死我也值。"

小豆的女儿今年十三岁，从她和母亲在法院门口分离之后，母女俩再也没见过。她连去一趟监狱的钱都没有。除了逮捕证上，她妈妈也没有照片，她说想不起来她妈什么样子。

我蹲在她面前说："我见过你妈妈，你长得跟她很像。"

她尖细的小脸微微笑，眼睛略有一点斜，有点害羞又高兴。

外婆拉住孩子的手递给我："是啊，跟她一模一样。俺这孩子冤啊。手裂得，你看手冻得，这个手冻得都流血。我啥也不要求，我就要求她早点回来，管她孩子，到我死的时候能给我跟前送个灵就行了。中不？我啥也不要求。"

我不知道该说什么。

"中不？"她们一老一小两只手都放在我手里，摇着。

我蹲在那儿，无法作答。

她的声音越来越颤抖。我突然有点害怕："您别激动。"

语音未落，就看见她从小板凳上向后一仰。

众人乱作一团，我下意识拦住想抬她的人，在她的外衣内兜里乱翻，摸出一个小瓶，是速效救心丸，塞了五粒在她嘴里。可是她已经完全无法吞咽了，最可怕的是她的眼睛，已经一点生命气息都没有了。

那一刻我跪在冰冷的地上，扶着她僵直的身体，心想她已经死了。

天啊。

五分钟之后，她缓过来，被扶进了屋里。

她的孙女很冷静："我姥姥经常这样的。"

"发作的时候你怎么办？"

"去找邻居。"十三岁的小女孩说。

死去的男人，失去自由的女人，留下的就是这样的老老少少。寒冬腊月，连一块烧的煤都没有，没有钱买。老人病了就躺在床上熬着，孩子们连院门都不出，不愿意见人。我们能做的，只是去监狱拍摄时，让孩子去见妈妈一面。

找了很久才找到安华的儿子。他十九岁，终日不回家，也不说自己吃睡在什么地方，零下二十多度，没有外套，穿一个袖口脱线脏得看不出颜色的毛衣，坐在台阶上，头发蓬乱，恍恍惚惚。

"你为什么不回家？"我问。

"回家想俺妈，你让俺妈回来吧。"

又是这句话。

我带他们去了探视室。两个孩子看见穿着囚服的妈，老远就哭了，一边走一边像娃娃一样仰着脸喊"妈，妈"。

女警过来敲一敲玻璃："坐下，拿起电话说。"

女儿说："妈，妈，我们听你话，你早点回来啊。"

"我知道，我知道你哥哥挺内向，什么事也不敢说，不敢做的。"

儿子把头扎在胳膊里，哭得抬不起头，女儿对着电话喊："妈，他说天天想你，他整夜睡不着觉，他说俺出去找你去，他说去找你，他说他想你。"

妈妈把手往玻璃上拍："傻孩子啊，你上哪儿找妈妈啊？我知道妈妈需要你，你也需要妈妈。"

儿子把头磕在玻璃上："妈，你不要哭了。"

妈说："不管咱再苦再难，咱要坚持下去，熬下去，听见了没？"

儿子说："听见了。"

旁边的女警背过身，用警服的袖子擦了下眼。

每年的三八妇女节，这些女犯中或许有人可以因为平时表现良好而得到减刑，那样有生之年也许能够看着孩子长大，小豆对我说，她热爱这个节日，"但是，一年，为什么只有一个三八节呢？"

我想了解这些死去的男人，但是每家的老人都烧毁了跟死者有关的照片。从没人跟孩子们谈起父亲，被母亲杀死的父亲。

我问孩子："有想过他吗？"

"有。"

"想念什么呢？"

"他笑的时候……他给你一个微笑的时候，简直就像把世界都给了你的那种感觉。"

她脸上的伤痕，是父亲用三角铁砸的，就在鼻梁和眼睛之间。

　　我找到了小豆丈夫的哥哥，问他有没有弟弟的照片。这个男人叹口气，从门后边搜出一把笤帚，举起来，往中间那根粗房梁上一扫。飘下一张身份证，他拿抹布擦一下递给我，眼睛一湿："看吧，八年啦，没舍得扔，也不想看。"

　　我很意外，这不是张凶恶的脸，这是一个看着甚至有点英俊的男人，笑容可掬。

　　我问安华的孩子："你知道你爸爸为什么会这样总是喝酒，总是打人吗？"

　　"不知道。"

　　"这个世界上有人了解他吗？"

　　"唉，不知道他。"

　　"你觉得他除了暴力之外，有没有其他能跟别人交流的方式？"

　　"喝酒。"

　　他们几乎都是村子里最贫穷的人，几乎都酗酒，喝的时候咒骂赚了钱的人，回家打老婆孩子。有人说："这些人，只是农村的失败者，城市里没有。"

　　二〇〇〇年我在湖南卫视时，主持过一个"年度新锐人物"的评选，"疯狂英语"的创始人李阳当选，节目散后，他在大巴车给满车人讲笑话，内容不记得了，但车内大笑的活力和气氛还记得。十一年后，他的美籍妻子Kim在网上公开遭受家庭暴力的照片：体重九十公斤的李阳骑坐在妻子背上，揪着她的头发，在地上连续撞了十几下，头部、膝部、耳朵多处挫伤。

　　当天他们争吵很久，Kim是美国人，原来是"疯狂英语"的美方总编辑，结婚后在北京带着三个女儿，两年来她的驾驶执照过期，教师执照作废，母亲在美国病了，要带孩子回去探望，但李阳全国各地演讲，说他没时间陪着她办手续："我一个月只回来一两天，不可能办好这些事情。她觉得我不能感受她的感受，我在外面这么跑，冒生命危险，女人应该隐忍一点。"

"这个说法是不是太大男子主义了？"

他打断我："大男子主义也是这个文化给我的，不是我自己要大男子主义。"

吵了数小时后，他大喊"闭嘴"。Kim说："我生活中所有的东西都是你控制，你不能让我闭嘴。"李阳说："我当时想我就不能让她有反抗，我要一次性把她制服。"他抓住她头发摁在地上时，喊的是"我要把一切都了结了"，说如果再严重一点，"我可能会杀了她"。

"坦白地说，那一瞬间是人性的恶？"我对李阳说。

"是，人性的魔鬼，"他眼睛避开了，眯起来看向旁边，又瞥向下方，"魔鬼完全打开了。"

Kim之前一直不接受媒体访问，老范把女子监狱调查的节目视频发给她，她看完同意了。"我不知道在中国有那么多的女人这样活着，如果我沉默，将来也无法保护我女儿。"

片子里我问过这些女犯："你们在法庭陈述的时候，有没有谈到你们承受的家庭暴力？"

每个人都说："没有。"

没有人问她们。

有女犯接受检察官讯问的时候，想要说说"这十几年是咋过的"，检察官打断她："听你拉家常呢？就说你杀人这一段！"

Kim被打后曾去报警，有位男性以劝慰的口气说："你知道，这儿不是美国。"她说："我当然知道，但肯定在中国有法律，男人不能打女人。"他说："是啊，你说得对，男人不能打女人，但老公可以打老婆。"

李阳曾经在一个电视综艺节目上说过二女儿脾气不好，因为"可能她妈妈怀孕的时候我打过她"，他做了一个抽耳光的动作，在场几位嘉宾呵呵一笑过去了，镜头前一个女学生对他说："你能影响这么多人，在家庭里犯这么一点点错,Kim老师也会原谅你。"

三十年前，"受虐妇女综合征"在北美已经从社会心理学名词成为一个法律概念，只要获得专家鉴定就可以获得轻判甚至无罪释放，但这在中国还不被认同。在女监片子的开头和结尾，老范用了同一组镜头，镜头摇过每个女犯，她们说自己的刑期："无期，死缓，十五年，十五年，十五年……"

有人已经被执行了死刑。

Kim说："我有钱，我可以回美国，这些女人呢？她们没有路了。"

李阳说他对家庭的理解是"成功，一定是唯一的标准"。

"不是爱吗？"我问。

"真正的爱是带来巨大的成功。"他公开在媒体上说不爱妻子，结婚是为了"中美教育的比较"，想把孩子作为英语"疯狂宝宝"的标签，是教育的实验品，他说："那才是普度众生，一个小家庭能跟这个比么？"

我问他："你跟你父母之间有过亲密的感觉吗？"

"没有，从来没有，我还记得在西安工作的时候我爸爸说，今天晚上就跟我睡一起吧。吓死我了，跟他睡一个床上，我宁可去死。断了，中间断掉了。"

李阳四岁才从外婆身边返回与父母生活，一直到成年，都无法喊出"爸"、"妈"。传统家庭中的父母工作忙，对孩子严厉，他说小时候听得最多的词是"笨蛋""猪"。他童年口吃，懦弱到连电话响都不敢接，少年时期在医院接受治疗时，仪器出了故障烫伤皮肤，他忍着痛不敢叫出声来，一直到被人发现，脸上存疤至今，说："自卑的一个极端就是自负，对吧？中国也是这样，中国是一个自卑情结很重的国家。所以自卑的极端是自负。"

长大成人时他想强制性地解除这个自卑，以"疯狂英语"的方式勒令自己当众放声朗诵，在后期，发展到让学生向老师下跪，鼓动女生剃发明志，率领数万名学生高喊"学好英语，占领世界"、"学好英语，打倒美帝国主义"。

我说这已经不只是学习方法，"你提供的是很强硬的价值观。"

他说："强硬是我以前最痛恨的，所以才会往强硬方面走。因为我受够了懦弱。"Kim说，在每次机场登机的时候，李阳一定要等到机场广播叫他名字，直到最后一遍才登机，这样"飞机上的人会知道他的存在"。

我问过安华："你丈夫自己是施暴者的时候，你觉得他是什么感觉？"以为她会说，是宣泄的满足。

结果她说："他总是有点绝望的感觉。"

小豆说："有一次看电视突然就问，你爱我吗？我说什么叫爱啊？我不懂，我不知道。他就对你'啪'一巴掌，你说，爱我不爱？我不知道什么叫爱。"

有时候，打完之后，他们也会摸摸这儿，看看那儿，问"疼吗"，就是这一点后悔之色，让女人能够几十年吮吸着一点期望活下来。但是下一次更狠。

安华说："我就知道他也挺可怜的。"

"你觉得他自己想摆脱吗？"

"当然想摆脱，因为他说过，我也不希望这个事发生。他说我自己也控制不了我，我干嘛非伤害别人啊。"她说，"所以我自己矛盾得不行，想离开他又离不开他。"

我问过Kim："李阳的生命中，他跟谁亲近？"

Kim怔了一下，说："最亲近的吗？不认识的人。他站在台上，他的学生特别爱他，两个小时后他可以走，是安全的，没时间犯错误。"

李阳说每天早晨，起床后的半个小时"非常恐怖，非常害怕。觉得工作没有意义，活着没有意义"。他给Kim发过短信，"我揪你头发的时候，看到有很多白发，就跟我的白发一样。"他说内心深处知道妻子的很多看法是对的："我是尊敬她的，所以每次她指责我，我才真的恐惧，恐惧积累了，就会以暴力的方式爆发。"

打过妻子后，他没有回去安慰，却主动去看望了父母，第一次带了礼品，表示关心。我问："这是一种下意识的心理补偿吗？"

他想了一下，说："……是吧，是。"

"那你认为你现在是一个需要帮助的人吗？"

他眼睛又再眯缝起来，避开直视，忽然有点口吃起来："我肯定需要帮助。此时此刻我需要婚姻方面的帮助，如……如……如何有效地解决抑郁症的帮助。"

我们采访前，Kim刚把三岁的小女儿哄睡着，这个孩子在父亲殴打母亲时，挣扎着往外拉父亲的手，被甩开，之后一直做噩梦，哭着说："妈妈对不起，下次我用筷子、用剪子（拦他）呢。"Kim头摇得说不下去，想把哭声抿住，脖子上的筋脉全都凸起。她搂着女儿，对她说："可以恨爸爸错误的行为，不要恨爸爸这个人。"

在女监的那期节目里，零下二十度，坐在冰雪满地的院子里，父亲死去，母亲在狱中，安华的女儿小梅说："一个人他的心再硬，也有自己心底的一角温柔。"

"你觉得你爸爸有吗？"

她想了很久，一字一顿地说："有，只是还没有被他自己发现而已。"

我看到院里厨房的水泥墙上用红色粉笔写着几个字，"让爱天天住我家"。是她写的，这是前一年春节联欢晚会时一家人唱的歌。十四岁的小梅喜欢这歌，她轻唱："让爱天天住我家，让爱天天住你家，拥有……拥有……拥……"她张着嘴，发不出声音，眼泪一大颗一大颗砸在裤子上。

这些孩子会长大，他们会有自己的家庭——那会是什么样子？

小梅的姐姐十六岁，她说："我再也不相信男人，他们只有暴力。"

她的哥哥从探视室离开就又走了，妹妹在身后喊"哥，哥"。

他头也不回就走了，不知道跟什么人在一起，睡在哪儿，吃什么。那晚，他和母亲一起用绳子把父亲捆起来的，刀砍下去的时候他在现场。

他的将来会发生什么？不知道。

我们紧接着去做下一期，流浪少年犯罪调查。

没有完，完不了。

我和编导小仲去了登封。十几个少年组成的盗窃团伙，领头的十五岁，最小的十岁，都辍学，是王朔小说里打起架来不要命的"青瓜蛋子"。

他们打架，有时是寻仇，有时是为了挣钱，有时只是娱乐。除了刀，他们还用铁链，用自制的布满钢针的狼牙棒——因为那样伤人的时候血流出来的"效果"更好。

我问打架最狠的那个："你不怕死？"

"不怕。"他头一昂。

他不是不怕，他连生死的概念都没有，所以也不会有悲悯之心。

我找到了他的父亲。离异多年的他，早有了新家，从没想过儿子在哪儿。他是个司机，开辆面包车，车厢里污秽不堪，挡风玻璃上溅满了鸟屎，座位边上满是滚倒的翠绿啤酒瓶和空烟盒，收音机的地方是一个洞，底下是一个烟灰托，里面的黑灰已经长时间没倒了，栽满了不带过滤嘴的皱巴巴的黄烟头。

他一边接受采访一边对着瓶口喝啤酒，笑起来一口黑黄的牙："等他回来，我捆起来打一顿就好了。"

我们去找那个十岁的男孩。到了村里，推开那扇门，我对带路的村支书说："走错了吧？这地方荒了很久了。"寒冬腊月的，院子里都是碎瓦和杂草，房子里的梁塌了半边，除了一个已经被劈开一半的衣柜，一件家具都没有。

"应该就是这儿啊。"他也疑惑不定。

我们转身往出走的时候，从门扇背后坐起一个人："谁呀？"

小男孩就睡在门背后，靠门板和墙夹出一个角来避寒，脚边是一只破铁锅，下面垫着石头，锅底下是烧剩下的草，连木头都没有，他劈不动。

他父母已经去世两年。

"怎么不读书呢？"

村长说："学校怎么管他呀？咱农村又没有孤儿院。"

民政一个月给三十块，他笑了一下，"买方便面他也不够吃。"

"村里不管吗？"

"怎么管，谁还能天天管？"村长指着锅，"这都是偷来的。"

小男孩抱了捆柴草回来，点着，满屋子腾一下都是烟，他低着头，一句话不说，把手伸在那口锅上，靠那点火气取暖。

村长叹口气，说："你们中央电视台厉害，我看那上头老有捐钱的，看能不能呼吁一下，给他捐点钱，啥问题都解决了。"

警察告诉我，他们想过送这些孩子回学校，但学校没有能力管他们，更不愿意他们"把别的孩子带坏"。

他们流浪到城市，从捡垃圾的地方，从火车站……聚集起来，他们租了一间房子，住在一起，很快就可以像滚雪球一样多起来。干脆不要床，偷了几张席梦思垫子，横七竖八在上面排着睡。生活的东西都是偷来的，那种偷简直是狂欢式的，在那个城市里，不到一年的时间，他们制造了两百多起盗窃案。十岁的那个，负责翻墙进去打开门，他们把床上的大被单扯下来，把家电裹起来，拿根棍子大摇大摆抬着出门，然后打车离开。

他们每个人有十几个手机，打架最狠的那个男孩说："用来砸核桃。"

"我们是小偷中的小偷。"他很得意。

白天他们在家里看武打和破案片，"学功夫"，说整个城市里最安全的就是他们住的这个小区："兔子不吃窝边草嘛。"

他们把偷当娱乐，刚偷过的人家，一天后再去偷一次，第三天，再去偷一次。

一个得不到爱、得不到教育的人，对这个社会不可能有责任感。

案子破了，他们被抓住了，但是都不到服刑年纪，全放了。

那个喝酒的父亲答应我去见见孩子，见了后倒没动手打，而是打量了一下儿子——离他上次见，过了几年了。他好像突然知道儿子是半个成人了，上下打量一会儿，忽然把儿子揽到一边，避开我，搂着儿子肩膀说了几句，又打了一个电话，他们父子很满意地对视笑一下，转身对我说："记者，走啦，去办点事儿。"

那笑容让我心里一沉。

领头的那个孩子，我们找了很久才找到他家，他是捡来的，养父母有了自己的孩子后，也就不再管他去哪儿了。

"能不能找点他小时候的东西我们看一下？"我问他的养母。

"都扔了。"她说得很轻松。

我听着这句话，一下子理解了"抛弃"这个词。

我不知道自己还能做什么，我只是一个记者，采访结束就要离开。

那个父母双亡的十岁孩子，最后一次偷窃，他分了一千多块，回来后都给了小时候养过他的老人。采访完我们留了些钱给村里人照顾他，走了几步，我回身把这孩子叫到门后，给了他一百块钱。

"你知道阿姨为什么给你钱？"我轻声问。

"知道。"他低着头，"因为我可怜。"

"不是，这是你劳动所得，你今天帮我们拿了很多次带子，很辛苦，所以这是你自己挣的。我要谢谢你。"

他抬起头，羞涩地笑了一下。

他们租过的那个房子，收拾得还算干净。和所有十三四岁的孩子一样，墙上贴着明星的照片，窗台上放着整整齐齐的十几个牙缸，他们每天早上排好队去刷牙……他们把这个房子叫"家"。

二〇一一年，我遇到一位律师，她告诉我采访过的女犯的消息，安华在各方帮助下，已经减刑出狱，再嫁了人。小豆在监狱里精神失常。

二〇一〇年，中国法学会再次公布了《家庭暴力防治法（专家建议稿）》，建议建立家庭暴力庇护场所、向家庭暴力受害人签发保护令，这只是一个建议稿，至今仍只是全国人大法工委的预备立法项目。

在"两会"上，我曾去找过关心此事的代表委员，担任警察职务的男代表说，现在刑法里已经有人身伤害的定罪了，"如果男性对女性造成人身伤害，那就按现有的法条来判，为什么要为了家庭暴力再去立法？"

一位女性代表说："家庭的事情，不可能像一般的人身伤害那样处理。"

现场有些争起来了："你们这么说，只因为你们也是女人。"

"不是女人才关心女人，是人应该关心人。"这位女代表说。

李阳最终没有去做心理治疗，也没有回去陪伴家人，他的时间用来接受各种媒体的采访，准备成为"反家暴大使"。

两个月后，Kim申请与他离婚。

他曾经对Kim解释说："这是中国的文化。"

Kim说："这不是中国的文化，人是一样的。我觉得中国人，美国人，所有人，我们的相似之处远多过不同，我们都爱我们的孩子，我们都需要快乐的家庭，我们都希望更好的生活。如果他的梦想真的是让中国更好、更国际化，我希望他能从自己做起。"

去采访Kim前，我做完采访提纲，合上笔记本，按习惯想一想，如果我是她，交谈时还需要注意什么。

奇怪的是，那一小会儿闭上眼的沉浸里，我想起的却是自己早已经忘了的事，中学时有天中午上学路上，那个小混混喝了酒，从身后把我扑倒了，磕在街边的路沿上，我爬不起来，被一个烂醉的人压着，是死一样的分量。旁边人嬉笑着把他拉扯起来，我起来边哭边走，都没有去拍牛仔服上的土。我没有跟任何人说这件事，最难受的不是头上和胳膊上的擦伤，也不是愤怒和委屈，是自憎的感觉——厄运中的人多有一种对自己的怨憎，认为是自我的某种残破才招致了某种命运。

我带了一束花给Kim。

她接过报纸包的百合花，有点意外，找了一会儿才找出一只瓶子插上，又拿出几个大本子给我看，里面是一家人的合影，李阳与她合作录的英语磁带，写的工作便条，还有一页，夹着某年结婚纪念日她提醒李阳买的玫瑰花——虽然是秘书买来送到的——花朵是完整的，每片叶子都用塑料膜小心地压平保存着，旁边是一家人的合影。"我要记得，我当时为什么要这个男人。"

这些早就干枯失血的花瓣给我一个刺激，人是一样的，对幸福的愿望一样，对自身完整的需要一样，只是她生在这儿，这么活着，我来到那儿，那么活着，都是偶然。

万物流变，千百万年，谁都是一小粒，嵌在世界的秩序当中，采访是什么？采访是生命间的往来，认识自己越深，认识他人越深，反之亦然。做完女子监狱那期节目的年底，评论部让每人写一句话印在内部刊物上，代表这一年里自己对工作的认识。我没思量，有一句话浮上心头，以前我会顾忌别人怎么看，会不会太文艺腔，但这次我径直写了下来："他人经受的，我必经受。"

大概是一九八〇年，我和妹妹柴敏，在纺织厂的照相馆里拍下的照片。我妈在工厂的理发店给我烫个卷毛，隔了这么多年，脑袋上包个黄色蛇皮袋的烫热感还有，是文明让人不舒服的启蒙。

第七章　山西，山西

海子有句诗，深得我心："天空一无所有，为何给我安慰。"

我出生在一九七六年的山西。小孩儿上学，最怕迟到，窗纸稍有点青，就哭着起了床。奶奶拉着手把我送一程，穿过枣树、石榴和大槐树，绕过大狗，我穿着奶黄色棉猴，像胖胖一粒花生米，站在乌黑的门洞里，等学校开门。

怕黑，死盯着一天碎星星，一直到瓷青的天里透着淡粉，大家才来。我打开书，念"神——笔——马——良"，一头栽在课桌上睡着，日日如此。

山西姑娘没见过小溪青山之类，基本上处处灰头土脸，但凡有一点诗意，全从天上来。中学时喜欢的男生路过我身边，下了自行车推着走，说几句话。分别之后心里蓬勃得静不下来，要去操场上跑几圈，喘着气找个地儿坐下，天蓝得不知所终，头顶肥大松软的白云，过好久笨重地翻一个身。

苦闷时也只有盯着天看，晚霞奇诡变化，觉得未来有无限可能。阵雨来得快，乌黑的云团滚动奔跑，剩了天边一粒金星没来得及遮，一小粒明光闪烁，突然一下就灭了。折身跑时，雨在后边追，卷着痛痛快快的土腥气扑过来。

二〇〇六年我回山西采访，在孝义县城一下车就喉头一紧。老郝说："哎，像是小时候在教室里生煤炉子被呛的那一下。"

是，都是硫化氢。

天像个烧了很长时间的锅一样盖在城市上空。一眼望去，不是灰，也不是黑，是焦黄色。去了农村，村口一间小学，一群小孩子，正在剪小星星往窗户上贴。有个圆脸大眼的小姑娘，不怕生人，搬个小板凳坐我对面，不说话先笑。

我问她："你见过星星吗？"

她说："没有。"

"见过白云吗？"

"没有。"

"蓝天呢？"

她想了好久，说："见过一点点儿蓝的。"

"空气是什么味道？"

"臭的。"她用手扇扇鼻子。

六岁的王惠琴闻到的是焦油的气味，不过更危险的是她闻不到的无味气体，那是一种叫苯并芘的强致癌物，超标九倍。离她的教室五十米的山坡上，是一个年产六十万吨的焦化厂，对面一百米的地方是两个化工厂，她从教室走回家的路上还要经过一个洗煤厂。不过，即使这么近，也看不清这些巨大的厂房，因为这里的能见度不到十米。

村里各条路上全是煤渣，路边庄稼地都被焦油染硬了，寸草不生。在只有焦黑的世界上，她的红棉袄是唯一的亮色。

我们刚进市区，干部们就知道了。看见我们咳嗽，略有尴尬，也咳了两声，说酒店里坐吧。酒店大堂是褐色玻璃，往外看天色不显得那么扎眼，坐在里头，味儿还是一样大。大家左脚搓右脚，找不出个寒暄的话。

干部拿出钱，绿莹莹一厚叠美金："辛苦了。"

我跟老郝推的时候对看一眼，她冲我挤眉弄眼，我知道这坏蛋的意思，"山西人现在都送美金啦，洋气。"后来知道，之前不少记者是拿污染报道要挟他们，给了钱就走成了个模式。

跟我们一块去的是省环保局的巡视员，老郝叫人家"老头儿"，这是她认为一个人还算可爱时的叫法。她低声问老头儿："他们不觉得呛啊？"老头儿呵呵一笑："说个笑话，前两年这城市的市长到深圳出差，一下飞机晕倒了，怎么救都不醒。还是秘书了解情况，召来一辆汽车，冲着市长的脸排了一通尾气，市长悠悠醒了，说：'唉，深圳的空气不够硬啊。'"

市政府的人一边听着，干笑。

市长把我们领到会议室，习惯性地说："向各位汇报。"从历史说到发展，最重要的是谈环保工作的进展。老郝凑着我耳朵说："他们肺真好，这空气，还一根烟连着一根的。"

我在桌下踢她一脚。

讲了好久，市长说："经过努力，我们去年的二级天数已经达到了一百天。"

有人呵呵笑，是老头儿："还当成绩说呢？"

市长咧开嘴无声地扯了下，继续说。

我家在晋南襄汾，八岁前住在家族老房子里，清代的大四合院，砖墙极高，朱红剥落的梢门口有只青蓝石鼓，是我的专座，磨得溜光水滑。奶奶要是出门了，我就坐在那儿，背靠着凉津津的小石头狮子，等她回来。

一进门是个照壁，原来是朱子家训："黎明即起，洒扫庭除……"土改的时候被石灰胡乱涂掉了，小孩儿拿烧黑的树枝在上头划字，"打倒柴小静"。

这小孩儿是租户的孩子，敢掏小燕子，捅马蜂窝，唯一害怕的是老宅子后门的老井，上百年了，附近最好的水，小男孩儿隐隐知道那水有点神圣。井口都是青苔，透明的小水洼里来喝水的蜜蜂，小脚颤抖着轻沾水面。他和我缩着头探一探，适应一小会儿那股黑暗，看到沿井壁挖出的可站脚的小槽，底下深深处，一点又圆又凉的光亮。

北厦有两层，阁楼不让上去，里头锁着檀木大箱子，说有鬼。我们不敢去，手脚并用爬上楼梯往里看一眼，老太阳照透了，都是陈年尘烟。小孩儿总是什么都信，大人说这房子底下有财宝，我们等人中午都睡着了，拽着小铲子，到后院开始挖坑，找装金元宝的罐子。

一下雨就没法玩了，大人怕积水的青砖院子里老青苔滑了脚。榆木门槛磨得粗粝又暖和，我骑坐在上头，大梁上燕子一家也出不去，都呆呆看外头，外头槐绿榴红，淋湿了更鲜明。我奶奶最喜欢那株石榴树，有时别人泼一点水在树根附近，如果有肥皂沫，她不说什么，但一定拿小铲铲点土把皂水埋上，怕树伤着。

等我长大，研究大红顶梁上的金字写的是什么，我爸歪着头一颗字一颗字地念："清乾隆四十五年国学生柴思聪携妻……后面的看不清楚了……"

一七八〇年的事儿，这位是个读书人吗？还是个农民，贩棉花挣点钱所以捐个国学生？……大人也不知道，说土改的时候家谱早烧了，只留了一幅太爷爷的画像，他有微高的颧骨。我爸这样，我也这样。

王惠琴的村子比我家的还早，赭红色的土城门还在，写着"康熙年间"建造，老房子基本都在，青色砖雕繁复美丽，只不过很多都塌落地上，尽化为土。

村子的土地都卖给了工厂，男人们不是在厂里干活，就是跑焦车。王惠琴妈妈抱着一岁多的小弟弟坐在炕上，小孩子脸上都是污迹。她不好意思地拿布擦炕沿让我们坐："呀，擦不过来，风一吹，灰都进来，跟下雨一样。"小孩子一点点大，我们说话的时候他常咳嗽。他妈搂紧他，说没办法，只能把窗关紧。

往外看，只能看到焦化厂火苗赤红，风一刮，忽忽流窜，村里人把这个叫"天灯"，这个村子被五盏天灯围着。按规定所有的工厂都得离村子一千米外，但厂子搬不了，离村近就是离路和电近——煤焦的比重占到这城市GDP的百分之七十——它要冲"全国百强县"，领导正在被提拔的关口上。

只能村民搬，"但是搬哪儿去呢？"这妈妈问我。这个县城光焦化项目就四十七个，其中违规建设的有三十八个，符合环境标准的，没有。村里有个年轻人说："不知道，只想能搬得远一点，不闻这呛死人的味儿就行。"

有个披黑大衣的人从边上过来，当着镜头对着他说："说话小心点，工厂可给你钱了。"年轻人说："那点钱能管什么？你病了谁给你治？"吵起来了。

黑大衣是工厂的人，我问他："你不怕住在这儿的后果？"他说："习惯了就行了，人的进化能力很强的。"我以为他开玩笑，看了看脸，他是认真的。

"你的孩子将来怎么办？"

"管不了那多。"

焦化厂的老总原本也是村民，二十年前开始炼焦。有几十万吨生产能力的厂，没有环保设施。

他对着镜头满腹委屈："光说我环保不行，怎么不说我慈善啊？这个村子里的老人，我每年白给他们六百块钱，过年还要送米送面。"他冷笑："当儿子都没有我这么孝顺。"

"有人跟你提污染吗？"

他一指背后各种跟领导的合影："没有，我这披红挂绿，还游街呢。"掌管集团事务的大儿子站最中间，戴着大红花，被评为省里的优秀企业家。

晚上老头儿跟市领导吃饭。

"说实话，都吵环保，谁真敢把经济停下来？"书记推心置腹的口气。

"你的小孩送出去了吧，在太原？"老头儿悠悠地说。

书记像没听见一样："哪个国家不是先发展再治理？"

老头儿说："这么下去治理不了。"

"有钱就能治理。"

"要不要打个赌？"老头儿提了一下一直没动的酒杯。

没人举杯。

王惠琴家附近那条河叫文峪河。

"这还是河吗？"我问老头儿。

他说得很直接："你可以把它叫排污沟。"河水是黑色的，盖着七彩的油污，周围被规划为重工业园区，焦化厂的废水都直接排进来。这条河的断面苯并芘平均浓度超标一百六十五倍。

文峪河是汾河的支流，我就在汾河边上长大。我奶奶当年进城赶集的时候，圆髻上插枚碧玉簪，簪上别枚铜钱，是渡船的费用。我爸年轻时河里还能游泳，夏天沼泽里挖来鲜莲藕，他拿根筷子，扎在藕眼里哄我吃，丝拉得老长。

我小学时大扫除，用的大扫帚举起来梆梆硬，相当扎手吃力，是芦苇的花絮做成的，河边还有明黄的水凤仙，丁香繁茂，胡枝子、野豌豆、白羊草……蓝得发紫的小蝴蝶从树上像叶子一样垂直飘下来，临地才陡然一翻。还有蟋蟀、蚂蚱、青蛙、知了、蚯蚓、瓢虫……吃的也多，累累红色珠子的火棘，青玉米秆用牙齿劈开，嚼里面的甜汁。回家前挖点马苋菜拿醋拌了，还有一种灰白的蒿，回去蒸熟与碎馒头拌着蒜末吃，是我妈的最爱。最不济，河滩里都是枣树，开花时把鼻子塞进米黄的小碎蕊里拱着，舔掉那点甜香，蜜蜂围着鼻子直转，秋天我爸他们上树打枣，一竿子抢去，小孩在底下捡拾，叮叮当当被凿得痛快。

风一过，青绿的大叶子密密一卷，把底下的腥气带上来，蛙声

122

满河。表姐把塑料袋、破窗纱绑到树杆上下河抓鱼，我胆小不敢，小男孩在我家厨房门口探头轻声叫"小静姐，小静姐"，给我一只玻璃瓶，里头几只黑色小蝌蚪，细尾一荡。

河边上从这个时候，开始盖纺织厂、纸厂、糖厂、油厂……柏油路铺起来，姐姐们入了厂工作，回来拿细绵线教我们打结头，那时工厂有热水澡堂，带我们去洗澡，她们揽着搪瓷盆子冲着看门男子一点头，笑意里是见过世面的自持。纺好的泡泡纱做成灯笼袖小裙子，我穿件粉蓝的，我妹是粉红的，好不得意。我妈在工厂的理发店给我烫个卷毛，隔了这么多年，脑袋上包个黄色蛇皮袋的烫热感还有，是文明让人不舒服的启蒙。

人人都喜欢工厂，厂门前有了集市，热闹得很，大喇叭里翻来滚去唱"甜蜜的生活，甜蜜的生活，无限好啰喂……"声震四野。有露天电影，小朋友搬小板凳占座位，工厂焊的蓝色小铁椅，可以把红木板凳挤到一边去。放电影之前常常会播一个短纪录片，叫《黄土高原上的绿色明珠》，说的是临汾。我妈带我们姐妹去动物园时，每次都要提醒"电影里说了，树上柿子不能摘，掉下来也不要捡，这叫花果城"。

纸厂的大水泥管子就在河边上，排着冒白沫子的黄水，我妈说这是碱水，把东西泡软了才能做纸。小朋友一开始还拿着小杯子去管子口接着玩，闻一下龇牙咧嘴跑了，本能地不再碰。

河变难看了，但我还是跟河亲。跟表姐妹吵了架，攥着装零钱的小药盒出走，在河滩上坐着，看着翻不起浪的黄泥水。大人都讲，小孩子是从河里漂过来的，我满腹委屈，到河边坐着等，河总有个上游，往那个方向望就是个念想，怎么还不来接我？

我上中学后，姐姐们陆续失业。之后十年，山西轻工业产值占经济总量的比例从将近百分之四十下滑到百分之六。焦化厂、钢厂、铁厂……托煤而起，洗煤厂就建在汾河岸上。我们上课前原来还拿大蒜擦玻璃黑板，后来也颓了，擦不过来，一堂课下来脸上都是黑粒子。但我只见过托人想进厂的亲戚，没听过有人抱怨环境——就像家家冬天都生蜂窝煤炉子，一屋子烟也呛，但为这点暖和，忍忍也就睡着了。

我父母也说，要没有这些厂，财政发不了工资，他们可能攒不够让我上大学的钱。

河里差不多断流了，只有一点水，味儿也挺大。两岸还有些蒿草，鸟只有麻雀了，河边常看到黑乎乎的火烬里一些皮毛脚爪，是人拿汽枪打了烤着吃。但我们这些学生还是喜欢去河边——也没别的野地儿可去，河边人迹少，男女生沿河岸走走，有一种曲折的情致，不说话也是一种表达。

回忆高中最后一段，好像得了色盲症，记忆里各种颜色都褪了，雨和雪也少了，连晚霞都稀淡一缕。坐在我爸自行车后面过桥时，每次我都默数二十四根桥柱，底下已经没什么水可言，一块一块稠黑泥浆结成板状，枯水期还粘着一层厚厚的纸浆。河滩的枣树上长满病菌一样的白点子，已经不结枣。后来树都砍了。但我晃荡着双腿，还是一遍遍数着栏杆，和身边的人一样没什么反应，生活在漠然无所知觉中。

"山西百分之六十的河都是这样，"老头儿说，"想先发展，再治理？太天真了。"

我问："如果现在把污染全停下来呢？"

"挖煤把地下挖空了，植被也破坏了，雨水涵养不住。"

"你是说无论如何我都看不见汾河的水了？"

他看我一眼："你这一代不行了。"

"这并不是最要紧的，要紧的是现在已经出现地下水污染了，"他说，"就你们家那儿。"污染物已经从土壤中一点一点地渗下去，一直到几百米之下。

我觉得，不会吧，这才几年。

但采访完忽然想起一事，我妈常掰开我和我妹的嘴叹气："我和你爸牙都白，怎么你俩这样？"我俩只好面面相觑，很不好意思。

老头儿这么说，我才想起，搬家到小学家属楼后，我家自来水是咸苦的，难以下咽，熬粥，粥也是咸的。家家都这样。像喝铁钉一样。后来查了一下，可不是，"县城水的矿化度高，含氯化物、硫酸盐、铁"。

到现在，自来水也只能用来洗涮，东山里的村民挑了深井水，或者在三轮车焊一个水箱，拉进城，在窗户底下叫卖"甜水"。我妈买了红塑料桶，两毛钱一桶，买水存在小缸里，用这种水熬米汤，才能把绿豆煮破。

我想我们姐俩是不是枉担了多年虚名，问我爸，他哼哼哈哈不理我这辩解，有天终于恍然大悟："搞不好真是氟中毒，这几年赵康镇的氟骨病患者多起来了，牙都是黄的，骨头都是软的，腿没法走……"

我上网查水利局资料，发现襄汾是重氟区——有二十四万人喝的水都超标，全县的氟中毒区只分布在"汾河两岸"，在术语里，这叫"地带性分布"，也就是说，用受工业污染的河水灌溉，加上农药化肥滥用，造成土壤中的氟向地下水渗透。

河边的洗煤厂是外地人开的，挣几年钱走了，附近村长带着几位农民专门到北京来找过我，问能不能再找些项目，被焦油污染的地没办法复垦了，每炼一吨土焦，几百公斤污染物，连着矸石、岩石、泥土，露天在河边堆着，白天冒烟，晚上蓝火蹿动，都是硫化氢。我们二○○六年见过五层楼高的堆积，有人走路累了在边上休息，睡过去，死了。

现在这些焦厂已经被取缔，老头儿说："但今后几百年里，每次降雨后，土壤中致癌物都会向地下潜水溶入一些。"

我听得眼皮直跳。

我一九九三年考大学离开山西，坐了三十多小时火车到湖南，清晨靠窗的帘子一拉，我都惊住了，一个小湖，里头都是荷花——这东西在世上居然真有？就是这个感觉。孩子心性，打定主意不再回山西。就在这年，中国放开除电煤以外的煤炭价格，我有位朋友未上大学，与父亲一起做生意，当时一吨煤十七块钱，此后十年，涨到一千多块钱一吨。煤焦自此大发展，在山西占到GDP的百分之七十，成为最重要支柱产业。

二〇〇三年春节我从临汾车站打车回家，冬天大早上，能见度不到五米。满街的人戴着白口罩，鼻孔的地方两个黑点。车上没雾灯，后视镜也撞得只剩一半。瘦精精的司机直着脖子伸到窗外边看边开，开了一会儿打电话叫了个人来，"你来开，我今天没戴眼镜。"

我以为是下雾。

他说，嗐，这几天天天这样。

我查资料，这雾里头是二氧化硫、二氧化氮和悬浮的颗粒物。临汾是盆地，在太行山和吕梁山之间，是个S形，出口在西南方向，十分封闭，冬季盛行西北风，污染物无法扩散，全窝在里头了。

回到家，嗓子里像有个小毛刷轻轻扫，我爸拿两片消炎药给我，说也没啥用，离了这环境才行。他跟我妈都是慢性鼻炎，我妈打起喷嚏惊天动地，原先还让我爸给她配药，后来也随便了："你没看襄汾这几年，新兵都验不上么，全是鼻炎、支气管炎。"

我爸是中医，他退了休，病人全找到家里来，弄了一个中药柜子，我跟我妹的童子功还在，拿个小铜秤给他抓药，我看药方是黄芪、人参、五味子……

"都是补药啊？"我看那人病挺重的样子。

我爸跟我说："这些病是治不好了，只能养一养。"补了句："十个，十个死。"

我吃一惊，说什么病啊？

"肺癌、肝癌、胃癌……都是大医院没法治了，来这儿找点希望的。"

他说了几个村子名，病人多集中在那里，离河近，离厂近，他问了一下，都是农民，直接抽河里水浇地吃粮，"这几年，特别多"。

我问我爸："不能去找找工厂？"

"找谁呢？河和空气都是流的，谁也不认。"

二〇〇六年采访孝义的市长，他白皙的四方脸，西装笔挺，不论什么问题，总能说到市里的整顿措施。我问："这个城市付出了沉重的代价，现在回头来看的话，这个代价是不可避免的吗？"

市长说："这个代价是惨痛的。"

我问："是不可避免的吗？"

市长说："这个代价是惨痛的。"

我再问："是不可避免的吗？"

市长端起杯子喝口水，看着我："政府对于焦化，始终是冷静的。我们采取措施之后呢，后面的这股劲我们给压住了。"

"压住了？"我问，"压住了还会有这么三十多个违规项目上来吗？"

"因为当时有个投资的狂热，他们都想做这个事，市场形势特别好。在这种情况下，我们态度是坚决的。"

"如果你们态度坚决的话，那么这些违规项目就应该一个都不能上马才对呀？"

他又拿起杯子喝了一口水，一言不发地坐在那儿。

我们对着看，看了很久。

晚上我跟老郝在宾馆，正准备休息。

有人敲门，是厂子老总的大儿子。手里拎一个布袋子，又沉又胖，带子绕了两圈缠在手上。看我一眼，说："你能不能出去一下？"

呵呵，我说"你们谈，你们谈"，进了洗手间，把水龙头打开，把门关上。等我洗完澡出来，这哥们走了。

老郝靠床上冲着我笑。

我只好说："我们山西人太实在了，真不把主持人当回事儿啊，就奔着导演去。"

我俩躺在床上猜了好久，一个布袋子里到底能装进去多少钱。

节目没播成。

无以解忧，我们几人约着去旅行，每到一地，我都对老郝和老范说，我老有强烈的童年感觉。老郝指着那些乱石中上千年的巨榕，或是落英缤纷的荷塘，笑我："你们山西能有这个么？"我刚开口"我们在旧石器时代……"她们都笑得稀烂。唉，说不下去了。

汾河边的丁村人文化遗址，从我家骑车十几分钟就到。馆里有文字标明："十万年前，古人类在这里生存，汾河两岸是连绵不断的山冈、砂地和禾草草原。当时的河湖沼泽里长满了香蒲、黑三棱、泽泻……水边草甸上有蒿、藜、野菊，东山坡上是落叶阔叶树木，栎树、桦木、椿树、木樨、鹅耳枥……"石炭纪时这些繁茂的植被，千百万年来的枝叶和根茎堆积成极厚的黑色腐殖质，地壳变动埋入地下，才有了煤。

小时候，人家在汾河挖沙盖房，一挖湿河沙就有人来我家送龙骨，是一味中药，我爸说是沙里挖出的恐龙化石，用来止血。拿小铁锤在生铁钵砸开，一小段一小段竖纹的细条骨头，里面全是蜂窝样的小眼，吸湿力很强，干完活我们姐俩常把一根雪白的骨头粘在嘴唇上，晃荡着跑来跑去。

后来我查过，龙骨不是恐龙骨头，是象、犀牛、三趾马的骨头化石，丁村人最早在河滩上制作石器时，狩猎采集为生，猎的就是大象和犀牛。离我家十几里的陶寺遗址掘出的"鼍鼓"，腔内有数根汾河鳄的皮下骨板。四千年前，汾河里还有鳄鱼。

这里是人类先民最早的农业生产地之一，那时已有收禾穗的石刀，脱壳去皮的石磨棒，由部落而入城市，文明兴起。考古学家苏秉琦教授说过："大致在四千五百年前，最先进的历史舞台转移到晋南。在晋南兴起了陶寺文化。它相当于古史上的尧舜时代，亦即先秦史籍中出现的最早的'中国'，奠定了华夏的根基。"

旅行时高明度的阳光、绿荫、浓重的色彩、动物的啼叫，给我的童年之感，也许是我还是个婴儿的时候，躺在那里感觉到的东西——也可能是留在人的基因里一代一代遗传下来的远古记忆。

幼年，我们无甚可玩，土就是玩具，尤其喜欢下雨，沟渠漫溃，雨停后一片泥涂。这些泥涂被大太阳晒得结了干板，变得极为平滑。我们拿着小刀就去撬起几块来，手感滑腻，拿在手里削，没人教，也没图样可参考，我最擅长的也就是削出一把土枪，握在手里比划。我妹更小，连这个都不会，只能拿一个装万金油的圆盒子，找点稀泥巴，等干了磕出来，晾在滩上，圆圆一小粒排起来，就算是艺术创造了。

我们不懂大人的烦愁。

山西百分之八十都是丘陵，黄土是亚细亚内陆吹来的戈壁砂石细末，一逢大雨，雨夹泥冲沟而下，曾经把整个打麦场冲毁，十几万斤麦子全入汾河，连坟头也成耕地，清明只能在麦子地或者桃树垄上，大家跪一排烧纸。人越多越垦，越垦越穷，千百年来大概如此。周秦时还是清澈的"大河"，到东汉"河水重浊，号为一石水而六斗泥"。从此大河被称为"黄河"，是命脉，也是心病。唐宋以后泥沙有增无减，堆积在下游河床上，全靠堤防约束，形成悬河。伏秋大汛，三四千年间，下游决口泛滥一千五百九十三次。

而当下，大汛甚至成为奢侈。一九四九年之后山西成为全国的能源基地，支援东部，支援首都，占到全国外调量的百分之八十。六十年里，总采煤一百二十亿吨。可以装满火车后一列接着一列在地球上绕三圈，老头儿给我们的报告里写："每开采一吨煤平均破坏的地下水量为二点四八立方米……造成全省大面积地下水位下降，水井干枯，地面下陷，岩溶大泉流量明显减少，缺水使七千一百一十公里河道断流长度达百分之四十七。"

十年后再见，我做煤炭生意的那个朋友，把矿倒手卖给了别人，名片换成了北京一家手机动画公司。我问为什么，他说"钱也挣够了"。

我再问，他说："这行现在名声不好。"

再问，他说："那矿只能挖五十年了。"

再问，他眯眼一笑，伸了两根指头，"其实是二十年。"

煤炭的开采不会超过千米，挖穿之后就是空洞，如果不花成本回填，空洞上面的岩层、水层都会自然陷落，老头儿说过，"山西现在采空区的面积占到七分之一了，到二〇二〇年，全省地方国有煤矿将有近三分之一的矿井资源枯竭闭坑，乡镇煤矿近一半矿井枯竭。"

站在我家门口往东看，远远能看到个塔影，唐代所建，山就叫塔儿山。山顶宝塔一直还在，这里是三县交界的地方，北侧的崖被铲成了六十度，高百米的陡崖上紫红色砂岩剥离得厉害，一棵树都没有。到处是采矿塌陷的大坑，深可数丈。

有一天几个人来我家闲聊，说塔儿山那里的事怪得很，突然一下有个村子塌了。"那个谁，开着一个拖拉机，咔一下就掉下去了。"

他们吸一口气，歪个头"邪门"，磕一下烟，再聊别的事。

做节目时我到了采空区。

黑灰满天的公路上，路全被超载的车轧烂，车陷在烂泥里走走停停。夜路上也是拉煤的大货车，无首无尾，大都是红岩牌，装满能有七十吨重。

我去的叫老窑头村。九十年代当地有句话，"富得狗都能娶到媳妇"。现在村里煤矿由村主任承包，一个煤矿一年可以挣上千万，每年上交村里八万。一千三百人的村庄，人均年收入不到六百元。人们过得比十年前还穷。

村委会主任竞选，两个候选人一夜没睡，雇人骑摩托车发单子。稀薄的粉红色纸，格式都一样，承诺当选的几件实事，最后一行是承诺给多少现金，这格空着，临时用圆珠笔往上写，挨家挨户送，刚出生的小孩儿也算人头。

全村人一夜没睡，门大开着，听见摩托车响就高兴，摩托车经过不带减速的，纸向门环上一插——这人出一千，那个人出一千五、两千……两千五……两千七百五。天亮了。

但第二天唱票的时候，反而两千五的那个赢了。他把现金搬去了，两百多万，放在一个大箱子里，搁在大戏台子上。一打开，底下的人眼都亮了。头上歪戴个军绿雷锋帽的大爷，眉开眼笑地指着戏台对我说："哎呀，那还说啥，那是钱么，是钱么。"

现场欢天喜地把钱都分了，乡人大主席团的主席坐在台上看着，对我说："我管不了。我管，老百姓要打我。"

"反正也不开村民代表大会，煤矿的事只是村长一个人做主，也不给分钱。"老百姓说，他们的选择从经济学的角度可以理解，"选谁都行，我们就把这选票当分红。"

一户能领两千五百块，连婴儿也可以领，年轻的小伙子都很兴奋，买了崭新的摩托车在土路上呼喝追赶。

只有一个矮个子老人，几乎快要跪下来让我们一定要去他家看看。他扯着我一路爬到山顶，看他家新盖的房子。整面墙斜拉开大缝子，摇摇欲坠，用几根木头撑起来。他家的正下方就是煤矿，水源已经基本没水了，他在檐底下搁只红色塑料桶，接雨水。

村里人看他跳着脚向我哭叫几乎疯癫的样子，都笑了。他们的房子在半山腰，暂时还没事。原村长和书记都在河津买了房子，不住在这儿。

我们往山上走，走到最高顶。一人抱的大树都枯死了，乌黑地倒在大裂缝上，树杈子像手一样往外扎着，不知道死多长时间了。我的家乡是黄土高原，但这山顶上已经沙化得很厉害，长满了沙漠中才有的低矮沙棘。风一吹，我能听见沙子打在我牙齿上的声音。

我不再想回山西了。

我妈和我妹都来了北京，山西我家不远处是火车站，为了运煤加建的专门站台就在十米开外，列车昼夜不停，轰隆一过，写字台、床都抖一阵子，时间长也习惯了。但盖了没几年的楼，已经出现沉降，一角都斜了。为了让这个小城市精神一点，有一年它和所有临街的楼一起被刷了一层白浆，黑灰一扑，更显残破。我怕楼抖出问题，劝我爸："来吧。"他不肯，家里他还有病人、吃惯的羊汤和油粉饭，一路上打招呼用不着说普通话的熟人。他说："你们走吧，我叶落归根。"

有一天他给我打电话，说老宅子打算全拆了卖了。院里满庭荒草长到齐腰高，小孩子们在废墟上跳进跳出，我幼年用来认字的黑底金字的屏风早被人变卖，插满卷轴字画的青瓷瓶不知去向，八扇雕花的门扇都被偷走，黑洞洞地张着。拆不动的木头橼子上的刻花被凿走了。我小时候坐的青蓝石鼓也不见了，是被人把柱子撬起来后挖走的，用砖再填上，砖头胡乱地龇在外头。

房子属于整个家族，家族也已经分崩，这是各家商议的决定，我也没有那个钱去买下来修复。二〇〇五年我在云冈石窟，离大佛不到四百米是晋煤外运干线一〇九国道。每天一万六千辆运煤车从这路过，大都是超载，蓬布也拉不上，随风而下，几个外国游人头顶着塑料袋看石窟。大佛微笑的脸上是乌黑的煤灰，吸附二氧化硫和水，长此以往，砂岩所凿的面目会被腐蚀剥落。

佛犹如此。

我把眼一闭，心一硬，如果现实是这样，那就这样，这些是没办法的事。只有一次，我奶奶去世几年后，石榴树被砍了，我不知道怎么了，电话里冲我爸又哭又喊，长大成人后从没那样过。我爸后来找了一个新地方，又种了一棵石榴，过两年来北京时提了一个布袋子给我，里面装了几个石榴，小小的红，裂着口。

我看着心里难受。

我可以自管自活着，在旅行的时候回忆童年。但我是从那儿长出来的，包括我爸在内，好多人还得在那里生活下去。每天要呼吸，喝水，在街头走过。人是动物，人有感觉，表姐在短信里说："再也没有燕子在屋檐下搭窝了，下了雨也再也看不见彩虹了。"

"再也"，这两个字刺目。

我和老郝动身，二〇〇七年，再回山西。

我碰上一个官员，他说："你是山西人，我知道。"

"对。"

"临汾的？"

"嗯。"

他知道得很清楚。带着一点讥笑看着我："你怎么不给山西办点好事儿？"

"我办的就是。"

王惠琴七岁了，剪了短头发，黑了，瘦了，已经有点认生了，远远地站着，不打招呼只是笑。一笑，露出两只缺了的门牙。

她家还是没有搬，工厂也没搬。在省环保局的要求下，企业花了六千万把环保设施装上了，带着我们左看右看："来，给我们照一照。"我问："你这设备运行过吗？"老总的儿子嘿嘿一笑："还没有，还没有。"

当地炸掉了不少小焦化厂的烟筒，炸的时候，有个在工厂打工的农民爬到了烟筒上，苦劝才下来，跟我说："你说我干什么去呢？地没了，贷款也难，房子也不能抵押。但凡能干点买卖，我也不愿意干这个，谁不是早晨起来天天咳嗽？"

八月，我采访时任山西省长的于幼军。他说："山西以往总说自己是污染最重的地方之一，我看把'之一'去掉吧，知耻而后勇，以'壮士断臂'的决心来治污。"

我问："之前也一直在说治理污染，但关闭了旧的，往往可能又有一批新的开出来，为什么？"

他说："为什么以前管不住？是因为责任制和问责制没有建立起来，没有真正落实。就算经济总量第一的地方，考核官员时，环保不达标，就要一票否决，钱再多，官员提升无望。"

我问："也有人怀疑，它会不会只是你任期的一个运动，过去了，可能会恢复常态？"

他沉默了一下，说："我刚才说到的，一个是责任制，一个是问责制，只要这两条能够认真坚持的话，我想不会出现大面积的反弹。"

我问他："为什么不能在污染发生前，就让公民参与进来去决定自己的生存环境？"

他说："你提了一个很对的问题，一定要有一个公民运动，让公民知道环境到底有什么问题，自己有哪些权利，怎么去参与，不然……"

他没说下去。

一个月之后，临汾黑砖窑事件，于幼军被调离山西，孟学农任代理省长。一年之后，襄汾塔儿山铁矿溃坝，二百七十七人遇难，孟学农引咎辞职。我从家乡人嘴里听到一句惨伤的自嘲："山西省长谁来干，临汾人民说了算。"

临汾八年内换了五任班子，塔儿山溃坝事件中，被判刑的官员副厅级干部四人、处级干部十三人、处以下干部十七人。当年送我小蝌蚪的小男孩，是国土局的一个科长，服刑一年。

在临汾时，我曾去龙祠水源地拍摄。

没有太多选择。临汾下面的尧都区有三个主要的水源地：龙祠、土门和屯里。根据环保局二〇〇五年六月的监测，土门向供水厂联网供水的十五口水井，总硬度和氨氮浓度大多严重超标；屯里的水源地由于污染过重，在二〇〇三年十月被迫停止作为市民集中式饮用水源。

山被劈了三分之一，来往的煤车就在水源地边上。水源地只有十亩左右，"最后这点了，再没有了。"边上人说。

我站在栅栏外面往里看，愣住了。

我从来没见过这样的山西。

附近村庄里的小胖子跟我一起，把脸挤在铁栅栏上，谁都不说话，往里看。水居然是透亮的，荇藻青青，风一过，摇得如痴如醉，黄雀和燕子在水上沾一下脚，在野花上一站就掠走了，花一软，再努一下，细细密密的水纹久久不散。

一抬头，一只白鹭拐了一个漂亮的大弯。

这是远古我的家乡。

二〇〇〇年，我们家的合影。我爸现在还一个人住在山西，他把这张照片放得很大挂在客厅墙上。

《飞越疯人院》中的麦克默菲。他押了十美金,搓了搓手,使劲抱住那个台子,没搬起来,再一次用力,还是搬不动。他只好退下。突然,他大声叫起来:"去他妈的,我总算试过了,起码我试过了!"

第八章　我只是讨厌屈服

陈法庆正在解救一只倒挂在渔网上的麻雀。

他想解开网。母亲冲他喊："不要放，放了又吃果子，挂在那儿还能吓吓别的。"一群村里的孩子，刚刚从地里挖野菜回来，手里拿着剪刀。不知怎么"呼啦"一下进了院子，都盯着那只麻雀。

领头那个个子最大，说"这个好吃"，伸手就去够。

老陈一着急，把网剪破了，把鸟攥在手里，翻过身，小心翼翼地用小剪子剪去缠在脚爪上的黑色细网。一点一点。

小孩不耐烦，伸手来抓。他一扬手，鸟飞了。

这个细节，和他有点剃得太光的后脑勺，让我觉得他像电影里的憨人阿甘。

他是农民，只上过六年学。一九九九年开始，为了村子附近石矿的粉尘和流过家门口的脏水河，先到处投诉，随后把区环保局告上法庭，再告省政府，接着给人大写立法建议，最后干脆自己出钱在《人民日报》打公益广告，"要感化那些看报纸的公务员，去真正关心环境"。

二〇〇六年，我见到他。能证明他富裕过的只是一辆满是灰尘的奥迪。他准备卖了它，成立个环保基金会。

阿甘只是电影里虚构的人物，但陈法庆有他真实的人生：漏水的房子，生病的妻子，明天一早得补好的渔网，身后没人跟随。

村里人都说："陈法庆给我们办了不少事。"

我问他们："那这七年里，村里有没有人跟他一起做？"

"没有的。"一个矮矮壮壮的小伙子说，"前年他要我们联名写个呼吁，我没写。"

"为什么？"

他笑一下："忙生活，忙得很。"

"那都是要钞票的事。"老年人磕磕烟灰，"跟政府打官司，想都不要想哦。"

"陈法庆不就在做？"

小伙子插句话："村里人觉得他就是喜欢多管闲事。"

"闲事？这不都是你们每个人的事么？"

"有他做就可以啦。"

所以他一个人做，告环保局的官司输了，告省政府没被法院受理，写给人大法工委的信没有回音。花在广告费上的钱几乎掏光他全部家产。

陈法庆只说："到钱花光的那一天，我就停下来。"

有次与《半边天》的张越聊起，她说："阿甘是看见了什么，就走过去。别的人，是看见一个目标，先订一个作战计划，然后匍匐前进，往左闪，往右躲，再弄个掩体……一辈子就看他闪转腾挪活得那叫一个花哨，最后哪儿也没到达。"

郝劲松也剃着一个阿甘式的头，后脑勺剃光了，几乎是青的，头发茬子硬硬地拱出来。

二〇〇六年三月二十一日上午十点零三分，北京市第一中级人民法院。他坐在原告的位子上开口说话："审判长，通知我的开庭时间是十点，被告迟到，我是否能得到合理解释？"

审判长看他一眼："现在你先遵守法庭程序。"冲书记员挥了下手。

书记员跑出去大声叫："北京地铁公司！北京地铁公司！"

片刻，两位男士夹着公文包，匆匆入门，在被告席上落座。

双方目光交汇的一刹那，法庭非常安静。我明白了郝劲松为什么说"不管你有多强大，包括一个国家部委，当你被告上法庭的时候，你是被告，我是原告，大家坐在对面，中间是法官。你和我是平等的"。

这场官司关于五毛钱。郝劲松在地铁使用了收费厕所，认为收这五毛钱不合理，把北京地铁公司告上法庭。他是个普通的学法律的学生，连个律师证都没有，以"公民"的名义打官司。

两年多，他打了七场——他在火车餐车上买一瓶水，要发票，列车员都笑了："火车自古没有发票。"于是他起诉铁道部和国家税务总局。

"在强大的机构面前人们往往除了服从别无选择，但是我不愿意，"他说，"我要把他们拖上战场，我不一定能赢，但我会让他们觉得痛，让他们害怕有十几二十几个像我这样的人站出来，让他们因为害怕而迅速地改变。"

"钱数这么小，很多人觉得失去它并不可惜。"我说。

"今天你可以失去获得它的权利，你不抗争，明天你同样会失去更多的权利，人身权，财产权，包括土地、房屋。中国现在这种状况不是偶然造成的，而是长期温水煮青蛙的一个结果，大家会觉得农民的土地被侵占了与我何干，火车不开发票、偷漏税与我何干，别人的房屋被强行拆迁与我何干，有一天，这些事情都会落在你的身上。"

"但是一个人的力量能改变什么呢？"

"看看罗莎·帕克斯，整个世界为之改变。"他说。

帕克斯是美国的一个黑人女裁缝。一九五五年十二月一日，在阿拉巴马州州府蒙哥马利市，她在一辆公共汽车上就座。那时，南方各州的公共汽车上还实行种族隔离，座位分为前后两部分，白人坐前排，黑人坐后排，中间是"灰色地带"，黑人可以坐在"灰色地带"，但如果白人提出要求，黑人必须让座。

　　那天晚上人很挤，白人座位已坐满，有白人男子要求坐在"灰色地带"的帕克斯让座，她拒绝。

　　当司机要求乃至以叫警察威胁坐在"灰色地带"的黑人让座时，其他三个黑人站了起来，唯独帕克斯倔强地坐在原位。

　　如果对方是一个孩子或是老人，也许她会站起来，但这次，四十二岁的她厌烦了所有黑人每天在生活中所受到的不公平对待。

　　她说："我只是讨厌屈服。"

　　之后，她因公然藐视白人而遭逮捕。

　　她的被捕引发了蒙哥马利市长达三百八十五天的黑人抵制公交车运动，组织者是当时名不见经传的牧师马丁·路德·金，日后他得到"反种族隔离斗士"和诺贝尔和平奖的荣誉。这场运动的结果，是一九五六年联邦最高法院裁决禁止公车上的"黑白隔离"，帕克斯从此被尊为美国"民权运动之母"。

　　五十年后，在帕克斯的葬礼上，美国国务卿赖斯说："没有她，我不可能站在这里。"

　　我看马丁·路德·金传记才知道，领导民权运动时，他才二十六岁。

　　为什么是一个年轻人提出了"非暴力抵抗"并且得到了响应？是什么让四万多黑人，在一年多的时间，拒绝乘坐公交车以示抗议，每一天步行外出，忍受着自己体力上的绝大付出？当三K党对黑人的攻击威胁到人身安全时，以暴制暴按理说是人最本能的反应，纽约的黑人领袖马克西姆·X说："非暴力是在火药桶上放上一块掩人耳目的毛毯，现在我们要把它掀开。"

但是大多数人还是忍受着攻击、殴打、被捕、被泼上一脸的西红柿酱，他们不知道自己需要坚持多久，没有得到任何政治上的承诺，他们不可能赢得声名，也不知道能不能有结果。

科学家说："仇恨，是一些初级神经组织，深深栖身于人脑最新进化的外部皮层之下。"可为什么在一九五五年，他们的选择并不是最原始的反应方式——忍气吞声？或者，战斗？焚烧？抢掠？破坏？

一九二九年，当马丁出生的时候，美国黑人的中产阶级已经渐渐形成，虽然有很多种族不平等的条规，但是他们享受着宪法所保障的基本自由。马丁可以在南方的黑人大学里，读到梭罗的《论公民的不服从》，在波士顿读博士前，已经熟悉了甘地"非暴力抵抗"的观点。

再小一些，他还是小孩子的时候，可以与白人孩子一样，从课本里读到《独立宣言》："人人生而平等，造物主赋予他们若干不可让与的权利，其中包括生存权、自由权和追求幸福的权利。"

当一个人的本能要求他逃避或是还手的时候，他能留在原地、忍受着攻击的前提是，有一个公正的游戏规则，并且深信对方会回到游戏规则当中来。

而二十六岁的马丁·路德·金，就是这个群体中，第一代最懂得熟练地运用这个制度的操作规则的人。

《论公民的不服从》，这篇曾带给马丁·路德·金启发的文章，今天被收录在《美国语文》里，是不少中学生的课本，教材里这篇文章后面有三道思考题：

梭罗暗示谁应该对墨西哥战争负责任？

根据梭罗的观点，为什么一小部分人可以滥用政府而免受惩罚？

根据梭罗的观点，什么时候美国人将会获得在可能范围内的最好的政府？

这样的问题，提给上中学的孩子。

二十岁的我，读的是财会专业。

我也有政治课，但抄在本子上的，是大学政治经济学课上的一二三四，为了应付考试，我都背了，从来没主动问过问题，也没人需要我们参与讨论，背了标准答案就可以了，一个字也没往心里去，书的边角上抄着流行歌词。年轻的时候，是对社会参与最有热情的阶段，可是我到做了记者，才去想一些最基本的问题：政治和我有什么关系？教育是用来干什么的？政府的存在是为了什么？

我采访陈丹青时，这位知名的画家从清华辞去了美术学院教授和博导的职务，因为现行的政治和英语考试，让他招不到他想要的学生。他说："政治本来是一门学问，但我们的政治考试是反政治的，没有人尊敬这个学科。"

他给我看一个女生的画，很有莫迪里阿尼的味道，一根线条可以轻盈地抽打人一下，他喜欢她画里"水汪汪的劲儿"。这姑娘叫吴雯，想考陈的研究生，考了两年，第一年政治、英语各差一分，第二年英语差三分。她未能考上陈丹青的研究生，但同一年她被伦敦城市大学艺术系录取。我们越洋采访她，她说："我来了伦敦就去马克思墓园看过，马克思现在给我的感觉，跟政治书里的是完全不一样的。"

陈丹青其他的学生都不再考了，他说："我接触最多的情况不是质疑、反抗、叫骂，而是——这是让我最难过的——所有人都认了。"

"怎么叫'认了'？"我问他。

他笑了一下："我现在随便到马路上拉一个人来，你见到这个人，就知道他认了，从很深处认了。"

编完这期节目，老郝去游泳，说光靠目测泳池的浊度就超了标，她一扭身出来，找到前台。人家是老国企了："我们这儿，只要进去就不退钱的。"

"找你们馆长来。"

"这两天机器坏了，正在修……"

142

"机器坏了你们还放这么多人进去？"

"把你的钱退你不就完了……"

她拿手机拨通了114："喂，请问海淀区防疫站的监督电话？"……晚上还写了博客公开此事，写到"找你们馆长来"，还问读者："你能想象我的表情么？"

我乐了，因为老范在底下跟了个贴——"我能"。

我们这种多年压抑后激发出来的维权意识可能过狠了一点儿，有一天，张洁兴致上来说要军训。大家去找他，说都这么大岁数了，能不能不军训，搞点拓展也成啊。张洁是个一直对下属比较民主的领导，也是一个无敌大好人，大概这次我和老郝太不讲究方式方法了，领导有点下不来台，问有几个人像她俩这么想，在场的人都举手。

他说："就没人赞成军训么？那个谁，你进来，你说。"

那个谁把脚尖一踢，绷在空中："我就喜欢在太阳底下流汗的感觉。"

领导拧身出门，把门一摔："就这么定了，训练的就是服从。"

两天后，一群成年人穿着迷彩服，站在盛夏的大太阳底下练向左向右转，我扎着一块鲜红的头巾，老郝在枪上别朵野花，我俩吊儿郎当地站着，把军体拳打得妖风四起。半夜还要拉练，让把被子打成豆腐块背在身上，我这辈子也没这么叠过被子，破罐破摔地坐在床上，被子往身后一堆，心一横等着来检查。

连长来了："怎么没叠？"

我说："不会。"

对方没不高兴，反倒乐了："我给你叠。"

我不好意思了，觉得自己孩子气。张洁是一个难得的好人，他只是喜欢那种整整齐齐的理想主义朝气，也只有他能容许我们以这样的方式表达不满。但我还是忍不住写了篇文章，写美国有个新闻人克朗凯特，小的时候刚转学到一个学校。

老师问："二乘二等于几？"

"四。"他很积极，第一次举手回答。

"不对。应该答什么？"

"四。"他肯定自己是对的。

"过来站在全班同学面前，想想正确答案。"女教师说。

他站在那里，穿着母亲为他准备的最好的衣服，面对着还没有认识的正在窃笑的同学们，试图忍住泪水。

下课铃声响了，教师问："现在，你想出答案来了？"他承认没有。

她启发他："应该这样回答：'四，夫人。'"

克朗凯特在七十年之后写道："直到后来，这种特性才在我身上强烈地显露出来：我厌恶哪怕是最轻微的兵营式一律化的暗示……我一直在想，是否是这种独立的迫切性，促使许多人选择了新闻业这一行。"

老郝和我又出发采访全国牙防组被诉一事。

李刚是提起诉讼的律师，他调查发现牙防组没有法定意义上的认证资格，却为牙膏企业提供认证，起诉一年多，未果。他曾经怀疑这会像之前他提起"进津费"、"进沪费"等诉讼一样不了了之。

但二〇〇六年二月，律师陈江以同样理由在上海提起诉讼，他称之为声援。于是媒体再一次掀起报道热潮。一篇接一篇的追踪，直到二〇〇六年三月二十一日，全国牙防组召开新闻发布会，对这一事件作出解释，二〇〇七年，全国牙防组被卫生部撤销。

李刚说他非常意外："不在预期当中。"

"为什么？"

他说："因为老百姓在向强力机构发出疑问的时候，已经习惯了没有回应。"

但这次不同，如果没有结果，也许会是不停止的诉讼和报道。推动这一切的，是一个一个具体的人，是可以叫得出姓名的律师和记者，还有那些买了报纸，打开电视，关注这个消息，打电话去牙防组询问的普通人。

我把他们的故事写成一篇博客，叫《我只是讨厌屈服》。留言里听到了很多声音，有人说："为什么许多人都选择屈服？因为他们觉得投入太多，收获很少或根本没有。"

也有很多人在博客里留言："说话，真不容易呢，我们绝大部分人都是普通人，却希望其他人都能做个公民，这样才会有人帮我们争取更多的利益、权利……"

还有人说："在国家垄断企业面前，很多人首先没有自信，为什么没有自信？中国人习惯了听从权威，大家都被这样教育着，权威是至高无上的。"

有部电影叫《飞越疯人院》。麦克默菲是一个装疯躲进精神病院逃避惩罚的流浪汉。所有的病人都在医生安排下统一按程序打针、服药、聊天。但他不肯。进行例行心理治疗的讨论时，他建议将白天的日程换到晚上进行，因为大家想看世界棒球锦标赛的实况转播。

护士拉奇德小姐说："你要求的是改变一项经过仔细研究后制定的规章制度。"

麦克默菲说："小小的改变没有害处。"

拉奇德小姐不同意："有些病人过了很久才适应了作息制度，如果现在一下改变了，他们会感到非常不习惯。"

麦克默菲说："这可是世界棒球赛，比赛结束以后，还可以改过来。"

拉奇德小姐看上去像是有些让步了："这样吧，我们进行一次表决，按多数人的意见办。"麦克默菲十分赞成："好极了！"他第一个高高地举起了手。切斯威克也举起了手。泰伯也想举手，一眼遇到拉奇德的目光，马上把手缩了回来；马蒂尼手刚举起，就停留在头顶，装着抓痒；塞夫尔手放在胸前，两眼看着周围，等着大多数人举手，他也举。

大家都想看球赛，但尽管麦克默菲一再鼓励，仍没有人敢违抗那目光。

拉奇德小姐宣布："只有三票。对不起，不能按你的意见办。"说完起身向办公室走去。

麦克默菲说："这就是你们的作息制度？我可要进城去看棒球赛。谁愿意和我一起去？"

比利不相信："麦克，你出不去的。"

"出不去？"麦克默菲指着屋子中间那个花岗岩的洗脸池，"我可以用它砸碎窗户。"

比利还是不相信："你举不起它。"

麦克默菲押了十美金跟他打赌，搓了搓手，使劲抱住那个台子，没搬起来；再一次用力，还是搬不动。他只好退下。突然，他大声叫起来："去他妈的，我总算试过了，起码我试过了！"

郝劲松打赢铁路发票的官司后，很多人以为他会和铁路结下梁子。但后来他乘车时，乘务长认出了他，亲自端来饭菜，问他："发票您现在要还是吃完我再给您送过来？"

"你靠什么赢得尊重？"我问。

"靠我为自己权利所作的斗争。"郝劲松说，"权利是用来伸张的，否则权利就只是一张纸。"

在"新闻调查"，我采访过一个人。他帮农民反映征地的事，在网上发帖提及当地领导，用了一个比较激烈的词，被判诽谤罪，入狱两年。

我在监狱采访他，那时他已经服了一年多的刑。

"你为什么要这么做？"

"因为我看过一篇文章，说的是一个叫郝劲松的律师，那篇文章叫什么……叫什么屈服……"

"《我只是讨厌屈服》。"我说。

他带点惊奇地看了我一眼，说哎对，过了一会儿，说："在那篇文章里，那个律师说了一句话，他说权利不用来伸张的话，就只是一张纸。"

这个人相信了这些写在纸上的话，然后穿着蓝白相间竖条纹的狱服，满脸胡须，坐在这里看着我。他进监狱后，厂子倒了，离了婚，监狱离他的家两千里，没人给他送生活费，村里的人去看他，拾破烂的老人给了他五十块钱，老汉戴着塌得稀软的蓝布帽子，对我说："把他换出来，把我关进去吧，我老了。"

采访结束的时候，他想对即将参加中考的女儿说几句话。我说好。

他说："等一下。"低了一会儿头，腮帮子紧紧地咬得绷着，抬起来，带着笑容对着镜头："儿子……"扭头冲我解释，"我管我女儿叫儿子。"

"儿子，你不要为爸爸担心，要好好帮助妈妈干活……"他的嘴都抽起来了，但他还是笑着，"你要记得爸爸跟你说过的话，爸爸不是坏人。"

采访的时间到了，我站起身，说："保重身体，来日方长。"

他脸上的肉都在抖，但他笑着说，好。

狱警押着他，转身走了。走到十几米快要拐角的地方，一声尖利的哀号传来，我扭头看，他两只手被铐着，不能擦泪，只能仰头向天，号啕痛哭，那是从胸腔里爆炸出来的哭声。

已经看不见他了，监狱曲折的走廊尽是回声。

回来后，我们赶了一天一夜的片子。审片的时候，还来不及配音，老郝拿着稿子对着画面念解说。

有一段是我采访他："你后悔吗？"

"我不后悔。"他说，"因为我付出过。"

"你还相信法律吗？"

"不。"他说，"我信仰法律。"

底下该是解说了，但没有声音，我转头看老郝，她拿纸遮住脸克制着。张洁和我也红了眼睛。袁总看了我们三个一会儿，对张洁说："你做了这么多年新闻，还是这么感性么？"

转回头对着屏幕："往下看。"

片子说到农民为反映征地问题，静坐的时候被抓了十几个人。

"没有证据表明他们危害到了社会公共秩序，为什么要抓人呢？"我问公安局长。

"我们预见到了，所以它没有发生。"公安局长说。

我问他："没有发生为什么要抓人呢？"

他说："为了稳定。"

"可是稳定的前提不是法治秩序吗？"

对方沉默，这个段落结束。

袁总说："停。"

转头对我说："你应该再往下问……这样的结果能带来稳定吗？"

有一天晚上，郝劲松给我打电话，说他有点沮丧。

我给他讲了这件事，说："你是这个人的榜样。"我差点脱口而出"你没有权利放弃"，顿了一下，这个想法是错的，他当然有权利放弃，正义是自己内心对自己的期许，不是用来胁迫人的，我改口成"你判断要不要放弃"。

之后不久，他去了上海，成为上海黑车钓鱼执法案的公民代理人。我又一次采访他，节目中提到了他向铁道部提起法律诉讼的往事。没多久，采访时任铁道部新闻发言人的王勇平，车上他的同事问我："你们为什么要采访这么个刺头，他是反政府吧？"

我说："他挺较劲，也许也有虚荣心，不过我没觉得他是反政府。他谈的都是法律问题，您要觉得他谈的不对，可以在这个层面上批驳他。"

坐在车前座的王勇平转过头说："他是刺头，但是我们的社会需要这样的人。"

我采访过一个政府官员，他在当地拆迁时，拿一个小马扎，坐在居民楼下，坐了十几天，两边煎熬，费尽唇舌为居民去争取哪怕多一点点的利益。

"这是个公共用地拆迁，从现行法律来说，你可以贴一张告示就拆，为什么你没有这么做？"我问。

他想了想，说："因为如果有一天我的房子被拆，我也是一个老百姓。"

一九四六年，胡适在北大的演讲中说："你们要争独立，不要争自由。"

我初看不明白。

他解释："你们说要争自由，自由是针对外面束缚而言的，独立是你们自己的事，给你自由而不独立，仍是奴隶。独立要不盲从，不受欺骗，不依赖门户，不依赖别人，这就是独立的精神。"

北京郊区曾经发生过政府与居民的剧烈冲突，这里要建亚洲最大的垃圾焚烧厂，居民认为一定会产生严重污染，双方座谈时，脸都扭到一边，"剑拔弩张"。

"沟通不可能么？"我问。

居民代表黄小山说："政府就要建，我们就不让建。不管是谁，总说这个'就'字，'就'要怎么怎么着，那就没任何调和余地了。"

他组织居民举牌子在博览会门口示威，站在第一排，他头发是朋克式的，两边秃着，头上一丛染得像个鸡冠花，很好认。他听见警察悠悠地说"就是那个黄毛"，他在雨里浑身都抖，"不知道激动还是害怕"。在里面待了一夜，出来他换种方式，把"论垃圾为什么不能焚烧"的材料不停向各级政府递交，电视台组织辩论场场到。

政府的专家在辩论赛上认识他之后，请他参加去日本的考察团，"这个人，路上见着姑娘漂亮就使劲看，目不转睛。他很真诚，好就是好，不好就是不好，不高兴的时候就骂。'真'的人好交往，没有偏激和成见。"

日本国土面积小，百分之九十的垃圾靠焚烧，东京的厂子就建在市中心，进去参观要换拖鞋，他看明白了，垃圾焚烧的技术百年来已经很稳定，"重要的不是烧不烧，而是烧什么，怎么烧。"但小区居民在镜头里骂他，说他"叛变"了，向着政府说话。

他有点儿像小鱼，热锅上两边煎，但他说对抗不代表独立，"谁也不信谁，不买账，这不行，不能光服从，也不能光对抗，那只是个姿态。得有理由，有科学依据。批评政府，这事咱理直气壮，但也得反思自己，既然我们每一个公民都是垃圾的产生者，也该反思我们自己应当做点什么。"

他说现在的问题不是垃圾焚烧，而是中国百分之六十五都是湿垃圾，焚烧时如果达不到足够高温，就会释放二恶英。填埋也会严重污染地下水和土壤。他自己花钱开始研究"垃圾甩干机"，想用这个技术来过滤垃圾的水分。"我是个混子德性，本来打算移民，现在我怎么也不走了，这是我的地儿，我就留在这儿，死磕了。说句抒情的话吧，我在哪儿，哪儿就是中国。"

做这些节目时，常常会有人说："不要往下做了吧，中国乱不起啊。"

我理解这样的担忧，老郝和我在北京美丽园小区，曾见到过激烈的冲突。进小区时我吓了一跳，没见过这样的场面：整个小区挂满了红色标语和支持双方的不同颜色的旗子。很晚了，马路上都是人，挥着拳头，打着标语，有人喊："杀死雷霞。"

这些人都是住在这里的业主，雷霞是业主委员会的主任。她刚打赢了官司，让业主少掏物业费，但物业公司不执行法院判决，突然撤走，停电停水。有一部分业主说是业委会打官司才造成这个后果。他们围在马路上，向雷霞叫嚷。

电视镜头一对着，几十人就围上来，把手里拿的纸几乎挥到雷霆的脸上，大声喊："剥下他们的画皮。"

雷霆不说话，手没有架在胸前，也没有放在兜里，站着听。

面向她站在最前头的中年男子说："你们凭什么打这个官司影响我们生活？我们愿意交这个钱，交得起，这是民意。"

雷说："这是一个集体，大多数人作出来的决定，少数人是要保留一点来服从的。这是一个公理。当时票箱表达的意见就是只有十票反对。九百多户投票，八百多户赞成，这不代表民意吗？"

中年男子说他们当时没有投票，因为想让业主大会达不到半数而无效，人数最终过半后业委会官司打赢了，这些没投过票的人在马路上喊"打倒业委会"，业委会的杜平说："真正的民主是在票箱里表达你的意见，而不是站在马路上。"

但是，马路上的声音太大了。在我们的镜头里，反对业委会的人打支持者的耳光，有人下跪，有人游行，有人拉标语……

这是我第一次亲眼见到这样的场面，说实话，我也不知道这事儿会怎么收场，不知道理性会不会在拳头面前落败。

后来我发现，最终起作用的，是那些住在小区里，没有投过票，也没有反对过投票，原本与这两方都毫无瓜葛的人。

他们被马路上的声音吵醒，渐渐加入议论，在家门口挂上支持其中一方的旗帜，聚在一起开会，建立小区论坛，在公告栏里，贴出自己的意见……而这些人，是以前并不关心公共事务，不想为两块钱的物业费花私人时间的人。

我们采访了其中之一，他说："以前不太感兴趣，也没有那么多时间和精力，但这次一方面是觉得这么多人围攻一个人，感受比较深，也比较惭愧。我觉得不能再做沉默者，不去搭顺风车，大家都站出来表示自己的意见，用选票来决定我们的未来。"

二〇〇六年的十月二十八号，美丽园进行了第五次业主代表大会的选举，一千三百七十八户，一千零九十四户投票，三项决议的结果都是六百多对四百多票，最终决定业委会留任，用招投标程序选择新的物业公司，不再续聘原物业。

这样的一个结果在很多人看来，徒费大量的时间和精力，但它唤醒的东西，带来了马路上最终的安宁。

二〇〇八年，我在美国，正是他们总统大选前夜。

华盛顿博物馆的黑人老保安知道我是记者时，突然说："等一下。"

他飞跑着拿了张报纸给我看："看，黑人新郎被白人警察枪杀，我们要去游行。"

"你们要求什么？"

"建立黑人自己的国家。"

我目瞪口呆："不会吧？"他看我不信，说"你等等"，大街上随手叫了三组人，一个年轻的家庭，两个挂着耳机线的女孩，一对老年夫妻，都是黑人，"你们说，你们是不是想建立属于黑人的国家？"

"当然。"六个人连迟疑都没有，"你可以到我们的街区去看一看，美国仍然是白人的国家，不是我们的。"

"你们不是有奥巴马吗？"

"他的脑子是白的。"老黑人说。

那个带着孩子的年轻男人说着说着居然哭了，他说他的街区警察的对讲机里，黑人的代码，是"non human being"。

在这之前，我以为上个世纪六十年代的美国民权运动和《民权法》已经顺利地把种族问题基本解决了，奥巴马一旦上台更是黑人的狂欢……这都是我的想象和从书中看来的概念。

在这个世界上，没有一劳永逸的答案，也没有完美的世界图式。认为一个人、一个概念、一次诉讼就可以彻底解决现实问题，如果不是无知，就是智力上的懒惰。但这个不完美的世界上，还是有一个共有的规则存在。

我问这个老黑人："你们会选择暴力吗？"他说不会。"暴力解决不了问题，只有智慧能。"

"愤怒不也是一种力量吗？"

"是，但是一种危险的力量。"

"那为什么不选择这种力量？"

"我们还有更好的方式。"他说，"我们有法律。"

我们也有。

采访郝劲松时，我问过他："你以谁的名义在诉讼？"

"公民。"

"公民和普通百姓的概念区别是什么？"

"能独立地表达自己的观点，却不傲慢，对政治表示服从，却不卑躬屈膝。能积极地参与国家的政策，看到弱者知道同情，看到邪恶知道愤怒，我认为他才算是一个真正的公民。"

我问他最后一个问题："你想要一个什么样的世界？"

这个当时三十四岁的年轻人说："我想要宪法赋予我的那个世界。"

我猜到她已经切到了空无一人的会议室，就用这个画面说开场："子路问孔子，您从政的话，第一件事是什么？孔子说，必也正名乎。这句话用现代的话说，就是对权利的界定要有清晰的认定。这些空无一人的桌椅，其实就是宪法赋予代表的知情、参与、表达、监督的权利。"（CFP图片）

第九章　许多事情，是有人相信，才会存在

二〇〇六年二月底，我接到通知，迷迷糊糊去别的部门开会。

被惊着了，因为在"新闻联播"里要开一个有我名字的专栏，叫"柴静两会观察"。

在场有个叫汪汪的姑娘，倔下巴，一丛黑发又硬又直，大眼睛毒得很，在日记里记下一小段当时的情况，"柴静比想象中瘦小，像个初二女生。有人在大声嚷嚷，很吃惊的样子："这么多人，就为她一人忙活？'她好像完全没有听见。'新闻联播'和央视一套两会期间同时包装一名记者，这是前所未有的。但是做惯了精雕细刻的深度报道的柴静，知道她要面对的是什么吗？"

我不记得这些对话，可能听见了也没心思想，我发愁的是根本不知道怎么做两会。

我想按新闻专题的方式做，可两会不是"新闻调查"，没条件做深度专题，这次涉及四个部门合作，三十多位记者同时参与采访，每个人都有自己跟了多年的地方代表团，各有各的采访对象和采访主题，节目很短，一人一句话就过去了，我的存在大概也就是包装一下节目。

我找来老范和老郝，想弄个演播室加些评论内容，但跨部门做事，新部门没有演播室系统，找人都不知道该找谁，所有的布景、片子、灯光……全超越常规来做。

汪汪的任务是协助我们，她日记里写道："柴和她的伙伴不停地提出要求，设想着更完美的结果，申述着对节目的追求。而我和我的伙伴瞪着熬得通红的双眼，不停逼着自己想办法，求制作部门搬桌子，求电信部门拆机器……我心说：'哪怕你把我们部的办公室给拆了，也比到处求人好办。'"

老范、老郝是我拉来纯帮忙的，我对她们急，又怕她们跟人急，更怕别人对她们急，腹背夹击，心里像过了火一样，干燥焦黄。

好在汪汪人活脸熟，一件件都差不多解决了。临时演播室就建在新闻直播间的过道里，台领导审片时经过，路过电线，每人都得局促地停住，小小跳一下。汪汪记录道："柴静不停地说：'怎么能这样干呢？'有人叹了一声：'贫贱夫妻百事哀。'完工后，柴静很克制，很客气，说：'我们能自己干的自己干，尽量不麻烦别人。'"

我一点都不记得说过这样的话，也不知道会给别人带来这样的感受。那时候满心里只有自己要做的事。

但这么做，根本做不下去。

汪汪日记里写："面对柴静不是一件容易的事。因为我不得不一直告诉她：做不到。"

"十分钟的节目想一以贯之。"——"做不到。必须满足两会期间各路代表委员发言露脸的需求，要保证他们的时间。"

"想做出深度。"——"做不到。三十多路记者分头采访，面是摊得开，深度是不可预知的。"

"想事先设计。"——"做不到。做后期节目的人无法安排柴静的日程表。"

"只要我有空我就可以采访。"——"做不到。采访线索、采访对象、采访路线、采访设计要靠多个部门共同组成的前期记者团安排。"

她继续写着："柴静忍耐着，没有流露出不满。她脸上扑着粉，不，说挂着霜更像一些。她仍然表现出很有涵养的样子，但是，当一个人表现得很有涵养，其实是传递着不以为然的意思。"

瞧我当年这后娘脸，这让人为难都不自知的劲儿，不知道她是怎么忍过来的。

两天后，我在台东门跟老范、老郝告别："你们都回去吧，再也别来了。"她俩想说什么，我止住了："你们要在，我更不好过，走吧。"加上当天有点夕阳，战场上掩护战友先撤似的。

日后汪汪说："你会有那样的心情，我可能比你自己都先知道。你坚持到生硬的地步，不肯让自己软弱下来，对人好又不知道怎么表现，有的样子实在是有点可笑呢。"

我横下心，不折腾，一切按惯例来，这样最简单，因为我连采访都不会了。按"新闻调查"的习惯，每采访一个人，坐下来问个二三十分钟还问不完。可人家是晚上的新闻节目，只要三十秒的同期，一句话。我这儿问半天，节目根本来不及。

后来编导也没办法，写了张纸让采访对象念。我握着话筒，站在那儿举着。

拍完了，同事安慰我："先打一枪，然后再在那个洞上画一个靶子，效果是一样的。"

我拖着话筒线，蹭着地，踢里踏拉往回走。

常青是我的现场摄像，穿件户外装，手里攥俩核桃，到哪儿都揉着。他不太爱说话，尤其跟女同志，工作拍完完。在街上等车的时候，他大概看出我的沮丧，忽然开口说："要不送你俩核桃吧，时间长了，磨圆了就好了。"

汪汪在日记里写："今天傍晚柴静完成采访回来，看见我第一句

话问：'你看我是不是成熟多了？'

"我愣了一下：'怎么了？'

"她不肯说。不说就不说吧。这几天，柴静的脸色活泛多了。虽然有时会悄悄地叹气。但不管什么情况，跟人说话总是神色和悦，有时还会反过来安慰别人。"

她写："但我宁可听别人发火，也不愿意听她叹气。"

我出溜了，放弃采访，演播室也不弄了，随同事自己采，我找个人民大会堂的中心位置，对着彩旗昂首阔步录完一个串场，卸妆回家。

回到家，我父母来北京陪我们姐妹一阵子，我跟我爸去给他的电动自行车上牌照，但当时在北京挂牌，发票除外，还要暂住证。我本以为办暂住证带上个照片和身份证就可以了。去了才知道，还需要房主的户口本。可房东住在丰台，去一趟太远。

我爸说："算了。"

我妈说："还是去吧，听说零八年外地人没有暂住证就得被遣送回去。"

老头有点倔："那我不出门了。"

再劝。

他起身去卧室了："我回山西去。"

妈在择韭菜，半天不作声，忽然说了一句："其实最怕的是生病，生病以后医保在家里，还得回去住院。"

我爸老说要回山西，还有一个原因，他不说，但我知道，他总觉得应该再去挣挣钱。

在北京工作的外地人都知道，如果不违法违规，要让父母在北京住，住在老人生活方便点的城区，有一套小点的房子，得多少年。这是身为人子的责任，但父母总觉得孩子的负担太重，心里不安。

在家闷着。台里给我开了一个两会的博客，我看看留言。一个出生在贫困家庭的人，母亲有精神病，不能干活，父亲把他带大，九五年，他高中毕业，放弃上大学，打工赚钱，在城市基本安了家，把父亲也接来，日子还没过上多久，父亲就得了重型肝炎，可以换肝，医生说手术的成功率是八成，就算他借到二十万元的手术费，就算手术成功，以后的几年中，每个月还得准备八千元护肝费。

他写："面对巨额的手术费，我眼睁睁地看着把父亲从中山三院接回了老家，二〇〇四年九月二十一号的早上，当护士拔去父亲手上的针头的那一刹那，我的眼泪几乎可以说是爆发出来的。为了不让父亲看到我痛苦的样子，我几乎咬破了嘴唇，目的就是要止住泪水。"

他说："现在，我得了一种恐惧症，总是做噩梦，人也变得很压抑。一是想到在父亲面对死亡的时候，自己的无助，我就自责、内疚。二是恐惧要是哪一天自己得了病，留给家人的恐惧和无助。这个病，我们老百姓实在是得不起呀！！！"

三个惊叹号后，他说："柴静，祝你家庭幸福，工作顺利。"

回去我跟领导商量："能不能换个方式做两会，比如从我家的小区说起？"

领导同意了。

我们站在小区门口，机器架起来，有点尴尬，路边剃头的白大褂师傅从眼镜上挑眼一看，把手里的头一按，继续理。卖彩票的大姐把采访车拍得啪啪响："往那边停，那边停……什么两会不两会？别拦着我做生意。"

楼上的大哥带着他家的萨摩耶犬从我身边过，我拦着他，他笑："说这有用么？"

"不说肯定没用，你说是吧？"

大哥呵呵一笑摇头走了，倒是雪白的萨摩耶熟稔地站下，等着我摸它头。

卖煎饼的胖大姐一向待我热络，我奔着她去了，头一次见大姐扭捏："嘿你这姑娘,两会这么大的事儿,我能说么?"摄像机一架,她对着煎饼摊的玻璃用手指扒了几下头发,说得我们关不了机:"哎我那孩子,学校收费太贵……"她一开腔,晒太阳的老太太们都围过来了,一人一句,说药费不合理,买菜买得心都疼……保姆小姑娘放下手里的毛线,探头看了过来,我楼下租房的小伙子也插话进来:"这房价能说说么?……"

一直到采访结束,大伙都散了,戴红袖套的联防队大爷还追上来,问我能再对两会说两句么,他要说的是没人赡养他的事儿,"两会能不能管?"摄像已经撤了,我手里只有一个没线的话筒,但我看着他的神情,说不出拒绝的话,拿着空话筒对着他,让他说完。这节目在"新闻联播"里播了,在节目的结尾,我说:"至于我自己,我对两会的愿望是希望像我父母这样的人,能更多地从这个社会得到依靠和快乐,因为他们老了,而这个世界上有那么多像我一样的孩子。"

几天后我们按惯例跟拍代表们去农村座谈。那是京郊条件很好的村庄。不少代表和媒体,大概有三十几人,都坐在茶几边上,桌子上整整齐齐放了十个果盘,花生瓜子堆出圆满的尖儿,男主人穿着毛衣,里头打着崭新的领带。

郭凤莲拉着女主人的手:"日子过得好吗?"

我目瞪口呆,这就是她所理解的电视语言——不是她要这么说话,是她认为电视台要让她这么说,人家坐在那儿也不舒服。申纪兰从屋子里出来往外走。我想拉住她问两句,老太太绷着脸一甩手:"在屋里拍得还不够啊。"

当记者这么多年,没碰见过这样的情况,是真羞愧。我们索性把机器暂时关了,跟这几位代表说:"你们是代表农民说话的,可以在我们镜头里说真问题。"

郭凤莲看了我一眼,迟疑着说了一句:"我是关心……今年给农村的这三千亿,这个钱能不能到老百姓手里?"十几个村支书本来都在一边袖着手看，慢慢都走过来了，说："不要大拆大建"；"不要把管理民主当成是用粉笔在小黑板上写个钱数"……

我看见常青镜头摇过去，申纪兰正在用劲拍郭凤莲的肩膀："凤莲，你给老百姓说了实话。"

回去车上，常青说："这个村子不错，可以在这儿娶个媳妇儿。"

我跟他开玩笑："你可不要颠覆我对你的看法。"

他忽然说了一句很有棱角的话："今天不是一直在颠覆么？"

天安门广场上记者最多，镜头"呼啦"就上去了。

我半蹲着找了一条人缝给录音把线拉着："从这边过去。"

这时，地方台的同行把他扛着摄像机的同事往后扯了一下："不要和中央台抢镜头。"我来不及阻拦，那位摄像师已经迅速撤到后面了。这样的话，大概他常常听到。

我惶恐，不光是觉得对不住同行，对自己也没有任何好处——新闻是争出来的，如果不必找就有人主动等着你采，不用费力就可以问出答案，不满意他还可以说第二遍，这种新闻，能有多少价值呢？

一个代表被二三十家围着，来不及辨别哪家时，众声喧哗里才能检验有质量的问题。晚上吃饭的时候，在"新闻联播"上看到一个我从没见过的镜头，一张脸大概占去四分之三的画面，是贴得太近造成的，还摇摇晃晃。

贴着他脸的是各个媒体的话筒。

这张脸是当时北大中国经济研究中心的主任林毅夫，在人民大会堂门前，政协会议还有十分钟就要开幕，他在说："我的提案是给新农村提供公共产品的问题……"

围着的记者太多，摄像肯定是被推来搡去，因为晃得很厉害。离得太近了，又是广角，林的脸几乎是变形的。一块看电视的同事端着饭碗乐了："以前联播可没这样的脸。"

"新闻联播"的这条新闻还真不短。

电视里林毅夫正说到:"对农民的房子拆了再建的问题,要听农民自己的声音……"

办公室大家都围上来,看他怎么说。没人再管他占满了屏幕、摇摇晃晃的脸。

第四年,我有点不想参加两会报道了,有媒体采访我,"你们今年报道哪十大热点?"

我问她:"你记得去年的十大吗?能说给我听听吗?"

她笑:"能记住一两个就不错了。"

我说:"就像水龙头一样,这十天来了我就把它打开,特别繁华,哗哗流。开完会一拧,滴水不漏,到明年再来一次,跟去年已经没关系了。"媒体倒是越来越热闹了,但都在新闻发布会上比谁的衣服颜色鲜艳,能拦住高官问问题,哪儿人多往哪儿去,管这热闹是什么,生怕自己落下。三八节拍点女代表,平常拍点穿得漂亮的少数民族代表,怎么花哨怎么来。三千多记者一起,大清晨冷风里排成一个大方阵,长枪短炮,还有很多人架着梯子站在上头举着镜头,等着代表委员从车上下来,呼啦啦围上去,一边围一边有同行低声问我:"咱们采访的这人是谁啊?"

有天下了雨,政协委员都从北门进了,记者没法在这个门停车,只能走路到正门。长安街沿线,一会儿一个,连伞都没有,淋得透湿。

第二天是雪,早上洗完头没干透,刚出门,发梢上都是冰凌子。这次车停在广场西边,得走过一整个广场到东门,地上全是水。四百米走过去,鞋和裤腿都湿了。等捂干了,又得走回去。

第三天是风,五六级的风,一冬天也没那么冷过。我学了乖,穿上羽绒服和棉鞋,大围巾裹着脸。回头跟同事说话,嘴都冻得拧一块了,张不开。

这次广场空空荡荡,连站岗的都找个地方待着了。

只看见不知哪个台的姑娘,拿着话筒在出现场。她把大衣脱了,没地儿放，夹在腿中间，就穿了一件白色西装，里头一件红衬衣。话筒一看是为两会专门备的，套了红绒。

"三月的北京……"她刚张嘴，一阵风，话就堵回去了，头发都扑在脸上。

摄像戴着大帽子，缩在棉袄里，大声喊："笑一点，重来一遍。"

我顶着大风哆哆嗦嗦地往前走，看着她努力地用手拂着头发，两腿向内弯夹着棉大衣，满面笑容地说："三月的北京，春意盎然……"

汪汪再来找我谈报道方案，我对她们说："我不想做花架子。"

她找申勇主任跟我谈。我心想，你居然告我的状。她后来说起早早坐在二楼沙发上等我们的心情："又怕你到晚了让申勇等，又怕你到早了让你等，又怕冷落了你，又不知道说什么你爱听，又紧张你能不能通过，又紧张你通过了申勇能不能通过……真是难为了我这样的小人物。"

哼。

她继续扮可怜，说自己七年前刚进台的时候，"土头土脑，唯唯诺诺，笨手笨脚，又怯又倔，不会讨喜，有的人甚至一见我就忍不住会发火呢。"

我再生气也笑出来，想起小时候有个伙伴叫小胖，回回破庙打鬼偷鸡蛋，逃跑时都是她倒数第一我倒数第二，有种相依为命之感。

申勇来了坐我对面，她坐边上另一桌，托着腮，大眼巴巴地看着，我才知道，她找领导是怕我甩手不干了。

申勇只说了一句话："今年全部直播。我们要只想做花架子，就不找你了。"

这一年，我才开始想最简单的问题：代表是谁？代表谁？两会是要干嘛？

有人说："开了这么多年会了，还需要问这么简单的问题？"

我说："不信咱们问问自己。我是谁？中央台是干嘛的？我们到底要做什么？"十二年前，央视刚开始做两会报道的时候，敬一丹是记者，她跟我说过当时第一反应是："我们还能问啊？"等她成为政协委员之后才发现，"开会并不像电视上那样整齐划一，会场的争论是非常活跃的"。

新闻是选择的结果，是人来选择呈现什么。

两会不光发布政府工作报告。代表是来审议报告的，审议本身是审查评议的意思，必要时提出批评和质询，是人大代表的职责。审议过程中，不同观点的碰撞是很正常的事，谁对政府工作报告的哪一部分提出意见和批评了？为什么？赞成者又是怎么看的？谁的看法更合理？结果会对现实带来什么影响？

这一年我们没去人民大会堂，也没有临时兴起把代表拉去小学或医院，抓个热点谈——代表的位置在人大分组审议的现场。

这是个简单的问题，但我用了四年才走到这一步。

定下此事，演播车开到人大代表团门口候命，才发现一个可怕的问题。同事说："三月五号开篇这天直播什么啊？代表们都开会去了，二十分钟，采访谁啊？"

我也发愁，汪汪转过来看着我。

我说："谁？……我？你疯了吧，我一个人说？谁要看啊？"

汪汪日后信里承认她当时像卖保险的："死乞白赖地和你掰扯，说只能靠你唠唠了，放心，哪能把你撂那儿呢？说个十分钟就行了。掰扯了几个来回，你突然说：'其实二十分钟也没关系，我就是算准了时间好准备。'我顿时闹一大红脸，心事被人拆穿的感觉。其实你并没有讽刺我的意思。"

呵呵，我早想好了怎么报复她。

直播开始，我说："请导播切一个会议室画面。"我知道后期导播台上汪汪会面无人色——哪儿有直播前不沟通，临时要求切画面这么玩人的？

我心里知道她行，汪老师，来吧。

我等了一秒钟，猜到她已经切到了空无一人的会议室，就用这个画面说开场白："子路问孔子，您从政的话，第一件事是什么？孔子说，必也正名乎。这句话用现代的话说，就是对权利的界定要有清晰的认定。这些空无一人的桌椅，其实就是宪法赋予代表的知情、参与、表达、监督的权利。"

播完之后，我遇到申勇，他说："第一次感到这个空荡荡的会议室这么庄严。"

节目结束，看到一个人在我博客里留言，说柴静像个"教士"，絮絮不休地说着一些正确但是无人会听的话。是，电视机前的人端着碗就走过去了，我在耳机里甚至听到跟我连线的主持人把话筒关了在闲聊。

我知道可能没人听。但这事儿就像谈恋爱一样，跟别人没关系，只看自己能不能配得上自己的期望。

第一天节目完了，晚上十一点，我在咖啡厅对着第二天的文案发呆。汪汪笑眯眯地来观赏了我一会儿，当天日记里写："她有气无力地和我说：'第二天可麻烦了，太乱了。'我很薄情寡义地想，这就不关我事了。我一向如此，就她那可怜样老忘不掉。"

乱，往年只做单独一位代表的议案，现在需要去找到同一议题的不同意见方。编导们更可怜，半夜三更挨个去了解每个代表对问题的看法："今年我们直播，不需要您念发言稿，您就按您自己的想法那么说，有不同意见也可以随时插话。"

人家满脸狐疑："那不就吵起来了么？"

"是啊，可以的。"

第二天，浙江一位人大代表叫庄启传，斜靠在栏杆上抽烟，看我们在那儿布线，我过去打个招呼聊两句："您等会儿的观点是什么？"

他似笑非笑："不就是听你们央视的导演么，让演什么演什么。"

我说："我们要的是您演您自己。"

"我敢说你敢播么？"

"您是人大代表，我们是直播，您只需要对自己的言论负责就行了。"

直播中，代表邱继宝讲他的飞跃集团在政府支持下渡过难关的三点体会，刚说到第二点，就被庄启传打断了："你的观点我认可，依靠政府解决问题。但是，政府给你的只是思路，不可能把全部问题都解决掉。可能更重要的……"邱继宝大声说："我不是这个意思！"

坐在旁边的人大代表周晓光抢进打断："邱先生的企业在我们浙江，是大企业。但我们浙江还有几十万家小企业。"

"企业解决问题不能完全依靠政府，如果过多依赖政府，这个企业就没有出息，走不远。"庄启传找个空子还是把话说完了。

邱继宝本人脸涨得通红："当然得企业主导，关键是企业要面子还是要金子……"

原定八分钟的会议直播一直在往后延，居然耳机里没人告诉我什么时候停，汪汪发短信给我："播出线上沸腾了。"

会议结束，现场的两位纸媒同行议论，说这下中央台倒霉了："本来他们要拍邱继宝发言呢，结果变成一场大争论了。"

我把邱继宝请到直播的镜头面前："这些反对你的声音都是直播出去的，你会觉得尴尬和不舒服吗？"

"作为代表，怕尴尬就不要去写建议，你为了把深入的意见建议真正带到两会上形成国家的共识，你肯定要结合实际，不对的跟他争，谁有理，谁就是精英。"他说。

"争论不是会让意见更分散吗，你为什么说可以达成共识？"

他说："只有通过争论才能达成共识，争论是争真理，有理走天下。"

直播结束，我们进了电梯，邱继宝沉默了一会儿，说了一句："这也是第一次啊。"

"什么第一次？"我说。

"我们开始有了真正的'议会新闻'。"

做这样的节目，编导心里没底，问我："直播中到底发生什么，没法把握，你能不能先给我你的提问呢？"我说我通常只准备材料，现场听，具体要问什么，可能到了那个时候才能知道。

汪汪说："也有编导说他不喜欢你，觉得你欲望太强了，总觉得拼命想证明些什么。"

我知道她什么意思："也许是我真不认为直播前需要什么都准备好……别介意，我就是这么想的，如果记者不向未知的东西去问，那这个节目好不到哪儿去。"

"看你采访，眼睛都放着光，攫取的光。"

我跟她已经熟到了可以胡说八道的地步："攫取，对，提问者就得攫取。我还太不够呢，好采访是一刀一刀把一个人的魂儿活活儿剥出来晒，这个剥里面全是逻辑，递进，环环相扣。"再返过头吹捧她："但是编导在后期的台子上是神啊，剪辑和导播一秒之间，差之千里，一个镜头的调度，就是全部人生。多牛啊。这种各自归位的陶然——哎你没觉得我比以前嘴儿甜了么？"

她嘿然一乐，把一份策划案放桌上，食指一搓，推到我面前，"这个你肯定喜欢。"

是个叫老毛的代表，淡黑脸，浓眉毛，两会发言时，当众掏出一瓶深黄色的水，往桌上一蹾："这是我视察时看到的被污染的河水，纯黄色的呀……这就是当地十八个乡八九万农民喝了十几年的水。老百姓真是太苦了。当地最长寿的人也只有六十五岁，因为体检不过关，已经多年没有年轻人能去当兵了。这次总理的政府工作报告大篇幅提到环境保护，可见中央是多么重视。但为什么一条受污染的河流就是治理不了？有关部门协调工作太不实在，说实话就是失职！"他的手不断敲桌子，自来卷的头发，都震得掉在眼前了。

当时担任国务院秘书长的华建敏说："老毛，你把这水给我，我给你落实。"

"哎呀，听了这话，我太高兴了呀！"他说这话的时候，六十岁的人，眼睛是湿的。

直播那天，代表团的负责人摸不清老毛的套路，想着要对我们直播负责，就跟他打招呼："老毛啊，你发言的时候，我待会给你打手势，你看着点哈。"

老毛这次拿了支玉米来，是要反映粮价太低了："这么大穗，才三毛钱，你摸摸。"

是，一大粒一大粒，金子似的。

直播里，老毛还是和另一位职务是粮库主任的代表争了起来："城里人挣工资，涨工资速度很快。一九七六年以前，每斤玉米八分收购价，当时工资四十元左右。到二〇〇八年，玉米按提价到八到九毛算，只提十至十一倍；而城里人工资已经达到一千三至一千四百元，至少提了三十倍以上。如按三十倍涨粮价，玉米现在应该是两块四往上。"

另一位代表说："这肯定不行，粮食是特殊商品，这么涨宏观经济要不稳定了。"

他说他知道，但是"得把农民的利益补上，种粮的人要有个奔头，你看看你看看多好的玉米"，边说他边把玉米棒子塞在人家手里，劲真大，玉米粒都搓下来了。

就这么"吵"了四十分钟。老毛嗓门大，我连找个缝隙打断他都不容易，最后两位算有个基本共识，说粮价一定要涨，"小步快走"。这话后来写进了中央文件。直播完，人家过来拽一把他袖子："哎呀妈呀你刚才咋不看我呢，我拼命打手势，幸亏讲得还行，你把我吓死了。"他嘿嘿笑，说刚才我扭过头装作没看见你。

人走了我问老毛："你没顾虑么？"

"我就是个农民，还能咋的？"

"他平时是你领导啊。"

"我俩是平等的，都是代表。"

汪汪后来老念叨这一期："那时候我们心里没底，因为没有套路，采访的时候就像新闻正在发生，节目虽然粗糙，却充沛着一种糊涂辛辣的感觉。"

我说："咱们这个活儿像厨子一样，要有那个烈火一腾，下锅的时候响油刺啦的感觉。"

吹牛这种事吧，紧跟着就是丢人。

我的现场导演是红梅，她做事靠谱，不是她的节目，我也央求她在，踏实。相处久了，她说："我看了你好多天，其实你什么特别之处也没有，你就是平常说话。"

我还挺得意……啊，总算。刚入行的时候，老向观众挤眉弄眼，在心底大喊："我在这儿，我在这儿呀。"红梅这么一说，我还以为七年下来，我真学到了平常说话。

结果某天直播，说起大家听政府报告，我顺口就说"万人空巷"。等后来看这段视频的时候，我汗出如浆，羞愤地踢我自己："这词儿他妈的你从哪儿学的？你怎么就敢这么用？"

我知道我是哪儿学的，还蹲在我爸的办公桌下捡烟头玩的时候，作文里就写："平地一声春雷响，十一届三中全会开幕了……"

我的文学启蒙书，是从厨房翻到的批判胡风的文件汇编，我自发创作的第一首诗是献给雷锋叔叔的。跳皮筋的时候，小女生唱的歌谣是："一朵红花红又红，刘胡兰姐姐是英雄，毛主席题词金光照，生的伟大死的光荣。"

我还以为我都忘了。哪忘得了？只要不留意，它顺嘴溜出来比什么都快。也没别的办法，只能在日记里羞辱自己："我跟你说小柴，就冲你这敢这么用这个成语，将来杀人放火的事儿你都干得出来！"

人性是这样，光靠自己靠不住。

有时候累了，半夜回来，就想着明天节目不管了，先睡吧，但看到有人在我博客留言："你观察两会，我观察你。"

心里一动。又在桌前坐下来准备材料……有人看着，不敢太轻慢。曾国藩说得对，世间事一半是"有所激有所逼"而成的。

两会也这样，会上有位呼吁停止银行跨行收费的黄细花代表，这事她从广东两会一直追到全国两会，我问她为什么这么较真。

她半开玩笑说："还不都是让你们媒体给逼的。"

我问一个哈佛的老教授，社会上这么多问题，改起来有很多惰性，怎么改？他说，让问题浮出水面，让它"不得不"改变。

我们第一次在直播中现场连线，让选民全程在线听会，直接对代表作出评价。有记者采访我，瞪大眼睛问："难道不满意也能说啊？"

"当然可以啦，这是社会常态，有满意就有不满意，有了不满意才能更好地督促代表履职。"

采访农民工代表康厚明的时候，我们连线了深圳的农民工吉峰，他在直播中批评康厚明前一年履职时"过于软弱"。这是我们两会节目里，第一次出现对人大代表的批评，未见得全面客观，但可贵在于呈现了分歧。第二年，吉峰听到康厚明在两会上谈到农民工养老保险转续，地方保护主义是绕不开的障碍之后，给了他掌声。

连线最后，我问吉峰："你为什么要提出你的意见和疑问？"

他说："我们不对自己的事情关心，谁来关心呢？"

直播完，回来车上有同行问："你们这节目这么说那么说，会不会有风险？"

我想起老毛，当天采访完他先走了，我正在直播镜头前采访另一个代表呢，忽然眼前一黑。

一个黑影直接从镜头前穿过。

全场皆惊。

是老毛，嘴里还唠唠叨叨："我的玉米呢？"他一把从我身边的桌子上拽走了那只黄澄澄的大穗玉米，看都没看这一屋子人，和正对着的镜头。一回身，又从直播镜头前昂头阔步出去了。

玉米是刚才采访的时候他落下的。他带玉米来，不是当电视台的道具，急着要拿回会场，是去说服其他代表。他心里眼里都没有直播的镜头。

这只金穗大玉米两会结束后我要来了，放在我家书架上，是四年两会我留的唯一纪念。

二○○九年以后，我没再参加两会的报道，汪汪还是写信给我说说人和事的进展。她有时候沮丧，有时候兴致勃勃，有时候对我不耐烦："你说得太天真，你能做的只有相信，却不能证明它的存在。"

有一天，看到她一封长信，说直播中又采访了老毛，今年明显脾气急，为了一个持续多年的提案，农民贷款难，他提了几年，之前答复一直是"在探索中"。

今年，他说："光探索不行，现在探索多少年了，城里能抵押农村为什么不能抵押？刚才说担保法，法律是不是人定的？为什么不能赶快修改？今天就得提提这事，你说着急不着急？农民不贷款农民怎么能够发展？不能总是探索，怎么解决得拿出办法了。"

她写："他说话急得嗓门都尖了。"

我问她，老毛为什么这么急？

她说老毛得了结肠癌，六号开会说完这些，八号就回去化疗了。他这是一个疗程没完，本来应该住院观察的工夫跑出来开会的。

"咱们做了那么多年两会，"汪汪最后写，"许多事情，是有人相信，才会存在。"

四年之后，汪汪才把当年她的两会日记发给我。

她终究原谅了我："不管柴静多折磨人，但是除非你受不了，反正她是不走的。坚持也罢妥协也罢，好好坏坏她是不会走的。"

我看她这段，想起当年，我、竹青、宇君、小熊、何盈、李总管、小米、韩大叔……大家吵来吵去，深更半夜临时改方案，我也知道要多耗无数工夫，但没人埋怨。每天傍晚直播回来，一推十八楼那个小屋的门，"轰"一下的热气，七八个人都转过脸冲我笑，桌上给我留着饭，姚华把塑料袋里猩红的剁辣椒和萝卜干拎过来，大眼睛的小温温给我倒杯热水。

汪汪坐在电脑前查资料。我从不带笔，一辈子丢三落四，一边吃饭一边左顾右盼，想找个笔在纸上划一下。她背对着我，眼睛盯着屏幕，看都不看我一眼，一只手把笔送到我面前。

她后来在信里写："你有点惊讶，我理所当然。十几平米的小屋，我们都挤在一起，彼此一举一动不用眼睛看，用心就能知道。"

过了四年，她才告诉我，那个在留言里写"你观察两会，我观察你"的人，就是她。

做了这么多年两会，我才开始想最简单的问题："代表是谁？代表谁？两会是要干嘛？"有人说："开了这么多年会了，还需要问这么简单的问题？"我说："不信咱们问问自己。我是谁？中央台是干嘛的？我们到底要做什么？"

二〇一〇年二月五日上午，重庆市第三中级人民法院将对陈坤志涉黑案进行宣判。警车押运陈坤志驶入法院，被告家属和市民在门口观望。这期节目让我不敢轻易再对任何事情直接发表评论。"保持对不同论述的警惕，才能保持自己的独立性。探寻就是要不断相信、不断怀疑、不断幻灭、不断摧毁、不断重建，为的只是避免成为偏见的附庸。或者说，煽动各种偏见的互殴，从而取得平衡，这是我所理解的'探寻'。"（CFP图片）

第十章　真相常流失于涕泪交加中

二〇〇四年，我在福建农村采访拆迁。

围拢的农民越来越多，人多嘴杂听不太清，我索性站起身问："你们当时同意这个拆迁方案吗？"

"不同意！"居首一位农民说。接着大家纷纷喊起来："不同意！不同意！"

我说："不同意的人请举一下手。"

呼啦啦全部的人都把手举起来，老人家的手攥成了拳头，喊："我！我！"

我觉得这个镜头很有张力，也足够说明问题。

晚上工作完，摄像李季在饭桌上提醒我，采访最好不要用这个方式，可以约几个人坐下来问，比较从容地陈述，拿出证据。人们围拢的时候，表达的很可能只是一种情绪。

我没说话，不完全听得进去——农民利益受损这么大，上访无果，碰到媒体都不能表达一下吗？再说了，有情绪也是现实。

几个月后，在福建采访一家药业的负责人，两位工人因为抢修排污管死亡，舆论怀疑死亡与遮掩污染有关，环保局承认受到压力无法调查此事，我们没有侦查取证的权力，疑问再多，对方都可以否认，"没有"、"不存在"。像我第一次做对抗性采访时一样窘。

我想起有次看美国哥伦比亚广播公司（CBS）的新闻节目"60分钟"，记者莱斯利采访前任副总统戈尔，莱斯利问他："你还会复出竞选总统么？"

戈尔一直打哈哈绕圈子，八分钟，眼看这采访要失败了。

忽然她问："戈尔先生，您还会留胡子吗？"

戈尔愣了一下，继续支吾。

她一笑，收住了，全片结束——那一笑就是"看，政客"。

我大概模仿了这个采访。我们坐在厂子的办公室里，刺鼻的二氧化硫味道，摄像师拿领子掩着鼻子，我问这位老总："工厂的排污是达标的吗？"

"是。"

"有没有非法排污？"

"没有。"

"那我们在这儿闻到的强烈味道是什么？"

"我没有闻到什么味道。"

"您是说您闻不到？"我靠着椅背，歪着头，挑了一下眉毛。

他的脸抽了一下："我的鼻子，嗯，没有您那样灵敏。"

我笑了一下，节目结束。

事后大家都对这个结尾印象深刻，说真锐利。

我有点得意。

庄主任审这个片子，看完对我说了一句话："要疑问，不要质问。"

这点讽刺之意都不能流露吗？我问他："可是怎么对得起那些死去的人呢？"

"记者提供的是事实，不是情绪。"他说的跟李季一样。

一出门，在南院碰上陈虻，没躲得及。平日我脸上只要有任何异样，他都会批评我——你要是看上去挺高兴，他就会找你谈谈，觉得你"最近肯定没思考"。但要是不高兴，你试试?

"怎么啦?"果然。

我刚说了个头儿。

他就评论："你的问题是你总是太投入了，热爱就会夸张，感情就会变形，就没办法真实地认识事物了。"

"都像你那样……"我带着情绪冲口而出。

"像我怎么样?"

"像你那样老于世故。"

"你如果对这儿不满意，你可以去CNN，或者你当自由撰稿人。"他火了，"你要在这儿就得……"

我打断他："像你这样无动于衷?"

又谈崩了。

每次跟陈虻吵完，倒都是他给我打电话，不安慰我，也不生气，只是继续跟我讲。

"痛苦是财富，这话是扯淡。姑娘，痛苦就是痛苦，"他说，"对痛苦的思考才是财富。"

我拐了个弯，去京门大厦的机房找老彭诉苦。

当年评论部有几大牛人。他是其中之一，被女同事叫"电视牲口"，有次编片子，十天十夜，吃住在办公室，不洗不梳，屋子里的味儿进不去人。当年，在罗布泊的小河墓地遗址，他扛着四十公斤重的机器和给养在沙漠中走，每天一瓶水，吃一块干馕。零下三十八度的天气只有一条睡袋。回来吃火锅的时候跟我们说，睡在千年古墓群里，半夜被冻醒了，伸手摸到一根红柳扔进火堆，睡眼惺忪中忽然看到满天星斗。

老彭靠着满墙带子抽烟斗，见我进来，多烫一只杯子泡茶，看都不看我，"怎么啦?"

我嘟嘟囔囔地说领导不让讽刺坏人，以为他会支持我，但他说："我早想骂你了，沙尘暴那期节目，镜头里你跟着人家走到苦水井口，刚站下就开口问：这水能喝么？"

我说这怎么了。

他小细眼从黑框眼镜上方瞪我："你爸不是中医么，中医讲望闻问切，你急什么？江湖的事不是非要人性命不可。你能不能先看一看，闻一闻，听听水声，让镜头里的气淌一淌，再问？"

我没话可说，端起桌上那只青釉的日本瓷杯准备喝，他"唉"一声，伸过手把杯里第一遍泡的茶倒了，换上九四年的普洱，"这样喝茶你的舌头才喝得出薄厚。"

"新闻调查"的同事小庄有句话："电视节目习惯把一个人塑造为好人，另一个是坏人，实际上这个世界上没有好人和坏人，只有做了好事的人，和做了坏事的人。"

小时候看电影，人物出场，小朋友们坐在一地瓜子皮里，最爱问的是："好人坏人？"冲锋号一吹响，立刻热泪盈眶，对坏人咬牙切齿。

我以为自己不喜欢这模式，实际上除了这个模式，我也不太会别的。

张洁给了我选题的权力，有些题目他想让我采访，但我选择不做，认为有些采访对象臭名昭著，想离他们远点儿。张洁这人宽容，看我一副神色毅然的样子，就作罢。

《凤凰周刊》主编师永刚是我的朋友，说起这事含蓄地提醒我："新闻记者有责任去记录持任何一种观点的人，评判是观看者自己的事。"我转着手里杯子笑而不语，心想，各有各趣味。

那几年我做节目的趣味是猛题，烈度高，对抗强，要像铜豆大雨，规模大，气势强，大地为之颤动。

阿文被戒毒所卖去卖淫一案，一进办公室，所长拎起暖瓶说"我出去打点热水"，我伸手挽了他一下"不必了"，手指下他胳膊肌肉僵得像铁。

他声称对所有卖人的交易不知情。

"我可以证明你说的都是假话。"同去的记者赵世龙拿支铅笔指着他。

"我不认识他,"所长转向我,脖子上静脉突突跳动,"绝对没见过。"

"你撒谎。"赵世龙半探起身子,"我假扮成人贩子就是跟你交易的,有照片为证。"

坏人暴露,我觉得任务完成了。

节目播出后,一家报纸的英文版要转载此事,编辑给小项打电话问有关细节:"戒毒所从什么时候开始贩卖戒毒女的?前后有多少人被卖?这些人都来自何处?戒毒所贩卖人口的非法收入有多少?这些钱都到哪里去了?这个所的主管单位是谁?为什么没有采访他们?……"

小项说:"哥们,你提的问题太重要了,我们也特别想知道啊,但有些问题我们确实没有能力回答。"组织者、戒毒所里的管教当时在警方控制下无法见到,戒毒所贩卖戒毒女的账册、放人单等重要证据被焚烧拍不到,小项说得很坦率,就算有千条万条原因,但"从专业角度这个节目算是失败的。只有一个图像被处理的戒毒女的控诉,一个图像和声音均被处理的知情人的'泄密',一个卧底记者,一场激烈的对质与抵赖。'新闻调查'一以贯之的准确、深刻、平衡原则在这个节目中并不能完全体现"。

雨过地皮湿,没渗入土壤,也不触及根须,龟裂土地上,再强烈的震颤稍后就不见踪影,惩办完个别人,戒毒所换个牌子,我已经转头做另一期节目了。

不过我觉得这没办法,处身的环境决定如此,就像小项说的:"一个饥饿的人,赶紧吃上一顿肉就能活命,这时候你不可能也做不到脍不厌细,只能端上一碗颤巍巍的红烧肉。"

我认为只要掌握的事实并无错漏即可,法拉奇比我激烈多了,而且CBS的著名主播丹·拉瑟说过："电视就是瞬间，要有戏剧性。"他出道就以挑战尼克松总统著称，对老布什总统的采访几乎演变为一场争吵，从来不讳言自己的立场和情感，"九·一一"之后他坐在地上含泪朗诵《美丽的美国》，这些都为他赢得"勇敢无惧""富于感情"的声名。

但总编袁正明审片时提醒我："不要不能自持，你有时忘了在采访。"

我对袁总说，观众没人批评啊，还挺喜欢，觉得"性情以对"。

袁总黑着脸："你别让观众看出你的喜好来，生活里你怎么样是你的事，上了节目你就不能有这个。"

还对症下药，送我一本《金刚经》，我在心里给他起了个外号，方丈。

小时候看《少林寺》，真讨厌老方丈，他问李连杰："戒淫欲，汝今能持否？"

小李偷偷看眼手掌里定情的信物，眉尖耸动，姑娘在门后看着呢，眼波像水。

老和尚没完没了："能持否？"

"……能持。"

姑娘一扭头走了。

挺荡漾的心，你让人家持什么持啊你说。

袁总升了袁台，不管调查了，还偶尔提醒我："你看人家芭芭拉·沃尔特斯，老了，越来越稳定克制，你也得这样。"

"成熟是么？"我心想可我还没老呢。

"不是成熟，"他说，"这是你的职业要求，你成不成熟都得这么办。"

二〇〇五年，我与老郝报道《中国改革》杂志被诉案。

因为刊发广东华侨房屋开发有限公司改制不规范、压制员工表达意见、致使员工利益受损的报道，杂志社被企业告上法庭，索赔五百九十万。华侨公司强调报道有失实之处，没有正式采访公司，也未罗列对公司方有利的事实。

调查性报道很容易惹官司，只要数字或者细节存在争议，被起诉的可能性很大，一旦被起诉，出于保护，证人多数不会出庭，媒体的一审败诉率在百分之六十以上。

这次终于赢了。法官认为报道个别地方与现实有出入，但并非严重失实，他的判决是："只要新闻报道的内容，有在采访者当时以一般人的认识能力判断，认为是可以合理相信为事实的消息来源支撑，不是道听途说或是捏造的，那么，新闻机构就获得了法律所赋予的关于事实方面的豁免权。"

我问他："您希望观众怎么来理解您这个判决？"

"这个社会对媒体的容忍有多大，这个社会进步就有多大，一个文明、民主、法治的社会是需要传媒监督的。"

我心头一热。

采访华侨公司老总时，他说服从法律判决，也可以接受媒体的"豁免权"，但他说有一个疑问："你也是做记者的，你说说，只听了一方的言论，没有另外一方的言论，那怎么可能是一个公正的新闻呢？"

我问过当时杂志社总编为什么不采访华侨公司。他说："大多数批评报道，无论你怎么征求意见，结果都是一样。材料比较可作为证据，那就不必再把各种不同的意见全部都反映出来。"

《中国改革》被起诉时，多家媒体对这件事的报道，也只有对杂志社的采访，没有华侨公司的声音。

大机构在当下往往能决定一篇报道的存废，媒体当然有警惕，有同仇敌忾之心，我也是记者，听到总编拒绝交出线人来换取调解，说："我不能放弃我的职业道德，让我下狱我就下狱。"会感到热血激沸。

但还是有一个小小的疑问，在采访中浮了出来，我把它按下去，又浮出来——"给每一方说话的机会"，这不是我们自己鼓呼的价值观吗？如果实在不能采访，要不要引用一些有利于他们的证据或背景？

很本能地，我想，强力者剥夺别人的发言权，当他们的发言权也被剥夺的时候，就是对他们的惩罚，惩罚就是一种约束。

但我又想："这样一来，我们和当初压制打击举报职工的华侨公司又有什么本质区别呢？"

我劝说自己"我们是正义的"。

可是，正义好像没什么放诸四海而皆同的标准，不管我做什么节目，我博客底下总有人留言自称正义，说"凡CCTV赞成的，我必反对"。还有次与一位美国同行谈到中国内地的一个问题，他下了一个绝对的判断，我说我去过那个地方，了解到的情况有些不一样。

他打断我："中国根本没有真正的记者。"

"真正的记者首先要给对方说话的机会。"我说。

"你们是没有信誉的一方。"

谈不下去了。

二○○六年，四十八岁的安娜·波莉特科夫斯卡娅被暗杀。四年之前，我在电视上看到这位女记者进入七百多人质被绑架的莫斯科剧院，充满敬佩。车臣绑匪要求她充当与政府之间的调停人，绑匪信任她，因为她在报道中一再公开批评普京的决策给车臣造成的痛苦。

她的死亡原因至今仍有争议，普京和车臣武装都被怀疑。去世前不久，车臣武装的负责人巴萨耶夫曾约她采访自己，她拒绝了，说在人质事件后，"我已经没有任何可与他谈的，这世上没有英雄，只有受苦受难的人民"。

她是十五年来，这个国家第四十三个被暗杀的记者。当时我写了一篇博客："杀害记者的人是想让人们恐惧——为需要真相和想要思考而感到恐惧。"有张照片是一位老妇人把白玫瑰放在她遗像面前。我写道："俄罗斯的人民用花朵纪念她，这个世界上有一种力量，比什么都柔弱，但比恐惧更强大。"

我被这支玫瑰深深打动。

后来遇到美国政治学者Ann,她在莫斯科待了十六年。我以钦敬口吻谈起安娜,Ann迟疑了一下,说:"我为安娜难过,但我并不赞赏她的报道。"

"为什么?"我有点意外。

"因为她的报道中观点太多,"她说,"她总是站在她认为的弱者一方简单地批评。"

我说安娜说她的原则就是"批评是记者唯一的语言"。

她摇头:"这样的报道很难客观。"

我认为她是美国人,不理解俄罗斯的记者要承受什么,"她是在一个那样的环境下,常常被迫害的人很难避免……"

她说:"但这样慢慢会变成你本来反对的人。"

她的话有道理,但我还是不忍心从这个角度去评价安娜,我做不到。

朋友们讨论此事,一位是同行,说"她是我们的光荣"。

另一位反对:"说'我',不要说'我们',你的情感不代表别人的判断。"

这句话真是煞风景,但刺激了我一下。

这位说:"我最反感拿悲壮的感情开玩笑了。"

那位慢悠悠地说:"是么,什么东西是神圣到不能开玩笑的呢?"

又刺激了我一下。

贺卫方豆瓣小组关闭后,有位前辈写过一篇长长的博客纪念它,赞美它,文章下面的留言里,有一个署名是这个小组组长的人,他说:"我们的小组里有一部分文章是有建设性的,并不像您说的那样篇篇都是。"

这人最后写道:"不要因为一样东西死去就神话它。"

这话硬而清脆,像银针落地。

也是在这一年,丹·拉瑟从CBS辞职。

二〇〇四年美国总统大选前两个月,丹·拉瑟在主持"晚间新闻"时引用了一份一九七二到一九七三年的空军备忘录,暗示布什家族曾伪造小布什的服役记录。

舆论大哗，但最终文件的提供者承认他误导了CBS，丹·拉瑟不得不离开"晚间新闻"，重回"60分钟"当记者，二〇〇六年，他最终离开了工作四十四年的CBS。

我通体寒意——一条新闻有多人把关，为什么是主播辞职？新闻发布会上美国同行说："如果这个节目得当年的皮博迪奖，领奖的也是你丹·拉瑟，不是别人。这条新闻惹了麻烦，承担责任的，也必须是你。"

丹·拉瑟说："质问当权者是我一直的努力，我认为事实本身是存在的。"

我看到"质问"二字，心里咯噔一下。

美国媒体评论说，喜欢挑战权威的嗜好和对"调查性报道"的狂热，使丹·拉瑟在这次失误中成了最大的受害者。

我写了一篇文章，叫《话语权的另一半》，写到了对华侨公司那次采访："我们也许没有机会采访被指证方，但是有没有对自己获知的一方信息存疑？能不能站在对方立场上向报料人发问？有没有穷尽各种技术要素，体现出尽可能去寻找对对方有利证据的倾向？'做不到'，只是一个技术问题。'不必做'，却是一个以暴制暴的思维模式。"博客里引了小庄那句话："一个节目里应该没有好人和坏人，只有做了好事的人，和做了坏事的人。"

底下有位读者跟了一句："过去你觉得只有好人坏人，现在只有好事坏事，将来只有有事无事。"

哎。

福建三明残联为当地老年人安排免费白内障手术，手术外包给一个没有执照的医生，发生医疗事故，导致多人失去视力。我们去前，已经有很多报道，我采访残联负责人，四十多岁，采访了一个多小时，结束后她哭了。

我有点意外，以为怎么着她了。

她说："之前从来没有人愿意听我把话说完。"

我和老郝对望一眼，没想到是这个反应。

人性的好恶不可避免，去做免费手术的老人都贫穷，坐我对面，穿着带破洞的旧解放鞋，吃饭只能一勺一勺抖抖索索喂在嘴里，青布衣襟上掉着米粒。面对这样的人不可能没有同情，面对造成这个结果的人，也不可能没有愤怒。

只是如果她没说完这一个多小时，没法知道手术的晶体是怎么购买的，怎么出的质量问题，医生从哪里来，定点医院为什么会承包给一个没有执照的人，谁给残联布置的非完成不可的"复明工程"的指标……这个人的背后，隐而未见的复杂因果如同大网，铺向无边。

我依然尊敬并学习法拉奇和安娜，但也开始重新思量采访，她们甘冒枪林弹雨，为一次采访可以倾注生命，性烈如火，同情心极深，但也容易将世界分为掌权者与被侮辱者，将历史的发生归功或归罪于某一个人，容易将好恶凌驾于事实之上。

法拉奇在"九·一一"之后写《愤怒与自豪》，说自己"哭了六天六夜"写下这本书——那不是报道，甚至不是文学，用她的话说是"训诫书"，这篇檄文里用的都是"坏蛋"、"强奸犯"、"蛆虫"这样的字眼。

泪水和愤怒是人之常情，但我慢慢觉得公众对记者这个职业的要求是揭示这个世界，不是挥舞拳头站在什么东西的对面。

我到莫斯科，海关排了两个小时都不放行，排在最前面的人从箱子里翻出几盒人参，递给边检小姐，她一笑，熟练地在椅子上一拧身，弯身放进柜台下，每人效仿，盖章放行。机场巴士的玻璃是碎的，但可以清楚地看到路边建筑物外墙上鲜红淋漓的大字：AMERICAN GO AWAY! 车上的俄罗斯记者说，光头党有五万人，自命为民族的士兵，攻击不是斯拉夫面孔的外国人，认为他们抢夺了自己的资源。在酒店门口，下车的人群忽然停下来了。前面是五六个光头，穿着短皮夹克和金属鞋头，他们看过来的时候，陪我们的留学生突然转过身去，脸色苍白。他曾受过光头党围攻，如果不是一对老夫妇喝止，"必死无疑"。谁也不说话了，紧紧握住手提箱拉杆，不远处，警察背着手捞一把瓜子闲看着。

第二天我出门，找不到出租车，拦住了一辆破拉达，开起来像犁地一样。头发蓬蓬乱的司机听着重金属音乐，能讲一点英文，唠叨着"还是共产党时代好，有面包吃"。

他猛地一个急转弯，抢在一个大公车前面。

"知道吗？彼得堡每个星期都有有钱人被暗杀。"他看了看我的表情，一笑，露只金牙，"哈，上次那个杀手，只杀人，十五万美金，一点都没动。"

他赞赏地挥一下手："就是要跟这帮资本家干到底！"

我有点理解了Ann的想法——一个世界如果只按强弱黑白两分，它很有可能只是一个立方体，你把它推倒，另一面朝上，原状存在。

二〇〇九年四月，我去重庆调查。一块土地拍卖，三年不决，工厂因此停产，一些工人写信给我们希望报道，信上按着很多红指印，给我很深的印象。

此事的关键人物叫陈坤志，他被指证操纵土地拍卖。

"他有枪，指着人的头让人签协议。"有人说。这人自称被他拘禁过，人证物证都有。领导知道采访有危险，让我们把手机都换掉，用一次性的卡，说："不采访他，节目能成立么？"

"基本的证据够了。"编导剑锋说。

"那不采也成，安全第一。"领导说。

其他采访结束，够用了，行李装上了车，飞机过几个小时起飞，我们几个在宾馆坐着，面面相觑，都知道对方心里的话："采不采陈坤志？"

不采节目也能成立，但是个新闻人，都放不下。

"那就电话采访吧，采完走。"剑锋说。

四点钟，我打了他电话，没有通，我和同事们对视了一下，松了口气，又有点失望。

再拨一遍吧。

嘟的一声响，非常清晰的"喂"。

"我是中央台的记者，采访土地拍卖的事情，想听听你的解释。"

"我在打高尔夫。"他说。

"能见见你么？"我认为他肯定直接挂掉或者说没空，那样我们就可以轻松赶路了，在机场还来得及吃碗米粉。

结果他说"来吧"。

很多人都会奇怪，为什么那么多这样的人居然会接受电视采访，"60分钟"的记者华莱士说过一句话："因为所有你认为的坏蛋在心里都不认为自己错了。"

采访时，他几乎是得意洋洋地承认了所有的事实，包括操纵拍卖，收了一千七百多万中介费用，但"操纵拍卖"在他看来是一次正当劳动，他甚至自觉有道德感，因为做到了"对出钱的人负责"。至于那些被他拘禁要挟的人，他认为都是想从中多捞一把的脓包，而他拯救了整件事，所有想搞掉他的人只像"苍蝇一样嗡嗡嗡"，都得不了逞。

我们坐在巨大的穹形高尔夫球场边上，他把我当成了一个英雄故事的听众，我怀疑他知不知道正在说出的话对自己意味着什么。

"我问过律师了，我做的在法律上没有任何问题。"他歪着头，脸上几分得意之色。送我出门的时候，他已经没有顾忌了："我是公安大学毕业的，我就是要玩法律。"

在后来的调查和审判中，他被判处死缓。

但这事没有完。陈坤志曾对我说过一句话："这个事件中没有人是正义的，别打着这个旗号，大家都是为了利益。"

我原以为，这是一个黑白分明的世界，分为被欺凌的弱者和使用暴力的劫掠者。对他提供的信息进行印证后，我才发现，拍卖中被他劫掠的人有些确实不是单纯的受害人，他们最初都是要从中牟利的，而且牟的都不是正常的利益，只不过，在丛林法则下，大鱼吃小鱼，最后被吃掉了。

那些向我们举报的人领头闹事，把一个厂长赶下台，焊上铁门不让厂子生产，私卖设备分了一部分钱，不久又把另外一个厂长赶下台，又分了一部分钱。等陈坤志把拍卖控制成交后，他们以暴力相抗，拒不交地，把厂房和荒地拆成一个个格子租出去，又是一笔钱，都是这十几个人掌握了……这些人不是我出发前想象的受害工人阶级，没有群像，没有长得一模一样的穷苦人群体，只有一个一个诉求利益的人。

采访的时候，各方人士都写了遗书，认为自己将被黑帮分子所害，包括陈坤志也说"我被黑社会威胁"……我没克制住好奇，请每个人都把遗书念了一遍，每个人都声泪俱下。

想起在"百家讲坛"采访易中天，他反客为主，问我，"新闻调查"的口号是探寻事实真相，你说说，什么是真相？

我想了想，说："真相是无底洞的那个底。"

有观众看了这个节目，在我博客里留言："那你说说，什么是探寻？"

底下有另一位观众替我写了个答案："保持对不同论述的警惕，才能保持自己的独立性。探寻就是要不断相信、不断怀疑、不断幻灭、不断摧毁、不断重建，为的只是避免成为偏见的附庸。或者说，煽动各种偏见的互殴，从而取得平衡，这是我所理解的'探寻'。"

采访完重庆这期，我给钱钢老师写信，说这期节目让我不敢轻易再对任何事物直接发表评论。

"我对一方缺席的采访抱有疑问，哪怕技术上来讲证据没有任何问题，也必须让他们说话和解释。即便这些解释会让我们本来简单的是非变得混沌，会让我被动，让我在采访中陷入尴尬，让我可能必须放弃一些已经做完的不错的采访段落，会带来节目被公关掉的风险，也必须这样做，不仅是对他们负责任，同时也让我们自己完成对世界的复杂认识，哪怕这个认识让我苦苦难解，让我心焦。"

钱老师回信说："追求真相的人，不要被任何东西胁迫，包括民意。我们要站在二〇一二、二〇二二，甚至更远的地方来看我们自己。"

信的最后，他说："不要太爱惜你的羽毛。"

我明白他的意思，做调查记者最容易戴上"正义"、"良知"、"为民请命"的帽子，这里面有虚荣心，也有真诚，但确是记者在困境中坚持下去的动力之一。现在如果要把帽子摘下，有风雨时也许无可蔽头。

我把这些写在博客里，但有读者问："记者价值中立并不等于价值冷漠，难道这个职业没有道德吗？"

二〇一一年，福建归真堂药业因活熊取胆汁入药，被众多名人与网友联名反对上市，企业负责人邱淑花接受采访前先哭了十几分钟，不回答具体的问题，只说攻击她的人由西方反华势力推动，她也没有证据，只说："就是陷害。"

我问："有没有一种可能，是现在的社会发展了三十年之后对于动物的保护意识要比以前强了很多，声音也大了很多？"

她眼泪收住了："这个我也没办法说了。"

我说："那您愿意把情绪沉淀一下，再梳理一下这个问题么？"

活熊取胆这件事与二十年来法律、经济、野生动物保护政策的变化和千百年来中国人与动物的关系有关。这些都不是情绪能够回答的。我多以"有没有可能……"开头来提问，也是因为我不确定自己一定是对的，不能轻易选择立场，只想通过提问来了解"如果你采取了某个立场，将不可避免作出什么选择，另一些人的选择会是什么，按照经验将会产生什么后果？"

邱一直在强调绝不放弃活熊取胆，我问："有没有可能你们一旦上市了，国家产业政策现在正在变化，将来这个产业萎缩之后对股东、对你们也有风险？"

她犹豫了一下，松了口："人工替代品如果能研发，我们也可以研发。"

转变看上去突兀，但在最初面对大量反对声音时，晃动其实已经开始，人往往出自防卫才把立场踩得像水泥一样硬实，如果不是质问，只是疑问，犹豫一下，空气进去，水进去，他两个脚就不会粘固其中。思想的本质是不安，一个人一旦左右摇摆，新的思想萌芽就出现了，自会剥离掉泥土露出来。

采访不用来评判，只用来了解；不用来改造世界，只用来认识世界。记者的道德，是让人"明白"。

应国务院新闻办的邀请，我去跟政府官员座谈。其中一位说到他为什么要封闭新闻，"因为不管我放不放开，他们（记者）都不会说我好。"底下人都点头。

到我发言，我说，说三个细节吧。一是有一年我在美国的时候，正好是CNN的主持人卡弗蒂用"暴徒和恶棍"描述中国人的"辱华事件"。我跟美国街头遇到的黑人谈这事，他说我们很讨厌这个人，他也侮辱黑人，但他不代表CNN，也不代表白人，他只代表他自己。我又和美国国务院的官员谈到美国的一些媒体报道中有明显的挑衅与失衡处，他们灰头土脸地说，"他们对我们也这样"，但他们接受记者的职业角色，因为"这是宪法给他们的权利"。

第二个细节是，有一次雪灾刚过，我去发改委采访一位官员，当时网上批评发改委在雪灾中有应急漏洞，我问他这个问题，他答完长出口气，说："总算有人问我这问题了。"因为他终于得到一个公开解释的机会。如果一直封闭新闻，结果就是大家都会相信传言，不会有人问你想回答的问题。

第三个细节是我在广东采访违法征地，刚坐下问第一个问题。这位市长就火了："你居然敢问我这样的问题？！"这个问题只不过是："你们为什么要违法批地呢？"

他站起来指着摄像机爆粗口。

我提醒他："市长，正录着呢。"

"你给我关了！"他就要扑到机器上来了。

他怒气冲冲："我没见过敢像你这样提问的记者。"

"我也从来没见过你这样连问题都不敢回答的市长。"我当时也有点急了，第一次直接跟我的采访对象语言冲突。

我们第二天一早的飞机走，准备睡了，晚上十一点，他大概是酒醒了，脸如土色地在门口等着："再采访我一次吧。"同事们对视一眼，说"别理他了"。

上午的采访都已经录下来了，他是漫画式的形象，快意恩仇，而且充满戏剧性，观众爱看。但我们要的不是他的失态，而是信息。陈威老王架机器，我洗了把脸，说"坐吧"。采访了四十分钟，他说违法征地的决策程序和地方财税的压力。采访完出门时我对他说："我可以不采访您，这您知道。但我采访了，是因为我尊重我的职业，也请您以后尊重记者。"

说完这三个细节，我说："您认为媒体有偏见，是的，可能媒体会有偏见，世界任何一个国家都这样，但纠正偏见的最好方式就是让意见市场流通起来，让意见与意见较量，用理性去唤起理性。"

一个数年未见的朋友碰面，说与几个人在酒吧里同看我的节目，"原来觉得你挺斗士的，一看你现在都专访官员了，都嘲笑你，我还替你辩解来着，说你也不容易。"

我说你听内容了么，他说没有，我说哦。

他说："你变了，从你的眼神里就能看出来。"

"你觉得这样好么？"我问他。

他沉默了一下，说："我觉得……对你好就好。"

我说节目是我自己的选择，我觉得这个官员说的信息，影响很多人生活，观众需要了解。他说："哦那你就是……"他发出了嗤嗤的音，但还是把后面那个刺激的字收住了。

他说话就这个风格，我不以为怪："不管报道谁，都是平等的吧。"

"你真觉得你跟人家是平等的？"他说。

"对我来说，摄影机红灯亮的时候，任何人都只有一个身份：'我的采访对象'。"

他扑哧笑了，说："太天真了。"

我也笑："是，凡事信以为真。"

在采访笔记本前页，我抄了一段话，歌德让他的弟子去参加一个贵族的聚会。年轻的弟子说"我不愿意去，我不喜欢他们"，歌德批评他："你要成为一个写作者，就要跟各种各样的人保持接触，这样才可以去研究和了解他们的一切特点，而且不要向他们寻求同情与共鸣，这样才可以和任何人打交道……你必须投入广大的世界里，不管你是喜欢还是不喜欢它。"

不管围观者对他的期待有多深，环境有多鼓噪，他说："我没有战斗的情感，也不打算写战歌。"

那位朋友看到的节目中，我采访的官员批评上级政府财政决策失误，说了四十五分钟，很坦率。

采访完我问他："您这个性怎么生存？"

他说："官僚系统是一个复合系统，只有一种人就玩不下去了。"

"那你靠什么直言不讳还能让人接受？"

他说："准确。"

我想起问过Ann，如果你认为安娜的方式并不是最好的方式，那什么是？

Ann说："Doing the right thing is the best defence."——准确是最好的防御。

无论如何自制，人的情绪是根除不了的，有时松，有时紧，永远永远。我让老范编辑时把我表情过度的镜头掐掉，她不听，有时还要强调出来，加点音乐，觉得记者有情绪才能带动观众。我拿她没办法，只能自责："你给我做一个牌子，采访时我再不克制就举牌子，上面写两个字：'自重'。"没办法，方丈说得对，和尚和记者这两个工种，都要求人"能持"，持不了，或者不想持，只能别干了。他送我那本《金刚经》里，有一句注解"念起即觉，觉已不随"，人是不能清空自己的情绪判断的，但要有个戒备，念头起来要能觉察，觉察之后你就不会跟随它。

　　她嬉皮笑脸："哎呀我们觉得挺好的，你又不是神仙姐姐。你是凡人，还是在地上走吧。"

　　有位观众曾经在博客里批评过我，我觉得说得真好，女人酒局上，说给她们听："如果你用悲情贿赂过读者，你也一定用悲情取悦过自己，我猜想柴静老师做节目、写博客时，常是热泪盈眶的。得诚实地说，悲情、苦大仇深的心理基础是自我感动。自我感动取之便捷，又容易上瘾，对它的自觉抵制，便尤为可贵。每一条细微的新闻背后，都隐藏一条冗长的逻辑链，在我们这，这些逻辑链绝大多数是同一朝向，正是因为这不能言说又不言而喻的秘密，我们需要提醒自己：绝不能走到这条逻辑链的半山腰就号啕大哭。"

　　他写道："准确是这一工种最重要的手艺，而自我感动、感动先行是准确最大的敌人，真相常流失于涕泪交加中。"

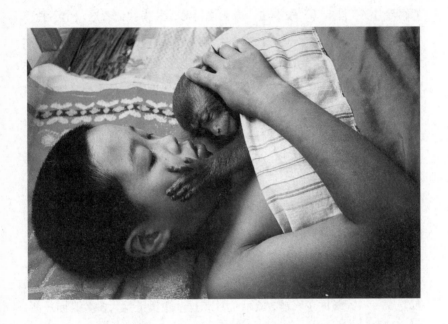

耍猴人的小儿子搂着小猴子睡在被窝里，这是摄影师马宏杰拍摄的《耍猴人的江湖》系列照片之一。生活就是生活，他没有只站在哪一方的立场上，不赞美，不责难，甚至也不惋惜，但求了解认识而已。

第十一章　只求了解与认识而已

　　二〇〇六年两会期间，网上有段视频热传，是一只猫被一个穿着高跟鞋的女人踩死的过程。

　　视频里，她脸上带着笑，照着它的眼睛踩下去。那只猫的爪子微微举起，无力地抓挠，直到被踩死。她踩的时候面对着一个摄像机，录下的视频被拿来在网上收费观看。

　　当时在忙两会，不及细看，路上听到出租车里电台主持人播报这件事，说："已经通过对踩猫地点Google Earth和人肉搜索，发现踩踏的人是一名护士，拍摄者是一名记者。"

　　这两个职业？我从椅背上坐直了。一个是同事眼里很文雅、"有洁癖"的"白衣天使"，另一个，是扛着摄像机拍新闻的同行。

　　我写博客说这件事，写到曾收到观众用DV拍的录像，在河南，斗狗。现场全是人，老人蹲在那儿咬着烟卷，悠然说笑，小孩子嗑着瓜子跑来跑去找最好的角度，女人们抱着脸蛋红扑扑的婴儿，嬉笑着站在一边。斗狗场上的男人跪在地上，对咬在一起、身上全是血迹的狗吼叫："杀！杀！"他们眼睛通红，嘴角能看到挂下来的白线。赢了的人，可以拿三十块钱。

我在博客里写："是的，生命往往要以其他生命为代价，但那是出于生存。只有我们人类，是出于娱乐。"

老范有只猫，小圆脸儿，有点小刘海儿，长得跟她一模一样。经常我打电话给她，她就扯着两只后腿把猫拖到话筒边上："叫，叫阿姨。"猫倔得很，一声不吭。

我一直担心猫跟着这样的人也就算个苟活，但她认为自己相当疼爱猫。她经常吃了上顿没下顿，但猫养得痴肥，胖得都不会喵了。每晚她还搂着睡，猫死命挣也挣不开，第二天她一脸猫毛。

所以，她对踩猫的人气得很。到两会结束，这事儿已经过去一个月，她还耿耿于怀："走，找他们去。"直到那时，踩猫的人、拍摄者、组织买卖者，都没有接受过媒体采访。

也有人说，过去这么长时间的事儿了，还是新闻么，还做么？

老范和我都没上过新闻学院，就靠直觉和欲望来判断，觉得新闻和时间不见得有必然的关联，就是观众想知而未知的东西。

视频拍摄地是黑龙江与俄罗斯交界的县城，拍摄虐猫视频的人姓李，是我们同行，事出后离开了单位。老范给他发了很多短信，没有回复。

找了一天，人影儿都没有，边境小城，晚上铁一样的天，苍灰大雪，我们又冻又饿，找了一个地儿，盘着大炕。火烧得红旺，坐在炕上穿着单衣，热气腾腾吃炖酸菜，一边说这节目算是没指望了。老范电话响了，她脸色一变，噌地滑下炕趿拉着鞋就出了门。

过了一会儿，她还没回来。门开的这一缝，外面雪把地都白了，碎雪粒子夹着风一股子一股子地钻骨冷，小宏赶紧捞起大衣给她送出去。

老范还站在雪里接电话，披上衣服，下意识说声"谢谢"。对方听见问怎么了，她说哦没事同事给送衣服。

对方沉默了一会儿说："你刚才一直没穿大衣站在外头？"

"哦，一看到你电话我忘了。"她说。

李就这样接受了采访。

这个光头坐在我对面，一根烟衔着，粘在嘴角悬悬不掉，"'新闻调查'这样的节目，隔了一个月才来做，肯定不是光来谴责的。问吧，越尖锐越好。"

他对杀死一只猫没有兴趣，也不享受虐待的过程。他说这么做只是为钱，拍下来提供给网站，一次两千，比他一个月的工资要高，还不包括卖碟和高跟鞋的钱。

他说："要只是一次性我也不会干，这是一个可以长期做的事，有一个群体需要，这是一个产业。就像一只耗子溜到猫嘴边了，我只要考虑吃不吃。"

"你在做生意？"

"对，不违法，没有成本，没有风险，收益很大。"他说。

"那道德呢？"

他笑一下："公民道德规范里又没写不能踩猫。"

我问他："人的心里不该有这样的天性吗？"他说："刚开始看的时候有一点点感觉，然后就麻木了。"说完眼睛不眨看着我。

"什么让你麻木呢？"

"利益。"他答得飞快。

他不准备忏悔，也不是为了挑衅，这就是他真实的想法。

老范坐边上，后来她写道："说实话，他的坦率让我绝望。一个过于主动甚至积极坦白自己内心阴暗面的人，往往会让原本想去挖掘他内心弱点的人感到尴尬和一丝不安。他甚至都不为自己辩解一句。为什么不在镜头面前，哪怕是伪装歉意向大家忏悔以乞求宽恕呢？"

采访间歇，老范跟他聊天。李说起多年前也曾经养过一只猫："养了十七年，自己老死的，我经常抱着她睡。"我们都一愣。

"如果现在付钱给你，让你踩你自己的那只猫呢？"老范试探地问。

"这个如果不存在，她在十几年前就已经去世了。"

"如果有如果呢，你就当是一个心理实验。"

"我会收下钱，让人把她带走，不要让我看见。"

"如果一定要你看着，当面踩死呢？"

"如果……钱高到一定程度的话，可以。"

老范是个七情上面的人，脸上明明白白挂着伤心。这时候李开始反问她："如果你也养猫……"

她打断："不用如果，我就养着一只猫。"

"如果他们付给你足够高的价格呢？"

"绝不可能！"她说得斩钉截铁。

"五百万。"

"绝不会。"

"一千万。"

"不会。"

"五千万。"

"不会。"

"一亿！"

她脸上像有个顿号一样，很短地迟疑了一下。

"不会。"她回答。

他诡谲地笑了笑："如果更多呢？总有一个能打动你的点吧？你只是不会那么轻易地动摇你的底线，这是你和我的区别。"

知道我们要做这期节目后，有人在我博客留言："我们要维护一条道德的底线。那条底线，是对生命的尊重，一个社会是有规则的，不是随性而为，不是暴力、滥交、背叛、屠戮！"

在同一页的留言里，另一个人说："到底什么是道德的底线呢？

曾经有人问过我，我说因为每个人的道德观不同，所以这个底线是没法规定的。他说至少要有个底线嘛，像孝敬父母什么的。我说，每个人的处境不同，遭遇不同，所以想法不同，你怎么知道你的底线就一定是别人的底线呢？他没再回答。"

道德是什么？

采访完，深夜里，我和老范人手一本日记，埋头刷刷写，面对这让人迷惑的古老问题。

孟子说，"仁"就是"道德"……那么，什么是仁？他说，恻隐是"仁之端"。但恻隐是什么？对象是谁？在什么范围内存在？每个人有自己的理解。

我写过诺贝尔和平奖得主德国医生施韦泽的故事，他在非洲丛林为黑人服务五十余年。在书里他写道：

"无论如何，你看到的总是你自己。死在路上的甲虫，它是像你一样为了生存而奋斗的生命，像你一样喜欢太阳，像你一样懂得害怕和痛苦，现在，它却成了腐烂的肌体，就像你今后也会如此。"

在那篇文章的最后，我写道："如果我们对一只猫的死亡漫不经心，我们也会同样漫不经心地蔑视人的痛苦和生命。"

李的同事说他曾经救过四个人，高速公路上发生了车祸，四人受重伤，他路过，把几人陆续送到医院。

我问他，他说因为"看不过去"，但他对一只猫的死不以为意，"网上说我杀了猫，接下去就会杀人，杀完人就会变成希特勒，搞种族灭绝。"他笑了一下，说："其实对动物不好的人不一定对人不好，对动物好的人也不一定对人好。"

踩猫的视频被放在一个叫"Crushworld"的网站上，这网站一个月的注册量超过四万，事发之后李听到了无数的声讨，可他收到的信里，还有一些，是通过新闻报道知道他的地址后，向他买光盘的。

"不要以为他们离你很远，他们当中有官员，有商人，什么人都有，他们就是你生活里的普通人。"他说，"事件过去之后，这个市场还会存在，因为需求存在。"

他解释："因为如果规则只是道德的话，人的道德底线是不一样的。"

"假如当时这个行为是违法的，有明确的法律规范，你觉得你会做吗？"我问。

"不可能。"

"绝对不会？"

"这个底线坚决不能超越。"

十九世纪初，英国有人提出禁止虐待马、猪、牛、羊等动物。提案在国会引起巨大争议，最终被下院否决，这是人类历史上首次试图从法律上肯定动物以生命体存在。一八二二年，世界上第一个反对虐待动物的法案在英国出台，之后，陆续有一百多个国家通过《反虐待动物法》。不过中国目前还没有此项法律。

美国最高法院的大法官霍尔姆斯说："法律不是一个道德或是伦理问题。它的作用是制定规则，规则的意义不在于告诉社会成员如何生活，而是告诉他们，在规则遭到破坏时，他们可以预期到会得到什么。"

我们问李，看视频的到底是什么人？

他说："我不知道，知道我也不能说。"

我们在杭州找Crushworld网站的负责人Gainmas，他姓郭，名字、车号、住址、手机、照片都被人肉搜索过，贴在网上。

大风里我们等到半夜，传达室的人指指堆在桌上的一厚擦报纸："已经十几天没人领过了，可能早搬走了，车也没在了。"

第二天早上七点，我醒了，老范披头散发坐在对面床上，问我："咱们……再去一趟吧？"

做新闻的人是赌徒，我通常赌完身上最后一分钱离场。她不是，她会把外衣脱了押在桌上，赤膊再来一局。

老范上楼去他家那层看看，我没着没落等在一楼。十五分钟后，我收到她的短信："他家门开了，有人下楼了。"

我刚奔到电梯口，门就开了，里头三个人，一个老头，一个女人，还有一个男人。但这个男人跟照片上的Gainmas没有任何相似之处，比照片里的人起码要胖二十斤，满脸胡子。

我不抱指望地迎上去喊："郭先生。"

他本能一应。

反而我愣了一下，才说："我是'新闻调查'的记者，想跟您谈谈。"

他倒是平静，说："到我公司吧。"

他说起自己的"伪装"，这一个月里，不断有人敲他的门，给他打电话，威胁杀了他。

采访前，他不断地强调自己出身于文化世家，受过很好的教育，不像网上说的那样是一个低级的魔鬼。

"那为什么要让踩猫视频出现在你的网站上？"我问。

他说："这是一个恋足的网站，我是一个恋足者。"

我跟老范对望一眼，没听过这个词。

他解释："恋足，是一个有针对性的对人体脚部强化的爱。我个人觉得，这可能是一种母系社会的遗留吧，就是一种对女权的崇拜，恋足，欣赏美丽的腿部，把它当作一种崇拜物来崇拜。"

"为什么对于脚的迷恋会引申出来踩踏？"

"作为一种极端的分支，用这种方式来剥夺生命，他会感觉到一种权力的无限扩张，感觉到女权的一种无限释放，感觉到生命被支配，他会反过来得到一种心理的满足。"

他说他和很多恋足者都不愿意踩踏动物，觉得踩一些水果就可以了，没有必要利用别的生命来满足自己。但他仍然提供了这个平台给另一些有踩踏欲望的人："因为法律并没有像欧美国家一样禁止这么做。"

我问他，为什么会有人要看踩猫？

"我觉得这个跟每个人心灵从小蒙受的阴影，包括受到过很大的挫折，那种报复心态有关系。"

已经有几十家媒体找过踩猫的女人，她始终没有露面。

她已经离开了工作的医院，也离开了家，她的女儿没办法上学，因为媒体会找到学校去。院长是她信任的人，帮我们在办公室打电话给她，免提开着，听见她的尖叫："再来记者我就跳楼了！"

院长慢慢按了电话，抬眼看我。我说那我们明天走吧。临走，我委托他："您就转告她一声，我们既不是为了谴责她，也不是为了同情她才来的，只是想听她说说看是怎么回事。今晚正好有一期我的节目，请她看看，再选择要不要见一面吧。"

当晚播的节目是"以公众的名义"，主角是郝劲松和陈法庆。节目放完半小时，院长打来电话，说她同意见见你们，但只是见一面，不采访。

约在一百公里外一个陌生城市的宾馆里，开门时我几乎没认出她，比视频上瘦很多，长发剪得很短，眼睛敏感，嘴唇极薄，涂了一线口红。

我们说了很多，她只是有些拘谨地听着，说："不，不采访。"老范委婉地再试，她说得很客气："我见你们，只是不想让你们走的时候留下遗憾。"

手机响了，她接了，突然站起身，"啪"一下按开电视，拿起遥控器，一个频道一个频道迅速往下翻。

我们问："怎么了？"

她不说话，眼睛盯着屏幕。一个电视节目刚播完预告片，要播虐猫的事。她一句话不说，眼睛盯着电视里自己的截图，面部没有作遮挡，主持人正指着她说："没有人性。"

我们一起坐在床上，尴尬地把那期十分钟的节目看完，她一言不发，走进洗手间。我听到她隐隐在哭。

她出来的时候，已经洗净了脸，看不出表情，拿起包要走："你们去吃饭吧，我不陪了。"

我们僵在那儿。

还是院长说："一起去吃顿饭吧，算我的面子。"

雪粒子下起来了，越下越密，我们四个人，下午三点，找到一个空无一人的小馆子。

知道不可能再采访，气氛倒是放松下来。院长跟我们聊看过的节目，她一直侧着头，不跟我们目光接触，只是说到抑郁症那期，我提到心理医生说有的人为什么要拼命吃东西，因为要抑制自己表达不出来的欲望。她拧过脸看着我，很专心地听。

过了一会儿，她话多了一点："你们之前发给我的短信我都收到了，没有删，经常返回去看一看。"

老范看着我傻乐。

院长给大家杯里倒了一点酒，举杯。这酒烈得，一点儿下去，老范就眼泪汪汪的，斜在我肩膀上。

王忽然说："这是我一个月来最快乐的一天。"

我们三人都意外得接不上话。

她说事发之后，女儿被媒体围着，没法上学，她就一个人，一只包，离开单位，离开父母和孩子，四处走。不知去哪儿，也不知道未来怎么样。但看见老范的短信里有句"一个人不应该一辈子背着不加解释的污点生活"，心里一动。

下午很长，很静。外头雪下得更紧了，漫天都是。

我们喝了挺多酒，那之前我从没喝过白酒，但她有东北女人张罗的习惯，过一小会儿就站起身给每个人添满。

她说这些年，心里真是痛苦的时候，没人说，房子边上都是邻居，她就把音响开得很大，在音乐掩盖下大声尖叫……我问过她的同事，知道她婚姻有多年的问题，但她从不向人说起。她的同事说："她太可怜了，连个说的人都没有。"

"我再喝，就回不去了。"我手臂通红，转着手里那个已经空了的玻璃杯。

"那就不回去了。"她说。

谁也没提那件事，但临走前，她突兀地说了一句："其实我也很善良很有爱心，这件事只是欠考虑。"

我和老范没接话。

晚上我们没走。反正也不拍了，飞机明天才有，来都来了，就待一天吧。她叫上了自己的两个朋友，约我们一起去唱歌。

小城市里的KTV，就是一个皮革绽开的长沙发，一台电视，头顶一个会转的圆球灯。她不唱，手交握着，两膝并拢，静静听别人唱。过一会儿，扭头对我说，你唱一个吧。

我离开K坛很多年了，实在难为情。她坚持，我看了眼塑料袋里卷着边儿的点歌单，指了指第一行，陈淑桦的《问》，我高中时的歌。

> 谁让你心动，
> 谁让你心痛，
> 谁会让你偶尔想要拥他在怀中。
> 谁又在乎你的梦，
> 谁说你的心思他会懂，
> 谁为你感动。
> ……

我的妈呀，这个幽怨的调调，已经多年没操弄了，我对着雪花飘飘的电视机唱："只是女人，容易一往情深，总是为情所困，终于越陷越深……"

KTV包间里烟雾腾腾，男人们正大声聊着，我只好唱得声嘶力竭："……可是女人，爱是她的灵魂，她可以奉献一生，为她所爱的人。"

我唱完，把自己都肉麻着了，不好意思。她一直盯着字幕看，一直到最后一点儿音乐消失，转头看了我一眼，说："挺好的。"

过了一会儿，谁点了一首的士高舞曲。音乐响起，头顶小球一转，小包间都是五颜六色小斑点，在座的人有点尴尬地坐立不安。

她忽然站起身把外套脱了，我吃惊地看着，这人身上好像发生了小小的爆炸，从原来的身体里迸裂出来，她闭着眼睛，半弯着上身低着头狂热地甩，扑得满脸是头发，就是这一个姿势，跳了半个小时。别人也站起来陪着她跳，但她谁也不看，不理。

深夜，我们回了宾馆，送她到房间，也没开灯，借着街灯的光斜坐着。

她忽然说起踩猫当天的事，李是怎么找的她，怎么说的。她根本不在乎钱，一口就答应了。他们怎么找的地方，怎么开始的。说得又多，又乱，又碎，像喷出来的，我和老范都没有问的间隙。又说起二十二年的婚姻，她弄不明白的感情，她的仇恨……她强调说，是仇恨，还有对未来的绝望。

"我觉得我再也不会有归宿了。"她说，"男人不会爱我这样的女人。"

我和老范沉默地听着。

她忽然说："你们录音了吗？"

老范立刻把身边的东西都掀开："怎么会呢？我们肯定尊重你怎么会这么……"

她打断："不，我是说，如果录了音的话，你们就这样播吧。"

我和老范对看一下，沉默了一小会儿，我说："你休息吧。"

第二天早上，七点，院长来敲我们的门，说："她同意接受采访。"

我们在摄像机面前坐下来，拍她的剪影。

她带着笑容，甚至愉快地和我的同事们都打了招呼。

我们从她在网上写的公开信说起，信里她道歉："我不需要大家的同情，只求你们的一份理解，有谁能理解一个离异女人内心的抑郁和对生活的烦闷？正是这份压抑和烦闷，使我对生活丧失信心，致使发泄到无辜小动物的身上，成为不光彩的角色……我是多么可悲、可恨。"

我问她："后来为什么要在网上写那封公开信呢？"

"让他们能对我有一份理解。"

"你希望大家怎么理解你？"

"内心深处有一些畸形吧。可以用'畸形'这个词。"

"为什么要用这么严重的词呢？"

"心里有病，的确是心里有病，病态的心理。内心的压抑和郁闷，如果说我不发泄出去的话，那我会崩溃的。"

她看着我，眼光很信任，有一种终于把它说出来的松弛。

但是问完这些，我必须往下问，这是一期节目，我是记者。

"你为什么要面带微笑？"我指的是她踩猫的时候。

"我笑了么？"她是真不知道。

"你是说你都没觉察到自己脸上带着笑容？"我心里咯噔一下。

"是。"

"怎么踩是他们给你的指令么？"

她毫无犹豫："不是。"

"那为什么要选择踩它的眼睛呢？"我问。

"这个细节不要描述了。"

"你为什么不想再谈起这些细节？"

"如果再谈起这件事，好像又勾起我这些仇恨，不要谈这些了。"

"你是说你把它想象成你仇恨的人，我可以这样理解吗？"

"对，可以这么理解。"

"你踩的时候能听见猫在叫吗？"

"当时头脑一片空白，好像什么都没想过，也没有感觉到什么。"

"你没有意识到脚下这是个生命？"

"没有。"

"你后来为这件事情自责过吗？"

"嗯。"

"你曾经有过极端的念头吗？"

"有过，我总感觉我内心受的伤，好像任何人都帮不了我，这些不谈了，我不想谈这些。对不起。"

她哭了。我知道她痛恨在别人面前流泪，对她说："你去房间休息一会儿吧。"

她起身离开，我们几个在房间里等着，没人说话。过了十几分钟，我去敲她的门，没有反应。我突然想起，她的同事提过她有美尼尔综合征，这种病受到惊吓或是情绪极激动时可能会发生晕眩，我大声叫来服务员打开房门。

她蜷在床上，缩作一团，手指僵硬痉挛，撕扯着枕头。我蹲下来，给她把脖子上的丝巾解开，她皮肤滚热。我试着去触摸她的手，她挣开了我。

我们叫来医生，注射了十毫克的安定，她才平静下来。

我和老范坐在床边看着她。

慢慢地，她睡着了。

回去路上，大家都许久不说话。

小宏说："你的问题太刺激了，让她窘迫了。"他看了看我，又安慰性地补了一句："当然，你也不能不问。"

之后谁也不再提这件事，包括老范。夜里，老范睡了，我睁着眼睛，台灯的光拧得很微弱。本子上什么也看不清，我还是用圆珠笔歪歪扭扭地写下来：

"作为一个记者，通往人心之路是如此艰难，你要付出自己的生命，才能得到他人的信任，但又必须在真相面前放下普通人的情感……在这个职业中，我愿意倾尽所有，但是，作为一个人，我是如此不安。"

放下笔，我给王发了一条短信，希望她了解这个采访对我来说绝不轻松，但是我希望，承受痛苦对我们都是一种清洗。

她没有回。

后来我才知道，老范在机房编这段的时候也很挣扎。王的脸作了遮挡，但镜头里可以看见她脸上带着的那点笑容，侧影的弧度。

老范说一直不敢看那笑容，总是下意识地用机器挡住眼睛。她知道很多人都期待着王在镜头面前低头和忏悔，以便宽恕她。

"她的表情即便不是哭泣，最少也应该是沉痛的。"老范写道，"可是她居然笑着。"

机房的深夜里，老范再次面临"双城的创伤"时的选择：要不要把这些人性复杂的状态剪上去？会不会违背观众的愿望甚至触怒他们？

她说后来想起我告诉她的一件事。

非典的时候，小鹏目击过一件摧折我心的事，当时我转身走了，他没来劝我，去跟大家会合吃饭了。我找了个地方坐了一会儿，也去了。

张洁有记录的习惯，他让小鹏拍一些大家的资料，小鹏就拿个DV问各人无厘头问题，大家闹哄哄。

问到我，他说："你怕什么？"

我跟边上人说笑，没理他。

他说："我知道你怕什么，你怕眼泪流下来。"

大家哄笑："靠，太作了太作了。"

我嬉皮笑脸把DV接过来，倒转镜头对着他问："那你最怕什么呀？"

他看着我，说："我最怕看见眼泪流下来。"

这帮坏蛋笑得更厉害了："你俩是不是相爱了？"

小鹏也一笑，把机器收了。

老范说她坐在机房的屏幕前，想起这件事，看着王的脸，理解了"有的笑容背后是咬紧牙关的灵魂"。

最终她剪了上去。

虐猫事件中，有网友发起人肉搜索，公布过这三个相关人的个人信息，有人把这几个人的照片制成通缉令，以五十万买他们人头。我们采访了搜索的发起者，他问起我郭的情况现在怎么样，我简单说了说，他沉默了一会儿。

我说："你为什么要关心他的处境？"

"他现在的处境吧，多多少少跟我有一些关系，我这边想跟他说一声抱歉。"

"有的人觉得，如果一个人可以直接对动物做出很残忍的事情，那么为什么我们不可以用语言来攻击他呢？"

他说："当初他做出这样的行为以后，就已经错了，既然他都错了，为什么我们还要跟着他一起错呢。"

"你说的这个错是指什么？"

"他攻击了动物，而我们攻击他。"

"攻击的背后是什么呢？"

"是在发泄，发泄当时愤怒的感情。"他说。

片子播出后，有人给老范留言说："踩猫拍猫的人不见你谴责，倒让正义的人道起歉来了，这是什么逻辑？"

有天翻书，看到斯宾诺莎在《伦理学》里说："嘲笑、轻蔑、愤怒、报复……这些情绪，都与恨有关或者含有因恨而起的成分，不能成为善。"

初做记者，我有过一个习惯，问那些被指证的人："你不对这件事感到抱歉吗？你要不要对着镜头对当事人表达一下？"总觉得这样才能收场。袁总有一次批评我："媒体不能介入，只能在对方有需求时提供平台。"这个界限细如一线，但决不能迈过。

有次采访一位老人。十六年前他是校长，被人勒索，未答应条件，对方强迫未成年少女诬陷校长嫖娼，并作伪证，校长上访十六年，才得以脱罪。

当年的少女已经是母亲，在我们镜头前面掉泪后悔，向校长道歉。

校长并不接受："这么多年，你只需要写封信来就可以了，为什么不呢？"

办这个案件的是一个当年二十出头的警察，冷淡地说工作太忙，没空考虑此事。

老校长长叹一声："原谅他吧，原谅他吧……他跟我三小子一样大，不要处分他，我尝过处分，那个滋味不好受。"

诬陷者现在是一个整天坐在门口太阳地里的老人，六十四岁了，脑血栓，满脸的斑，已经很难走路，也不会讲话了，但能听懂我说什么，拿棍子在地上划。

我拿张照片给他看："你能帮我回忆一下吗，十六年前在派出所的时候曾经指证过这个人说他嫖娼，到底有没有这回事儿？"

他拿棍子狠狠敲地："有。"

"您亲眼见着的吗？"

他点头。

"警察说，那个小姑娘是你找来的。"我说。

他不答，勾起眼睛扎了我一眼。那一眼，能看到他当年的样子。

我看了一眼他身后的房间，他住在一个柜子大小的三合板搭成的棚子里，被子卷成一团，旁边放着一只满是积垢的碗，苍蝇直飞。邻居说他老婆每天来给他送一次饭。

我问他："你现在这个病有人照顾你吗？"

他摇头。

"孩子呢，不来看你？"

摇头。

他脸上没有悔恨，也没有伤感。

真实的人性有无尽的可能。善当然存在，但恶也可能一直存在。歉意不一定能弥补，伤害却有可能被原谅，忏悔也许存在，也许永远没有，都无法强制，强制出来也没有意义。一个片子里的人，心里有什么，记者只要别拿石头拦着，他自己会流淌出来的，有就有，没有就没有。

斯宾诺莎还说过一句："希望和失望也绝不能是善。因为恐惧是一种痛苦，希望不能脱离恐惧而存在，所以希望和失望都表示知识的缺乏，和心灵的软弱无力。"

这话太硬了，我消化了好久。

他界定"观察"的实质是："不赞美，不责难，甚至也不惋惜，但求了解认识而已。"

虐猫那期节目播出后，我收到王的短信。

看到她名字，我沉了一下气，才打开。

她开头写"老妹"，说："节目我看了，非常感谢你们尊重我的感受，看了节目我有一种轻松感，心里也没有太大的压力，请你放心。"

她要的并不是同情，节目也没给她同情。采访对象对一个记者的要求，不是你去同情和粉饰，她只期望得到公正，公正就是以她的本来面目去呈现她。

有人说，那么她内心的暴力和仇恨怎么办？

每个人都有自己的命运，有自己的郁积和化解，我不太清楚怎么办，也不敢贸然说。

二〇一〇年，在云南大理旅行，当地朋友约着一起吃饭，当中有一对父子，儿子是一个十五六岁的黑瘦男孩。从小失母辍学，看了很多书，跟大人交谈很敏锐，也很尖刻，往往当众嘲弄，一点情面不留。他坐我边上，说常常折磨小动物，看着它们的眼睛，说垂死的眼睛里才有真实。

"有时候……"他逼近盯着我说，"甚至想杀人。"

他带着挑衅，想看到人们会怎么反应。

我问他，为什么想杀人？他靠回椅背，说讨厌周围虚伪的世界，只能在暴力中感到真实。

我说："你说的这种真实感要靠量的不断累加才能满足吧。"

他看着我，意思是你往下说。

我说你可以去看一本书叫《罪与罚》，讲一个人认为只要上帝不存在，杀人就是可以的，是意志的体现。这本书就讲了他真的杀了人之后全部的心理过程，最后发现杀人满足不了人，"什么是真实？真实是很丰富的，需要有强大的能力才能看到，光从恶中看到真实是很单一的，人能从洁白里拷打出罪恶，也能从罪恶中拷打出洁白。"

他问我："什么是洁白？"

我被这问题逼住，无法不答，想了一下，说："将来有一天你爱上一个人，她也爱你，从她看你的眼神里流露出来的，就是真正的洁白。"

一桌子人都是旅客，深夜里雨下起来，没有告别就匆匆散了，我挡着头回客栈的路上，背后青石地上有个人踢踢踏踏跑来，是这个孩子，过来抱了我一下，什么也没说，倒退了几步，就头也不回地在微雨打湿的光里返身跑走了。

当年我们拿到的河南斗狗的线索，有一位叫马宏杰的摄影师也在拍，拍了好几年，他跟组织斗狗的老板是朋友。对方不久前还给他打过电话，很熟稔的口气："哥很不幸啊，又娶个新媳妇。"

很明显他不是站在动物保护者的角度去拍的。

我问他："你没有那种难受吗？"

他没正面回答这个问题，只说不轻易用谴责的方式，他想"知道为什么"。

《耍猴人的江湖》，他陆续跟拍了八年。跟农民一起扒火车出行，带着馒头和十公斤自来水，众人躲在下雨的敞篷车厢里，头顶塑料布站着。猴子套着绳索，钻进人堆里避雨，都瑟缩着。

有张照片是耍猴人鞭打猴子，鞭子抽得山响，一个路人上前指责猴戏艺人虐待动物，要驱逐他们。下一张是猴子像被打急的样子，捡起一块砖头向耍猴人老杨扔过来，又从地上操起刀子和棒子反击，撵得老杨满场跑，围观者开始喝彩，把石头和水果放在猴子手里。收工之后，老杨说这是他和猴子的共同表演，鞭子响，不会打到猴子身上，否则打坏了靠什么吃饭？这场戏有个名字，叫"放下你的鞭子"。

收的钱有张五十元是假币，老杨心情不好，盛了一碗饭蹲在窝棚边吃，大公猴拿起一块石头扔到锅里，把一锅饭菜都打翻了——因为每天回来吃饭，猴子都是要吃第一碗的，这是祖上传下的规矩，老杨这一天忘了。

最后一张照片，是另一个耍猴人的小儿子搂着小猴子睡在被窝里，小猴子露出一只小脑袋，闭着眼睡着了，一只细小黑毛手掌搁在孩子的脸蛋上。

生活就是生活。他没有只站在哪一方的立场上。在赤贫的中部乡村，历史上的黄河故道，土壤沙化后的贫瘠之地，猴子和人共同生活了六百多年。人和动物就是这样，心里磨着砂石，相互依存，都吃着劲活着。

刊登这些照片的《读库》主编老六说，他选这些照片的原因是："预设主题进行创作，是一种可怕的习惯。往往大家认为拍弱者，都要拍成高尚的，或者让人同情心酸的，但是，马宏杰超越了这种'政治正确'。"

我跟六哥说，做节目常犯的毛病是刚爬上一个山头，就插上红旗，宣告到达，"马宏杰是翻过一座，前面又是一山，再翻过，前面还是，等到了山脚下，只见远处青山连绵不绝。"

马宏杰说他会一直把这些人拍下去："拍到他们死，或者我死。"

我问他的原则是什么。

"真实。"他说。

老杨和猴子，这是马宏杰最近拍的，照片还没有发表过，他说要一直这样拍下去。

灾难的本质就是灾难：唐山大地震震后街景。（CFP图片）

第十二章　新旧之间没有怨讼

唯有真与伪是大敌

一天傍晚时分，史努比打来电话："吃饭？"

"行。"我说，"我请你，正打算下楼吃呢。"

他顺竿上："不成，你做。"

我气笑："凭什么呀，只有方便面。"

"不行。"

"那就下挂面。"

"挂面成。"

朋友太老就是这样，连理都不讲。

只好去超市，买只鱼头、料酒、一袋木耳，走到市场买点红尖椒，又返回身买了两只丝瓜与青椒。下完面，炒只蛋放在里面，再拍根黄瓜。

他靠着门看，又伸手在灶上一抹。我从锅里拿剁椒鱼头，白他一眼："你再戴个白手套擦擦。"

他嘿嘿一笑："怕你这两年忘了生活。"

吃完饭，我俩喝茶。他带着一点认真的苦闷，说看一本杂志每期的最后几页，都很受刺激。那里的文章写自己父辈，大都说父母尽管清贫，但是一生正直什么的，告诉了自己什么样的人生道理。

他说自己的父亲也老了，却是个不反思的红卫兵，老了对保姆还不好。他跟老朋友说话没有遮掩，带着困惑还有心酸："难道就我爸跟别人不一样？"

我跟他说，恐怕是媒体选择的结果吧。七八年前看北京电视台一个谈话节目。一个小姑娘跟她的父亲，谈父女之间的沟通问题。谈到快一半，现场的嘉宾和观众就开始劝这个姑娘了，说你父亲是何等不易，你怎么能只看他的缺点呢，他养你这么多年你要尊敬他如何如何。女孩一直听着。后来她说了一句话："我到这儿来就是来谈我俩之间的问题的，你这节目如果是非要听我跟我爸怎么好的，我也能给你谈成五好家庭。"说完站起来走了。

陈虻有次骂人，就是骂这种选择。

记者拍了个片子，说一个中学老师辞掉工作，在家里收留了一些有智力障碍的孩子，为他们钉作业本，判作业，带他们去吃麦当劳，把家里床铺都腾出来让他们住。片子做得很动情。

陈虻说，他被那个钉作业本的动作弄得挺感动，但隐隐觉得不太对劲，就问记者："这老师收钱吗？"

记者说："两万到三万一年。"

他算了一下，收留四个孩子的话，怎么算一年也有十万块，刨去给他们的花销还能挣几万块钱，远远高于他在学校当老师的收入。"当我不知道这样一个事实的时候，那个钉作业本的举动让我感动，当知道的时候，我觉得那叫省钱。"

他接着问："你为什么不告诉观众他收钱？谁教给你的？你明明知道为什么不告诉观众？"

记者沉默不语。

他后来说："其实谁也没教给他，但是在意识当中我们所拍的片子就是要歌颂一个人物，对这个人物有利的要描写，对这个人物所谓不利的就要免去，这就是一种观念，一种意识。"

陈虻说得对，但是，"谁教给你的"，这话问得，好像他是外星人。

他不管这些，不问你的成长史，也不同情你，只像把刀一样，扎进人脑子，直没入柄。

审个片子，他骂："你是机器人吗？"

等你改完了，抖抖索索给他看，他看完温和地说："你这次不是机器人了，你连人都不是，你只是个机器。"还引申："你们老说想去表达自己的思想，老觉得谁谁限制你们表达思想。我想问问，你有思想吗？你有什么思想我请问？真让你开始去想的时候，真让你拿出自己对问题看法的时候，你能有看法吗？"

钱钢老师是另一种风格，不训人，也不指点人，只是不论谁做得好，他总能看在眼里。

我跟他哭诉，说自己除了课本，只看过言情小说，脑中空空，敲一下都能听到回声。

他乐了，说不用急，好香是熏出来的。他写的《唐山大地震》，从来没要求儿子去看，连当中文章被收入香港学生的教材，他都觉得不安："这是自然而然的事情，不需要强求，更不要变成强制。"

他说每个人都有自己的文化密码，在一定年纪的时候，自然会启动。

我苦着脸："可我都这么大了。"

他笑，问："你多大？"

"七六年的。"

他说七六年他二十三岁，去唐山采访大地震，写了一首诗，大意是：大娘坐在那里，路边架着锅，正在烙饼，她的面粉是从山东送来的，锅是从辽宁送来的，煤是从山西来的，油是从河南来的，全国人民都在关心唐山，在大妈的锅里，你看到了阶级友爱。

意思是，谁都有过年轻时候认识的局限。

我说那怎么办，我脑袋里旧思维习惯改不了，新的又不知道怎么形成。他只说,你有兴趣的话,可以看一看历史。

我不明白,我最痛苦的是怎么做新闻,为什么让我去看历史?

他说:"你只管用力把一个人、一件事吃透了,后面的就知道了。"

过了几年,唐山地震三十年,我想去看看。孙冰川总监一开始没批这题,我理解,这种题不好做,收视也好不到哪儿去,还麻烦。

但我也说不上来为什么,拿着报题单又去了他办公室。他在接电话,挥挥手让我找个地儿坐,过了一阵子,抬头看我愣愣地拿张纸还站着,叹口气,伸手把纸接过去签了。

后来有同行采访我:"你向台里报这个题时,是受什么驱动?"

我说:"三十年发生了不少事儿,我也三十了,就觉得这是我的历史,想知道。"

她问:"那时候你应该是山西一个不满周岁的小女孩吧?怎么会觉得这事儿跟你有关系呢?"

我跟她说:"我们会在'九·一一'时做那么多报道,那是另一个民族的灾难,为什么对于我们自己的灾难反倒漠视呢?这一点我不明白。"

她问:"那你以前为什么没这个想法?"

我被问愣了一下:"到了这个年龄,像有什么东西扯着你一样往回望。"

钱钢带我去看唐山当年的空军机场,现在已经残破不堪。一九七六年七月二十八日凌晨三点四十二分,相当于四百枚广岛原子弹威力的里氏七点八级大地震,在距地面十六公里处爆发。百万人口的工业城市瞬间摧毁,二十四万人遇难。这个机场是几乎所有幸存者通往外界的希望,从市区到这里九公里的路上,车运的、走路的、抬着担架的……有人是用手抠着地上的石头,一点一点爬来的,地震发生时,很多人来不及穿衣服,有老妇人赤裸着身体,只能蹲着把一块砖挡在身前。

一天里，人们把卫生队附近一个发绿的游泳池的水都喝干了。

当年的女医生现已六十多岁，比划给我看："从你坐的地方，往北四里，往西四里，全是人，躺在雨里，地上不是雨，是血水。走路的时候踩着人过去，会动的是活人，不会动的就是死了。"

她白大褂下摆被染成了红色，是被伤员和他们家人的手拽的："医生，救救……"最后一瓶氧气，她给一个伤员用上。回来的时候，发现氧气瓶周围躺了六个人，每人鼻子里一根导管，都接在瓶子上，也不知道哪儿找来的。

我上中学的时候，家里有一本借来的《唐山大地震》。有个细节多年不忘，当时没有麻药，一位女医生给一个小男孩用刷子把头皮里的沙子刷出来。这个女医生就是她。

"四十分钟。"她说，"没有灯，用手电照着做的。"

她一边掉眼泪，一边用刀背刮那些结了血痂的淤泥。每刮一下，小男孩的手和脚就抽搐一下。六岁的小男孩，一滴泪也没掉，不断地念语录："下定决心，排除万难，不怕牺牲……"

这些年，她一直惦记着他，想见他一面："就想看看他的头皮好了没有，留没留疤。"但是，当年这里的人，都没有名字，没有照片。当时不允许拍摄任何影像资料，尤其是伤亡的人，医生也不能告诉家人这里的情况，"这是机密"。火车路过唐山，必须放下窗帘。

我问她是否把地震往事告诉她的后代。她说没有。

我问："那到您孙女这一代，还会记得么？"

头发花白的老医生摇摇头。

"您不怕被遗忘吗？"

她反问我："不记得的事情多了，大饥荒你知道多少？反右你知道多少？"

我没说话。

她一笑，把话收住了。

我采访了一位摄影师，他是地震后唯一可以用相机自由拍摄的人，拍了一千多张，其中一张很著名，是孤儿们在火车上吃红苹果，孩子们都笑着。

他说其实当时车站上满满都是人，四千两百多个孤儿，每个孩子头上都别着小布条，布条上是遇难的父亲和母亲的名字。站台上拉着抱着的都有，哭声震天。

我说："那些照片我可以看看吗？"

他说："……不知淹没在哪些底片里了，从没拿出来过，我只拿出了笑的这张。"

我问，是不让拍么？

他说不是："是我自己当时的世界观。"

"这个世界观是什么？"

"就是要正面报道地震。"

"你遗憾吗？"

"遗憾，因为灾难更应该反映的是人的本质。"

有记者看完这段采访，问我："吃苹果的孤儿的照片也是真实的，为什么没有直击人的内心？"

我说："那个刷头皮的小男孩的细节之所以让人记了很多年，那个医生对他的情感之所以显得那么真实，是因为小男孩承受了极大的痛苦，是因为他的坚忍。西藏人有句话说，幸福是刀口舔蜜。唐山首先是个刀口，如果刀口本身的锋利和痛感感觉不到，后来的蜜汁你吮吸起来也会觉得少了滋味。"

地震三十年，有一个唐山当地媒体组织的灾民见面会。我原以为钱钢老师会反感组织起来的聚会，但他没有。他见到当年的人，拥抱着，大力拍他们背。大家坐了一排，挨个按要求发言，到他发言，就诚恳地说两句。

可是我和老范有点犯愁，这种形式感太强的见面会，左绕右绕也绕不开安排的痕迹，要不要拍？如果拍了，怎么能用在片子里？只好作罢。

事后却后悔。

陈虻说过一个事儿。有个片子记录山东最后一个通电的村子，拍完编导回来说："陈虻，抱歉，片子没拍好。"

他说："为什么？"

编导说："因为当天来了另一个电视台，非要'摆拍'。比如说农民家里白纸裹的那种鞭炮，只有半挂了，一直烤在炉台上，舍不得放，就等着通电这天。结果这些当地电视台的不干，觉得这不够气氛，愣要给人家买一挂红鞭炮，让农民拿一竹竿挑着、举着，他们就拍。农民被他们摆布得已经莫衷一是，不知道该怎么弄，整个人的状态都不准确了，所以我们没有拍好。"

陈虻听完说："你为什么不把摆拍新闻的过程拍下来呢？"

大家都愣一下。

他说："在认识这个事件的时候，有一个干预它的事件发生了，但你原本可以通过拍摄它，看到这背后更深刻的真实，你失去了一次认识它的机会。"

见面会上，有位高位截瘫的女性被介绍是身残志坚的典型。会后钱老师带我们去了她家。

采访时，我才知道，地震后她脊髓断裂，定下婚约的恋人离开，她嫁给了另一位残疾人，医生说她不能生孩子，但她决定当一次母亲——"我要夺回地震从我身边夺走的一切"……小孩生下来了，但不到三个月就夭折了，之后她三年没出门，把自己囚禁在家里。

见面会的当天，是当年她儿子夭折的日子。现场需要的，是一个抗震救灾的典型，她说："无法表露一点哀伤。"

我以为她会愤怒或者难受，但没有。她拿出当年写的书，说在那个年代她也曾经塑造过自己，捏造过情节。她在书里写，地震之后，哥哥看到她被压在木板下面动不了，却没救她，而是先去救别人。她疼得撕心裂肺，她哥哥却在救完三个外人之后才来救她……但真实的情况是，她哥哥当时非常着急，和别人一起把她抬上了担架。

她拿出书来给我看，不掩饰，也没辩解。

去唐山之前，我对这段历史了解很少，我是带着逆反、带着"认识历史，吸取教训"的预设去的。但她是活生生的人，一边把头发编成辫子，一边带着点羞报问我："这样上镜行吗？"我端详一会儿，把口红给她，让她涂上一点。我问她采访前要不要先去上个厕所，她挺平静地说："瘫痪后小便失禁是感觉不到的，常常是裤子尿湿了才知道，来不及，只能在轮椅里坐深一些。"

罪是她受的，但她没有痛恨过去，连底掀翻。她一直留着七十年代与恋人的通信，怕这些信腐坏，就把信剪下来贴在本子里，在旁边手抄一遍，这样想看信的时候，就不必翻看原件了。十年前她与恋人重见，男人看到她坐在轮椅上的模样，放声痛哭，她反过来安慰他。三十年来，她承受这一切，就像接受四季来临。

采访这样的人，如果只是为了印证自己已经想好的主题，这个主题不管多正确，都是一种妨害。谈了一个多小时后，她说：我接受了这么多采访，但我从来没这么谈过。

我只是一直在听而已，听我从没经历过的生活。

她说地震后躺在地上，天上下着雨，她渴极了，张开嘴，接雨水喝。她的手碰到一条大腿，还以为是死人呢，沿着那条腿往上摸，摸到腰上才发现是自己的身体，腿已经没有任何知觉。她抬头看四周："我觉得我已经破碎了，和唐山一样。整个都拾不起来了，我后来所做的不过是把我一点点捡回来然后拼凑在一块，跟唐山一样。"

我小臂上全是碎鸡皮疙瘩，就像那雨水也浇在我的身上。

唐山的节目播了。有记者问我："这样的节目有什么呢？不过是把我们对灾难的想象具体化了。"

我说："钱钢在八十年代已经意识到文学的本质是人，灾难的本质就是灾难。过了二十年，我们又重新回到这个轨迹上。换句话说，钱钢在八十年代所做的那些努力，放到现在也并不奢侈。"

还有人在节目留言里问我："有那么多人民更关心的事，为什么要做陈年的旧事？"

是，土地拆迁，医疗事故，教育腐败……哪一项都是"人民"更现实更切身的问题。为什么要去掀动陈旧的历史？

很多人也问过崔永元这问题。

二〇〇八年，他离开了新闻，去做口述历史的工作，访问当年参加过抗日战争的中国老兵。走之前给我打过一个电话，说："这时代太二，我不跟了。"

有一年他去日本NHK电视台，密密麻麻的中国影像资料。操作的小姐问他看什么？他说看东北。问东北什么，他说看张学良，"张学良调出来了，最早的是九·一八事变三天后的九月二十一日，三十分钟，张学良的演讲。我记得很清楚，里面说了一句，委员长说，两年之内，不把日本人赶出满洲，他就辞职。这是张学良演讲里说的，我当时很受刺激。"

他的刺激是，我们也是电视工作者，但没有这样的资料，"而且这三十分钟拿回来，谁也不会把它当回事"。

他跟我说："是林语堂还是陈寅恪说的，这个民族有五千年历史，非常了不起。他说，不管怎么个混法，能混五千年就了不起。我觉得他一针见血。这个民族浅薄，没有文化，不重视历史。我说这个话根本就不怕得罪谁，就这么浅薄。"

中国这些参与历史的人很多已死去，有的正在老去，正在失去记忆。

"不能再等了。"他说。

他做历史："《论语》都是孔子死三百年以后才成书的，已经都不对了，再心得一遍，不知道说的是谁的事。我们做口述历史这件事，就是直接听孔子说……世世代代老听心得，进步速度会非常慢。"

他采访的是参加抗日战争的国共老兵，题目叫《我的抗战》，"我们总说国家要体面，如果生活在这个国家的每一个人都灰头土脸的，我不相信这个国家会体面。所以我建议多用'我的'，少用'我们的'。"

二〇一〇年我主持《我的抗战》发布会时，他已经采访了三千五百个人，有时候一个人采访一个多月，一百多盘带子。收集的口述历史影像超过了两百万分钟，收集的纪录影像也超过两百万分钟，收集的历史老照片超过了三百万张。两年花了一亿两千万，这些钱都是他自己筹来的，到处找，"最感兴趣的投资人是我们抗战的对手，日本人。"

底下人笑。

我说："很多人觉得这些事应该是搞研究的人来干。"

他一笑，多么熟悉的嘴角一弯："他们在评职称，还有更紧要的事。他们评完职称也会想起来干，不着急，谁想起来谁干。"

有一位电视台的同行，站起来请他谈一些对当下电视台纪录片的看法。

"我对电视台的使命和节目编排没有什么想法，我也不愿意想，因为那样可能会耽误我干正事。我有那个时间，就能多采访一个人，多整理一些材料，这样可能更有功德。我现在想，我二〇〇二年为什么得病，就是老想不该想的事，现在为什么快乐，就是不想那些事，只想怎么把该做的事情做好，这一点可能更重要。"

他在台上冲我笑，说："柴静那时候总看到我忧郁的样子，不开心，但是她最近看到我，我很高兴。"

二〇〇二年时，他不大上"实话实说"了，有一些传闻，说的人都欲言又止。有次大伙在食堂吃饭，他坐下自自然然地说"我的抑郁症"，场面上静得有点异样。

有天我坐在电脑前，办公室门一响，小崔进来了。我很意外："你找谁？"

"找你。"他拉过一把蓝布工作椅，坐我对面。

我们对坐着聊天，同事路过说："嗬，真像调查的采访。"

这不像普通办公室里的闲谈。他一句寒暄没有，谈的是都直见性命的事。这些话题我不陌生——让人失望的现实，缺少良知，缺少希望，缺少坚守的人……这些话，很多人在摄像机的红灯面前说，很多人在文章里说，很多人在喝酒后说。他是在一个平凡的下午，坐在一个并不熟络的同事面前谈这些。他说话的样子，就好像，就好像这些东西都是石头一样，死沉地压着他，逼着他。

我隐隐地有些不安。我只能对他说我们需要他，不是因为他有名，或是幽默，而是他代表着我心里评论部的"独立精神和自由思想"，这是那块牌子上"前卫"两个字在我心里的意义。姚大姐过来找我问个事，他立刻起身走了。

临走拉开门，又回身说了声"谢谢"。

我一时不知说什么好，有点心酸。

他说现在一遍遍看自己片子里的这些抗战老兵："我每看这个，就觉得自己非常渺小，我们受那点委屈算个屁啊。这里所有的人都是九死一生，家破人亡，多沉重的词啊，对他们来说小意思。受尽委屈，有误会，没有钱，半辈子吃不饱饭，儿女找不到工作，女朋友被人撬走，邻居一辈子在盯着你。当我每天看他们经历的时候，我忽然觉得我这个年龄经历的所有事都特别淡。"

看片会上，拍《我的团长我的团》的康洪雷坐在底下，他说拍该剧之前自己只知道抗战时国民党的将领杜聿明、孙立人，他们确实战功赫赫，很有名，有文字记载。"可下面的士兵就没有人知道了。我和兰晓龙开车沿着昆明一路走，一个一个采访，越了解浑身越颤栗，越颤栗就越想了解。"

他拍《激情燃烧的岁月》之前，听父亲说了快五十年往事，每次回家都要说，采访后，才发现这些国民党老兵和他的父辈完全不一样，"他们从来不说。越不说我越想知道，于是我们利用各种技巧，各种各样的方式，一点点地知道。"

采访完，他和兰晓龙回到酒店，相对号啕。"之后我们在想，哭什么呢？是哭这些老兵壮丽的往事和寂寥的今天，还是哭什么？后来发现，我们哭我们自己的无知，自己的可怜。我们快五十岁了，中国抗战这么大块波澜壮阔的史实，你居然丝毫不知，你不可悲吗？所以，就有了《我的团长我的团》。观众可以说好，可以说不好，但就我个人来说，我快五十的时候，做了《我的团长我的团》，只是为了让自己心安。"

会上有观众发言，很动感情。

小崔拿过话筒说了一句："我想补充一点，我听出一点危险。我不希望大家误解这个片子，《我的抗战》就是'我的抗战'，是自己的叙述。你之前听到的共产党把日本打败，还是国民党把日本打败，这个片子不负担这个任务，不管这个事。如果你想听我知道的宏观叙述，那就是日本投降时，无论是国民党还是共产党都感到很诧异。"

他说不要以为《我的抗战》是要翻案，没有那个味道，他和他的团队对结论没有什么兴趣。"去采访几万个人，多少多少个小时，去重新对历史下一个结论，可能又会误导一批人，我们不想干这样的事。我希望五六十年以后终于有一本被大家公认的书，不管它是宏观叙述的还是细节叙述的，大家认为它是真实的。它在最后写一句'本书部分资料取自崔永元《口述历史》'，就行了，不要指望着我们这一代人因为这一点采访能够对历史得出什么结论，做不到。"

陈虻某天在楼下碰到我，说："我今天琢磨出来一句特别重要的话：要服务，不要表达。"

这话没头没脑，我也不知怎么搭腔。

他说刚才在讲课，有个人问他："我们这工作，如果只是记录一个人的生活，跟着他走，我们自己的人生会不会没有意义啊？"

他生气了："他活着，他的存在要成了你表达思想的一个道具，他活着才没有意义呢。别在生活里找你想要的，要去感受生活里发生的东西。"

他说："别瞧不上服务这两个字，描述复杂比评论简单难多了。"

九六年他去日本考察时，曾与《朝日新闻》的人讨论如何写评论，对方说："现在早过了我提供观点让别人读的年代，我们只提供信息，让人们自己作是非对错的判断。"

我找到一本书，是《朝日新闻》从一九八六年开始征集的读者来信，记录普通国民对于二战的回忆。

第一封信是六十六岁的熊田雅男写的，"有人质问，当初你们为什么没有反对战争？我想，是因为国民已经被教育得对'上边作出的决定'不抱怀疑。"当时还是少女的羽田广子说："我所知道的是日本人口增加，农村凋敝，甚至迫使和我一样的少女卖身，让我心痛不已。列强在离本国很遥远的地方有很多殖民地，还有国际包围圈的压力，让我这个小女孩也感到受到了欺侮，而五内如焚，不管是谁，都自然而然地认为只有战争才能解决问题。"

一九三八年，孩子们都要学习武士道，年满七岁，就要穿着黑色制服，背诵当时的儿歌"和大哥哥并肩坐，我今天上学堂感谢士兵，感谢士兵，他们为国战斗，战斗为国"，向被放在大门口中心位置的天皇照片行鞠躬礼。历史课和德育课根据天皇的《教育敕语》，"忠诚是最高的美德"。

当时小学三年级的古泽敦郎在信中回忆说："市礼堂的柔道拳击对抗赛，日本人与美国人对抗，从头到尾，观众兴奋不已，给柔道选手鼓劲，斥骂拳击选手。最后，柔道选手取胜时，全场欢呼之声鼎沸，接着放映电影，是'满洲事变'的战斗场面，我军占领敌方的地盘，升起太阳旗，观众使劲鼓掌。"

他说："从小，我们对于日本在战争中获胜，以及我们长大了就要当兵，没有任何怀疑，为战争而生的日本人，就是这样造就的。"

直到一九八六年，六十三岁的岩浪安男仍然认为："为了我国的安定，必须绝对保证我国在包括'满洲国'在内的中国大陆的利益，如与英美妥协，等于将我国的未来听任他们的安排。"

他说："我是被这样教导的，我也相信这一点。"

那么，知识分子去了什么地方？那些本来应该发出声音和警示的人呢？

日军入侵华北日渐深入时，东京大学的校长和理学院的教授曾反对日语对华教学计划，"不要再为了日本的利益去妨害支那人的生活"，但"随着'跟上形势''整肃学风'的声音，自由派教授一个个被解职，或者沉默下去"。

一九二五年，《治安维持法》颁布。警察面对"煽动"或是"不敬"，可以以极大的权力处置。一开始是不宣布对军队与政府不利的消息，后来发展为对军队和政府有利的消息要大力宣传。那些敢于坚持独立性、发出不同声音的报业成为受害者，一九三六年，暴徒袭击《朝日新闻》，砸毁办公室，记者因批评政府被骚扰和逮捕。

之后，大众传媒上盛行的，是有奖征集军歌，和"为飞机捐款"的新闻。

反对战争的人，被叫作"思想犯"和"非国民"。

在七十四岁的稻永仁的信里，他记录一个当年的小学教师，因为这个罪名而遭逮捕，又被作为现役兵扔进军队，老兵和下士官"眼神中带着对知识分子的反感，因为他是思想犯，非国民，军队会默许对这个人的半公开的暴力行为"。

"他们先喊一声'摘下眼镜'，接着铁拳打得他鼻青脸肿，满嘴的牙都东倒西歪，第二天早上喝酱汤也钻心的疼。再来，钉着三十六颗大头钉的军鞋、棍棒、木枪都成了打人的工具。用棍棒殴打臀部时，老兵让新兵'间隔一字排开'，从头打，打过一轮，解散，把他单独留下，再打第二遍，连两年兵龄的新兵也发疯似的对他挥舞棍棒。

"那时部队在靠近中苏东部边境的老黑山露营，是国境线，有的士兵自杀了，有些人逃跑了，卫兵实弹上岗，他抱着短枪上岗时，也曾经有好几次把枪口塞进嘴里——但是，战争终究会结束，无论如何，也要看着和平和民主降临这个国家，这个顽强的信念阻止他去死。"

在信的末尾，稻永仁说："这个人就是我，时间是一九三八年，离战争结束还有很长时间。"

战争结束四十年后，《朝日新闻》征集这些信件，很多人写信给他们希望停止，"我们正在极力将过去忘掉"，"翻旧账没有一点好处"。

《朝日新闻》的编辑说："一个人忘掉过去可能有自我净化的作用，但一个国家的历史就不同了，尽量掩盖，假装这类事根本没有发生过，难道对我们民族的良知没有损害么？"

出版这本书的是美国人。"这样的事情怎么会发生？这些现在生活在和平中、守法的社会公民，怎么会像野兽一样行事？再看看我的国家，我自己那些总体上可称为良善之辈的美国同胞，又怎么与那些人——他们轰炸越南村庄，在惊惧中残杀朝鲜难民——扯在一起？人们又怎么能将那些聪明、好客、有着丰富想象力的中国人，与'文革'中那些麻木的人们联系起来？"

他说："这些应该是有着足够道德良知的个体，为什么会落入集体性的狂热和盲从之中？每个民族或国家的人，不妨都这样问问自己。"

对历史说真话，就是对现实说真话。

这本书的最后，收录了一封十七岁的高中学生小林范子的信。

"记得学校课本里是这样讲的：'美国用原子弹轰炸广岛和长崎，战争在一九四五年八月十五日结束……特攻队年轻的士兵牺牲了他们的生命，战争毫无意义，因此我们再也不要发动战争。'但为什么是我们，而不是发动战争的人在反省？我在阅读了这个专栏之后，不再坐在教室里被动地接受别人灌输给我的东西了，而是主动地去了解。你们这些真正了解战争的人，请多告诉我们一些，你们有责任把你们知道的告诉我们，就像我们有责任去知道它，这样，一代接一代，轮到我们向后代讲述的时候，我们才确信自己能担起这个责任。"

钱钢日后去了香港，不再做新闻，转向历史，埋头发掘故纸堆里的事，写了一本书，托人带给我一本。

其中有一个故事，是写当年的《大公报》以"不党、不卖、不私、不盲"立世，一纸风行。

恪守这八个字极不易，报纸因披露一九四二年河南数百万人的大灾荒触怒蒋介石，曾被罚停刊三日，记者被捕。抗战时报馆被敌机炸毁后，把印刷机搬进山洞里出报，困窘中仍然拒绝政府资助，被迫到乡间收购手工纸，印刷质量令读者忍无可忍，投书批评。报社头版头条刊发《紧缩发行启事》道歉。写到此处，钱钢笔端有浓得要滴下来的感情："谁听过一家媒体对读者有这样的恳求？'一，将阅读之报转赠亲友阅读；二，迄今为止单独订阅者，在可能情况下约集若干人联合订阅'……"

重压常致人屈从或愤懑，但《大公报》主编张季鸾说大时代中的中国记者，要秉持公心与诚意，"随声附和是谓盲从；一知半解是谓盲信；感情冲动，不事详求，是谓盲动；评诋激烈，昧于事实，是谓盲争"。

他说，"不愿陷于盲。"

钱钢这本书叫作《旧闻记者》，他离群而去，在港大图书馆里裹着厚大衣，阅读数以万计的微缩胶卷，写下六十年前旧报纸里的往事。他写道："研究新闻史的后人，会因为不是在报纸和电讯稿上，而是在历史读物上发现某些记者的名字而不无怅叹，但他们终将意会的是，当曲折奔突的河流遇到沉沉壅蔽，改道是历史的寻常，这也是一个新闻记者的职责，他似乎心有旁骛，'改道'别出，但他根本未曾离开一名真正记者的信条。"

钱老师送这本书给我，我明白他当年让我读历史的原因："新旧之间没有怨讼，唯有真与伪是大敌。"

二〇〇七年十月，我和周正龙在地上摆放石子，还原他和老虎、石头、树之间的距离。真相往往就在于毫末之间，把一杯水从桌上端到嘴边并不吃力，把它准确地移动一毫米却要花更长时间和更多气力，精确是一件笨重的事。（图片来自视频截图）

第十三章　事实就是如此

二〇〇七年，陕西农民周正龙称自己在一处山崖旁，拍到了野生华南虎，陕西省林业厅召开新闻发布会展示这些老虎照片，宣布已灭绝二十年的华南虎再现。

外界质疑很多，一些人觉得照片上褐红色老虎太假，一动不动，两眼圆瞪，呆呆地顶着大叶子，不像真的，但也只是狐疑，没有定论。

我们开会，讨论做不做此事。

有人说："一张小破照片儿，有劲么？做什么呀？……找个第二落点吧。"第二落点，这是陈虻同志的常用语，意思是比别人高一个台阶想问题。我也犯愁："找什么落点呀？环境保护？生物多样性？利益链条？……"

开完会第二天，老郝说，麻烦了，南院里不管碰见谁，都问："听说你们要去做华南虎啦？哎那照片是真的还是假的？"

不管你的第二落点多漂亮，根本就绕不过去人的疑问："真的，还是假的？"

老郝、小宏、陈威、小毕、我，就这么坐了二十小时的火车，一路打着牌出发了。没一张策划案，也没有采访提纲，输的人兴高采烈贴着一脑门子白纸条，谁也不讨论节目——讨论什么呢？真和假都不清楚，未知的全在现场呢。

镇坪县很小，只有五万人，从离得最近的安康坐车过去也需要近五小时。县城像个豌豆，小而圆，散个步二十分钟就走完了。街上已经挂起大广告牌："闻华南虎啸，品镇坪腊肉"，右下角印着只显眼的老虎，两眼直视前方，用的就是周正龙拍的照片。他拍照的相机是从亲戚那里借的，亲戚是县经贸局局长，正筹备注册镇坪华南虎商标，成立一个公司，开发虎牌产品。

周家在大巴山脚下。去的时候山已经封了，说要保护野生动物。记者们进不去，都在周正龙家门口待着，青山弯里一棵鲜红的柿子树下，几把竹凳子，团团坐喝茶，都是同行，互相打招呼："哟，也来啦？"

周正龙正接受采访，细长眼睛，鼻尖唇薄，拿着尺把长的刀，讲当年作为一个老猎人是怎么把一头大野猪干掉的。

我听了一耳朵，记者正问到："现在你是很多新闻媒体追逐采访的对象，有没有觉得自己的生活变化特别大？"

"一天平均有五六班吧，一班人都有三四个。有时候搞到晚上十一二点，虽然我拿命把华南虎照片换来了，无非就是起这个作用，我个人也没什么好处。"

记者问："听说你那天晚上回到家以后落泪了，这是你这一辈子唯一一次掉眼泪，是吗？"

周说："我可以说五十几了没流过泪，包括我父母死我都没流过泪……一看到那个老虎照片……我都不想回忆了。"

他有点哽咽。

我们几个站边上闲聊，陈威和小宏都认为周正龙没撒谎。

我和老郝对望一眼，问他们为什么这么判断。陈威说，周正龙披个大黑袄，坐在一个山脚的菜地里，背景是漫山遍野的秋天，逆着点儿光坐着，他笑："从镜头里看，那就是个老英雄啊。"

"我也看着他像。"小宏说，"撒谎的人怎么敢直视镜头呢？"

几个人聊了半天，事实不清楚时，每个人审美和直觉都不同，要靠这个来判断，谁也说服不了谁。牟森有次跟我聊天，说这个世界上有各种各样的主义，"所以人们对世界的知识不能来自评论，要来自报道"。"报道"就是对"事实和因果"的梳理。

人都走了，我和周正龙，两只小板凳，坐在他家大门口树底下，开始采访。拿了几个小石子，请他摆一下树、岩石、他、老虎的位置。秋天日光还长，有的是时间问，不着急。

我问："华南虎照片是真的吗？"

他的回答挺有意思："我认为百分之百是真的，没有一点假。"

接着往下问："你当时大概离老虎有多远？"

"从这儿就到上面那个树。"

我回头看了看那棵山崖上的树："那这么估计的话，不到五十米？"

他说："那不止的，我往前头爬的时候，它耳朵一下就竖起来了。"

"隔了这么五十米之外，你能看到老虎的耳朵竖起来吗？"

"哎呀，那就讲不清楚了，反正很近了。那个闪光灯我也不清楚，是怎么打开的，我也不太会使，反正这么一按，'咔嚓'一下，当时我把那个机子都甩掉了。"

我确认了一下："你就没拍了？"

他有点不耐烦："它听到一响，'嗷'的一声。那个时候你还拍什么？拍石头啊？！"

我看了看手里的资料："但是根据你数码相机的时间记录，你闪光灯亮起的时候，是三十多张照片当中的第四张。"

他重复我的话："第四张？"

"对。"

他像刚明白过来："后面还有二十多张是不是？"

"对，这是相机的记录。"我递给他看。

他看了一会儿，说："现在有点记不清楚了，到底是在这儿闪的，还是在那儿闪的，时间有点长了。"

"拿证据来。"记者两手空空，就靠这一句话，从因果链条的终端倒着一环一环上溯。

野生华南虎在中国未见踪影已经二十年，光靠照片不能认定它的存在。按照林业部门的工作程序，需要在尽短时间内，由两名以上工作人员对现场动物遗留痕迹作出专业的测量、拍摄、分类，对周围的植被地理等环境作出准确描述，还需要对当事人及周边群众进行调查走访，并作出记录和初步判断，以保证核查信息的及时可靠和完整。

林业局负责实地调查的人叫李骞，是个小伙子。向他索要材料，才发现他没有任何资料证明有过这次核查。问到后来，他说："我相信周正龙，因为他是个农民。"

我问他的上司覃局长："李骞当时有没有给你出示他认为拍照对象真实存在的证据？"

"那就是口头上，就是这样。"

"仅靠他一个人的说法吗？"

他反问："难道不可以相信他吗？我对我的干部，我在用他的时候，我对他们是很省心的。"

再问局长的上司，县长说："我相信我的干部的说法，因为他是我培养起来的。"

林业厅负责人说："我相信镇坪的说法，因为他们是一级政府。"

一八九四年，美国传教士亚瑟·史密斯写过一本书叫《中国人的性格》。他观察到当时的国人有一个强烈的特点是缺乏精确性："分布在城市边的几个村子，跟城相距一到六里，但每个村子都叫三里屯。"中国的"一串钱"永远不可能是预想的一百文，陕西省是八十三文，直隶是三十三文，"这给诚实的人带来无穷的烦恼"。

史密斯叹息这背后不求甚解的智力混沌："你问一个中国厨师，面包里为什么不放盐？答案就一个：'我们在面包里就不放。''你们这个城市有这么多好的冰制食品，为什么不留一点儿过冬？'答案也只有一个：'不，我们这儿冬天从来没有冰制食品。'"

这种缺乏科学精神的文化渗透在整个老大帝国，蔡元培评论过："自汉以后，虽亦思想家辈出，而其大旨不能出儒家之范围……我国从前无所谓科学，无所谓美术，唯用哲学以推测一切事物，往往各家悬想独断。"

清朝覆亡后，北京这座中世纪都城开始现代化，需要建设用的工程蓝本和施工程序，时任交通总长的朱启钤，只找到一本《大清会典》，这是记述清朝典章制度最权威的典籍，其中建筑规范的工程做法部分，只有薄薄几十页——怎么做到的？所有的数字都被改成"若干"二字。

为什么官府不记载这些技艺？朱启钤说：执笔写文件的人，一看术语艰深，比例数字都繁复，写到文件上怕上司诘问起来，自己说不清，干脆就都删汰了。越这样，当官的越不懂，"一切实权落入算房样房之手"，想写多少写多少，"隐相欺瞒"。

《中国人的性格》出版时，亚瑟·史密斯已经在晚清中国生活了二十二年，他在书中写道："一个拉丁诗人信奉一句格言：'一个了解事物原由的人，才是幸福的。'如果他住在中国，会把这格言改成：'试图寻找事物原由的人，是要倒霉的。'"

照片是陕西省林业厅对外发布的，我们采访新闻发言人关克："你们对外公布虎照时有什么依据？"

关克说："我们没有鉴定记录，也没有开论证会，但我们的结论是真的。"

"为什么政府部门只发布一个结论而不发布依据？"

"我们这么多年就是这么做的。"

"那面对疑问，为什么不重新组织调查和鉴定呢？"

"只有民间的质疑啊，没有上级部门疑问。"

"政府不是首先要面对公众么？"

"那我回答不了。"

"你怎么看公众的疑问？"

他说："连国外的专家都没说是假的，这些人就是不爱国。"

这个说法，让我想起有个法国人曾对比着清朝时外国人的记录，观察现代中国："我马上吃惊地看到这个社会同他们描写的社会十分相似，简直可以说每个中国人的基因里都带有乾隆帝国的全部遗传信息。"

这话让我心里一动。但这种基因靠革命根除不了。

傅德志被叫作"打虎先锋"。这位中科院的植物学家从一开始就很激动："用我的头担保，虎照是假的，当地绝没有超过十公分的叶子。"周正龙的语气也一样："如果虎照是假的，我愿意把我的脑袋砍下来。"

傅德志在网上发通缉令，指名道姓哪个官员是"幕后黑手"。他并没有去过大巴山区调研，我问他："科学研究的前提是自知无知，谁都有犯错误的可能，您不考虑这种可能吗？"

"我坚信我是正确的。"他的答案与他的对手如出一辙。

"为什么要用赌脑袋的方式呢？"

"我们林口的人说话都比较粗。"他说。

等周正龙真的找到了二十公分左右长的叶子，拍了照片登在报纸上，我再去，傅德志看了一会儿报纸上的照片："看见照片上周正龙手里的匕首了吗？他是在威胁我。"

他的博客里有很多跟帖，"就是要以暴制暴"，"政府天然是骗子"。

周扬在八十年代的时候说过一句话："赌脑袋的结果是产生新的偏见与迷信。"

我问镇坪的县长："如果没有调查研究，依据的是您相信一个人的人格，您觉得这个态度科学吗？”

"就我们现在掌握的情况，我们觉得是真的。"

我说："您当时相信覃局长的工作，所以没有问他要现场的核查。您认为肯定有，但是我们调查发现是没有。"

他迟疑了一下："这个情况我不太清楚。"

"从刚刚这个细节可以看到，这种主观相信，有的时候是很脆弱、很难站得住脚的？"

他脸上有什么僵冻的东西化了一点："那你说的……可能对这个有一点忽略。"

以前"新闻调查"老说启蒙，我一直以为是说媒体需要去启蒙大众。后来才知道康德对启蒙的定义不是谁去教化谁，而是"人摆脱自身造就的蒙昧"。

"要宽容。"陈虻从认识我开始，说到最后一次。

我听烦了："你不要用像真理一样的标准来要求我。"

"你要成为一个伟大的记者，就必须这样。"

"我不要成为一个伟大的记者，我只要做个称职的记者就可以了。"

"你为什么不听我的话？"

"因为这是我的生活。"

"可是我说的是对的。"

"我不需要完美。"

……

每次谈，我都气急败坏——有这样的领导么？你管我呢？

过阵子明白点的时候，臊眉搭眼再去问他："人怎么才能宽容呢？"

他说："宽容的基础是理解，你理解吗？"

后来我做节目，常想起这句"你理解吗"，才明白他的用意——宽容不是道德，而是认识。唯有深刻地认识事物，才能对人和世界的复杂性有了解和体谅，才有不轻易责难和赞美的思维习惯。

有这样一个心理的定位，采访的姿态上也会有些变化。

采访镇坪的林业局局长时，问他对媒体的疑问怎么看。他说："我们不想他们怎么想的，野生华南虎在镇坪的存在不容置疑。"

我说："覃局长，我们都非常愿意相信华南虎在镇坪存在。只是我们知道在国际上认定物种的存在，需要有几个前提条件，首先是要发现活体，其次是发现尸体，要有影像资料，然后是有研究者的目击。"

他愣了一下说："关于你说的这几点我确实还不知道。"

换作以前我可能会问："您是林业局局长，连这个也不知道吗？"把他堵在墙角，微笑看着他。现在觉得，一个五万人的山区县城，一个刚刚从党校校长调来当上林业局局长的人，不了解此类专业的知识也是有可能的，最重要的不是"你怎么能不知道"，而是"那么现在你知道了，怎么面对"。

覃局长仍然说："华南虎的存在不容置疑。"

如果以前，我可能会再逼一下，"但是公众有质疑的权利"，但现在我的目的不在通过一段采访，将某人推向极端或者让他难堪。我问他："在这样重大的科学结论上，是否应该更严肃更科学更有所保留比较好，而不是不容置疑？"

这好像是我第一次在采访中有与对方讨论的心态，因为我渐渐知道，有时偏见的造成是利益和庇护，也有无知和蒙昧。媒体重要的是呈现出判断事物应有的思维方法，而不是让一个人成为公敌。

但不管怎么问，覃局长的回答仍然是："当然要科学，但我认为不容置疑。"

"不容置疑"这个词，他重复了三遍。

我想了想，换了一个问法："那您的依据是什么？"

他说："拍这个照片之前，专家组作过报告，说我们这儿是有华南虎的，所以总有人会拍到，不是周正龙就是李正龙、王正龙。"

二〇〇七年七月六日，陕西省林业厅曾组织专家对二〇〇六年牵头实施的《陕西华南虎调查报告》进行评审，专家们认定镇坪县仍有华南虎生存，只需要影像资料为证，就能申报建立华南虎国家级自然保护区。

好吧，那就采访专家组。

专家组的王廷正组长在西安，他七十多岁了，高校教授，说当时论证会就在西安召开，专家没有去镇坪当地调查，鉴定的依据是省华南虎调查队提供的疑似华南虎的脚印、虎爪印，以及当地群众的反映。寻找这些脚印和虎爪印时有三位群众作出了突出贡献，三人中有周正龙。他被通报表彰，奖了一千元，采访中他说过："县领导来过我家，鼓励我如果将来能拍到华南虎照片，可以奖励我一百万。"

镇坪县领导曾经拿这些脚印找中科院动物研究所的谢焱教授做过鉴定，我们电话采访谢教授，她说当时已经明确告知对方，都是一些灵长类、熊类的脚印："我们在东北地区有很多经验，能够非常明确地判断，那个确实不是老虎脚印，老虎的脚印基本上是一个圆形的。"

王组长坚持这是老虎的脚印。

我在网上查询过他的学术背景，他专业研究啮齿类动物，搜索引擎查找他所发表的论文，主要有《豫西黄土高原农作区鼠类群落动态》、《棕色田鼠种群年龄的研究》，我问："您有没有发表过关于华南虎的论文？"

"我没写这个。"

"您有没有在华南虎的基地作过专项研究？"

"没有。"

"就是说您是在没有研究过华南虎，也没有实地考察的情况下，作出这个地方有华南虎的判断的？"

"只能是，根据我搞动物分类学，这个角度上我认为它应该是华南虎。"

我们还查询了其他几位参与论证会专家的专业背景，发现都没有大型兽类的研究方向。

"您是研究田鼠的，刘教授主要是研究金丝猴的，还有一位许教授主要是研究鱼的？"

"对。"

"听上去这些跟华南虎差距都挺大的。"

"人家要开鉴定会了，省上没有研究这个的，他只能是找动物学工作者。"

我问："假如是一个关于田鼠的鉴定，可是由研究华南虎的专家来做，您觉得合适吗？"

老人家想了一会儿，说："好像也不太合适。"

老郝在边上听完整个采访后，晚上跟我说："你走得很远。"

"什么意思？"

"总是我们觉得可以了，你还要往里走，而且走得很远。"

"你觉得我尖刻？"

"倒不是。"

"那是什么……狠？"

"哎对。"

我明白她的意思，老教授满头白发，在他家里采访时，给我们每人倒杯水，待人接物的柔和像我们自己家里的长辈。采访时，他神色里的迷茫或者难堪，让看的人心里手下都会软一下，想"那个问题还是别问了吧"，但我还是问下去了。

我问老郝："那你觉得我对他这个人有恶意么？"

"那倒没有。"

"哎，说真的，"我从床上爬起来正色问她，"我对人刻薄么？"

她"哼"一声："对女的还行。"

"也不一定，我是个正直的人，你但凡有点错儿，我都左思右想，鼓足勇气跪谏。"

"滚。"

我又想了一会儿，对她说："我没想太好，但我感觉记者应该是对事苛刻，对人宽容，你说呢？"

她又"哼"了一声，算作赞同。

省林业厅发布照片后，已向国家林业局申报镇坪华南虎保护区，我们去的时候，县城里已经挂上"野生华南虎保护区办公室"的牌子。我们电话采访了林业厅负责人孙厅长。

"您觉得这个鉴定有公信力吗？"我问。

"比如说王廷正教授，他是我的老师，他搞了一辈子兽类，华南虎能不是兽类吗？"

我张嘴想问，没插进去。

他继续说："第二个的话呢，我觉得他们了解陕西的山水。"

"他们也许熟悉陕西的山水，可是他们不熟悉华南虎啊。他们怎么做这个鉴定呢？"

他反问我："那你认为我应该相信谁呢？"

"在苏州跟福建都有华南虎的繁殖基地，有很多人熟悉虎的习性。中科院也有十几位研究大型猫科动物的专家，他们可能权威一些，你们有没有想过邀请他们？"

"我认为陕西的专家可以代表陕西的水平。"他说完把电话挂了。

第二天，接到通知，华南虎事件不要再炒作。我打了个电话给梁主任："我认为我们不是在炒作，是想认识清楚问题。"

梁主任沉吟一下，说你等等。

他打电话给主管的部门："'新闻调查'有它一贯求实、负责的标准，让她试一试吧。"又回电话对我说："你们写个文案。"

晚上我想这文案怎么写，这期节目出发前，有人说："这样的题材太小了，一张照片的事儿，不值得用四十五分钟的'新闻调查'去做。"这话让我想起胡适。他本是写《中国哲学史大纲》的学者，却花了大量时间去考证《红楼梦》、《水浒传》这种通俗小说。舆论责备他不务正业，他后来解释："我是要借这种人人知道的小说材料提倡一种方法……什么东西，都要拿证据来，大胆地假设，小心地求证。这种方法可以打倒一切教条主义、盲目主义，可以不受人欺骗，不受人牵着鼻子走。"

我原来觉得这句话并不高妙。

这次调查，才理解他为什么说"有了不肯放过一个塔真伪的思想习惯，方才敢疑上帝的有无"。

我写了一个文案给梁主任，开头说："照片的真假之争，不仅事关技术，更是对事件各方科学精神的检验。"

他看完说："可以，蛮好。"

我头一回恨不得拥抱领导。

吴县长是最后一天才接受采访的。

他之前不答应，那天忽然接受了，情绪很好："小柴你应该看看昨天某某电视台采访我，向他们学习一下，做得很好。"

下属们在饭桌上站一圆圈，共同向县长敬酒："昨天节目里您说得真好。"

吃完饭，在镜头对面含笑坐下后，他把昨天节目里的话又说了一遍："最终这个照片的真伪需要国家权威部门进行鉴定，但是作为我们，我们肯定是确信无疑，镇坪发现了野生华南虎，不仅仅是镇坪的荣耀，同时也是中国的荣耀。"

我问："为什么这么说呢？"

"我觉得这个就是我所说的，盛世出国虎，虎啸振国威。"这句话他在昨天节目里也说过，带着得意之色，又说一遍。

"您不觉得……"

他还没说完："因为华南虎是中国虎，是国虎。"

我问："您不觉得它首先是一个科学问题，而不是一个政治问题？"

他眨了下眼睛，说："当然它首先肯定是科学的问题。"

我问："那您不觉得现在外界对于周正龙照片的真伪，包括镇坪是否存在华南虎这样的结论都存在争议和质疑的情况下，首先应该弄明白真相问题，然后再去寻找它的意义吗？"

这个问题，其实也问向我自己。

我二十出头做新闻评论节目"时空连线"，时任新闻中心主任的孙玉胜审我的片子，说"你应该去现场做记者"，又说"现在不是评论的时期，是报道的时期"，意思是没有夯实的报道为基础，评论只是沙中筑塔。

做新闻调查后，遇到热点事件时，我常与同事讨论，"我们的落点在哪里？能有新意么？价值观能高于别人么？"但慢慢觉得，你有一千个漂亮的第二落点，有一个问题还是绕不过去："真，还是假？"美国的新闻人克朗凯特在世时，他的老板希望他在晚间新闻的最后五分钟加上评论，他拒绝了："我做的不是社论，我做的是头版，最重要的是为电视观众提供真实客观的报道。"他的同事抱怨他过于谨小慎微了，但他说："如果我一会儿想不带偏见地报道，一会再就同一题目发表一篇鲜明的社论，观众会把整个广播业看作持偏见的行业。"他每天节目的结尾语都是"事实就是如此"，这也是他去世前最后一篇博客的名字。

对虎照的调查中，几乎每个人物的采访，我都用了三个小时以上，交叉询问时间、地点、人物、证据、相机、速度、距离……知道节目中用不了这么多，有些东西也不便放在片子里。但疑问一旦开始，逻辑自会把你推向应往之地。采访时局长脸露难色说："要不我们不愿意接受你采访呢，你问得太细。"可是，真相往往就在于毫末之间，把一杯水从桌上端到嘴边并不吃力，把它准确地移动一毫米却要花更长时间和更多气力，精确是一件笨重的事。

胡适说过做事情要"聪明人下笨功夫"，我原以为下笨功夫是一种精神，但体会了才知，笨功夫是一种方法，也许是唯一的方法。

我担心过观众对技术性的东西会感到厌倦，但是后来我发现，人们从不厌倦于了解知识——只要这些知识是指向他们心中悬而未决的巨大疑问。现在出发前，我只敢问："我们能拿到的事实是什么？这个事实经过验证吗？从这个事实里我能归纳出什么？有没有跟这个归纳相反的证据？他们能不能被足够呈现？"

回到北京，老郝编节目，修改了十几次。一个月过去了，天已经冷了，暖气还没来，我俩半夜里穿着棉袄戴着帽子坐在电脑边上，一来一回传稿子。

这么长时间播不了，通常编导就算了，把带子贴上橙色标签，封存在柜子里，去做下一个节目，养活自己。老郝没放弃，在看上去没指望的困境里熬着，一级一级去找领导审片。有天夜里，她在MSN上敲了一行字："柴静，我觉得我要出问题了。"

我吓一跳。

她说在不断地哭，一边写一边哭："不是痛苦，就是控制不了。"

她之前那么多节目没播出，我没见她叫过苦，也没见她软弱过，这次这种情绪有点像崩溃的前兆，我也没什么可安慰她的，只能跟她继续讨论，一遍遍修改，不断地改下去。

事情有一阵子像是停下来了，像是要被人忘记了，过去了。老郝继续去联系摄影家协会，联系发现年画的人，联系全国人大，联系律师协会……年底节目最终能够播的时候，我们采访了郝劲松，他对周正龙提起诉讼。

我问他："你是以公益诉讼知名，这次为什么要介入虎照事件？"

郝劲松说："我觉得这次仍然涉及公众的利益。"

"指什么？"

"现在华南虎事件已经不是简单的一个照片的真假问题，而是关系到社会诚信、社会道德底线的问题，我们说一个不关注真相的民族，是一个没有前途的民族，一个不追求真相的社会，必然是一个堕落的社会。"

"为什么我们一定需要一个真相呢？"

"真相是一个民族发展最基础的东西，即便将来你查到有华南虎，这个照片真假你仍然不能绕过，因为这是民意的要求。"

二〇〇七年十二月八日节目播时，新闻时效已经过去了。但播出的反应之强烈，让我觉得，人们不会忘记没有答案的事情。在真相面前，这世界上不存在特殊的国民性，人性本身想要了解万事原由。

二〇〇八年二月四日，陕西省林业厅发出《向社会公众的致歉信》："在缺乏实体证据的情况下，就草率发布发现华南虎的重大信息，反映出我厅存在着工作作风漂浮、工作纪律涣散等问题。"之后周正龙被警方证实是用老虎年画拍摄假虎照，用木质虎爪模具在雪地捺印假虎爪印，十一月十七日因诈骗和私藏枪支弹药罪，被判有期徒刑两年半，缓期执行。本案涉及的十三名政府工作人员受到处分。但原林业厅副厅长朱巨龙与新闻发言人关克仍然坚持虎照为真。

国家林业局在镇坪做了两年的野外调查后，于二〇一〇年四月发布结论：调查期间调查区没有华南虎生存，该地自然环境不能满足华南虎最小种群单元长期生存。

一只野生老虎的生存至少需要七十平方公里的森林和丰富的偶蹄类动物。一九五八年镇坪大量山林被砍伐用于炼钢，羚羊和林麝被有枪的民兵"差不多打完了"。一九五九年，华南虎被宣布为害兽，号召捕猎。七十年代全国打虎能手在京召开狩猎会议。一九七七年，中国政府宣布保护华南虎，但九十年代开始，偷猎者以虎皮、虎骨牟利。二十一世纪开始，人类再也没有发现野生华南虎出没。

二〇一二年四月，周正龙出狱，对媒体说，要用余生上山寻虎。

二〇〇八年五月，北川杨柳坪村。我们送文超的牛奶，他倒在矿泉水盖里，用手指蘸着喂这只小猫。它细弱得连路都很难走，村里人都说它活不了，孩子说他也这么想，但他想养活它，"它也是一条命"。（图片来自视频截图）

第十四章　真实自有万钧之力

二〇〇八年五月十二日，汶川地震。

我在美国爱荷华州的一个小镇上，没有网络，没有电视信号，连报纸都得到三十公里远的州府去买，搞不清楚具体的情况。

打电话请示领导。张洁说："别回来了，前两天调查拍的东西都废了，现在做不了专题，都是新闻。"

我发短信给老郝："怎么着？"

她说："已经不让记者去前方了，要去的人太多，台里怕前方的资源支持不了，有人身危险。"

我问罗永浩，他正带着人在前方赈灾。

"已经有疫情了。"老罗说。

我回："知道了。"

"日，就知道你会更来劲。"这个糙汉。

我改了行程回国，直接转机去成都。上飞机前，我买了份《纽约时报》，从报纸上撕下两张照片，贴身放着——一张是一对四川夫妇，站在雨里，妻子哭倒在丈夫的怀里，戴着眼镜的男人脸色苍白，抱着妻子，闭着眼睛，脸向着天，脚边是蓝色塑料布，覆盖着孩子遗体。

一张是年轻士兵怀抱着一个孩子，带着一群人从江边崩塌的滑坡上向外走，江水惨绿，人们伏在乱石上匍匐向前。

到了绵阳，最初我被分去做直播记者。

我拿着在医院帐篷找到的几样东西——一个满是土和裂缝的头盔，一只又湿又沉的靴子和一块手表，讲了三个故事：男人骑了两千里路的摩托车回来看妻子；士兵为了救人，耽误疗伤，肠子流了出来；还有一个女人在废墟守了七天，终于等到丈夫获救。

我拿着这些物品一直讲了七分钟。

史努比也在灾区直播点。我说的时候他就站在直播车边上看着。看完没说话，走了。

我知道，他不喜欢。

我说怎么了，他说得非常委婉，生怕伤着我："你太流畅了。"

"你是说我太刻意了？"

"你准备得太精心。"

"嗯，我倒也不是打好底稿，非要这样说的。"

"不是这个意思，我当时看到你的编导蹲在地上给你举着话筒，心里就咯噔一下。他还给你递着这些东西，我就觉得不舒服，这么大的事儿发生了，不该有这些形式和设计。其实那些东西放在地上，也没有关系，或者，你停一下，说，我去拿一下，更真实。"

还有些话，他没说。

后来我看到网上的一些议论。

那个等了七天的女人，终于等到丈夫获救，出于保护，他眼睛被罩着，看不见她。她想让男人知道自己在身边，又不愿意当着那么多人大喊，于是伸出手，在他手上握了一下。她说："我这二十多年来每晚都拉着他的手睡。"

他蒙着眼睛，笑了。

她也笑了。

我讲到这里，也忍不住微笑。

有人很反感。一开始，我以为是这笑容不对，因为我是一个外来者，表情太轻飘。后来我看了一遍视频。是我在说这一段时，只顾着流利，嘴里说着，心里还惦记着下一个道具应该在什么时候出现，直播的时间掐得准不准。我只是在讲完一个故事，而不是体会什么是废墟下的七天，什么是二十年的一握，我讲得如此轻松顺滑，这种情况下，不管是笑与泪，都带着装饰。

这一点，观众看得清清楚楚。

史努比委婉地说了那么多，其实就是一句话："你是真的么？"

第二天，在绵阳，我们赶上了六级余震。

跳下车，往九洲体育馆跑，那是灾民临时安置点。馆里空空荡荡，八九千人已经安全撤离，只有一个人坐在里头。

我走过去，他背靠墙坐着，也不看我。

我蹲下去问他："现在这儿不安全，你怎么不出去呢？"

他抬起头，是一个三十多岁的男人，黧黑的脸，两只胳膊搭在膝盖上："我老婆孩子都不在了，我还跑什么呢？"

我蹲在那儿说不出话。

他安慰我："你出去吧，这儿不安全。"

晚上的直播，我讲了这个细节。又有批评的声音，认为调子太灰色。

这两次直播给我一个刺激，这两个细节不说不真实，可是笑和泪，这么简单地说出来，确也不扎实。我想起零三年的新疆，有些东西是真实的，但并不完整。

到了北川，在消防队附近安顿下来，晚上迎头遇上一个当地电视台的同行。

他摇摇晃晃，酒气很大。我扫了一眼，想避开，路灯下他脸上全是亮晶晶的汗，好像发着高烧，眼睛赤红，手抖得厉害。

"干嘛喝这么多？"我带了点责怪的口气。

"受不了了。"他张开着嘴巴，就好像肺里的空气不够用一样，在用嘴痛苦地呼吸。他瘫坐在地上："那个血的味儿……"

我听不清。

"就在两个大石板底下……"

我蹲下，听见他说："她说叔叔，你救我。"

他呓语一样："我说我会救你的，可是我搬不动啊，我喊了，我疯了一样地使劲，我搬不动啊柴静，我只给了她两个大白兔奶糖。"他转过头来，脸憋得青紫，啃咬着自己的拳头，要把什么东西堵住，再这样他会憋死的。

我把手放在他胳膊上，像拍婴儿一样拍着。

他的喉咙里像是突然拔掉塞子一样，哭声仰面向天喷出来："只有两个……糖……啊……"

我没带纸，兜里只有一个皱巴巴的口罩，我拿出来，把铁线抽了，给他。

他攥着，拧着，也不擦脸，头上全是青筋。

我们俩盘腿坐在空空的水泥地上，头顶是三楼灯泡昏暗的光。他大声号哭，我默然坐着，身边常常有人走过，没人奇怪，也没人注意。他们已经看得太多。

那天晚上，罗陈、陈威、老金和我，几个"新闻调查"的同事商量了一下，一起退出了直播。我们要做一期有足够时间的节目，不管能不能播。

第二天在九洲体育馆，几千人从灾民临时安置点回家，我们看着乌泱泱的人，商量"拍谁呢"。想法也一样："谁都行。"

一对夫妻，男人穿旧的深绿呢子军服，四十岁左右，绵羊一样的眼睛，有点张皇。女人挽一桶食用油，拿网兜拎着脸盆。就他们吧，我迎上去。

跟叶哥叶嫂坐车回家。他们家就在北川县城边的杨柳坪村，上山的路都垮了，房子大小的石头和土方砸在路上，只有摩托车能过，每辆车载两个人。我坐在叶嫂身后，搂着她腰，到了半山一拐弯，路的一半生生劈掉了，一辆摩托车孤零零地悬在边上。往上开，到了海拔一千三四百米处，稠白的雾气像河一样，重得要用灯破开。

叶哥的家在一树梨花底下，深山冷，花还开着。房子从后面看是完整的青砖墙，一绕过来，前头全塌没了，地基、堡坎都震坏了，这是叶哥叶嫂在震后第一次见到自己房子，站着，呆看着，手里挽的东西不知觉地落在地上。

镜头也那样呆着，谁都不说话，三四分钟。山里非常安静，只有些微的鸟叫，雨落在椿树的叶子上，细密地簌簌作响。

叶哥走进废墟，翻找出一样东西，用手抹上面的土灰，抹了又抹，站在那儿不动。我走过去看，是儿子在遇难前一天跟他下的象棋。房梁上挂着一串纸鹤，绿色方格作业本的纸，叠得很笨拙，像大元宝，是两个月前，三八节那天，儿子送给叶嫂的。

地震那天，他家附近四面山摇晃不停，地里干活的女人以为山神发怒，跪下来转圈向四面祈祷。叶哥一个大跳出屋，跃到土豆地里，片刻恍惚后，大叫一声，撒腿往山底下跑。山底下就是县城，曲山小学在城里，儿子在上课。路已经断了，房子一样高的石头在路上堵着，路边的陡崖上都是树和灌木，叶哥从崖上往下连跑带跳，"像疯了一样"，二十多分钟到了县城旧城边上。县城被王家岩和景家岩两座山夹着，最窄的地方只有一公里，路已被埋，巨石下露出压成片的出租车前盖。只有从崖边往上运人，人们正接力把伤者传出来。

他可以回头再找别的路去学校，但犹豫了一下，他伸手接住了递过来的一个伤者。

我是一个外来的人，听他说完，除了陪他们站着，一起去捡一只锅，或者往灶底下塞一把柴火，没有别的办法。

叶哥叶嫂把房子前头的荒地铲平，拿废墟里的碎水泥块把四边垫上，怕雨水进来，帐篷还没到，就找了块破烂的彩条布，搭在门口的梨树上，把房子里的床垫拖出来，放在里头。细雨纷纷，越下越密，落在人头上。我问过叶哥怎么不在灾民安置点等一等再回来，他说："不要紧，那么多残疾人，我们好手好脚的，能把自己的家建起来。"

他搬了两块石头，找了只铁锅，把蓄水池前两天残留的一点雨水烧开，泡了碗方便面，没有拆调料袋，红色塑料袋子转着圈漂在面上。

他们俩坐在一杆木头上吃，一边跟我说话。叶嫂差不多四十岁了，她说，将来还要生一个我那样的儿子，我一定好好地养育他。

叶哥补了一句："就像对第一个一样。"

我听见背后有呜咽声，回头看是编导罗陈，他跟他俩差不多大，也有一个儿子。

我们在山上住了下来。陈威搭了帐篷，没自来水没电，也没有手机信号。每天走一段山路，用小碗从一口快干涸的山泉眼舀点水，倒在桶里拎回去，顺便找个有信号的地方给台里打电话。草姐姐负责片子的后期，第一天拍的东西传回去，她说领导觉得这段还是有些灰色，先不播了。

领导这么想也很正常，不过生活会自己长出来的。

"那你们要拍什么主题啊？"草姐姐问。

我说："不知道。"

以前我害怕"不知道"这三个字，做节目前，没有一个策划案、一个主题方向，我就本能的不安。可这次我觉得，不知道就是不知道。

"那怎么办？"草姐姐得负责播出，"要不要找找镇里和村委会，做点全景式的采访？"

我挺奇怪地想起一件无关的事，铁凝三十多岁的时候，见过一次冰心，冰心问她："姑娘，成家了没有？"

"没有。"

"嗯，不要找，要等。"

后来，我们谁也没找，就等在原地。

晚上睡觉，山里静，静得不容易睡着。

知道死，和经历它，是不一样的。

二○○三年冬天，奶奶去世，家人没在电话里告诉我，只说病了。但我听到我妹的声音，大概也就明白了。回到家的时候，一屋子的人，有很多事情要做，很多人要安慰。

等人少一点的时候，我想看她一眼。

移开棺木，她脸色如常，只不过闭着眼睛，就像我幼年时夜夜看着她的样子。从婴儿时我跟她睡，每晚她抚摸我背才能睡着，长大一点，晚上睡下我常常侧头看她，她被子上盖一个深灰大褂，枕头上铺一只青色格子手帕，我把脸偎过去，手帕上是洗净后在炉边烤干的肥皂味儿。她的嘴微微地张着，我听她呼吸，有一会儿害怕了，觉得呼吸好像停了，就轻轻拿手摸一下她的脸，暖和的，这才放心，又想她死了我怎么办，自己哭半天。

我把手探进棺木，用手背在她右侧的脸上慢慢滑了一下。

死是一件没有办法的事，除了忍受，没有别的办法。

只能忍受。

我知道，对叶哥叶嫂，没什么采访可言，没法儿问，问什么呢？我也不想试图劝谁别难过。

他们允许我们在旁边陪伴就够了。烧火做饭时，我帮着填点柴。有时候机器开着，很长时间也没人说话，只是柴火噼啪的声音，火苗的蓝尖飘过人的脸，热一阵，冷一阵。叶哥叶嫂要是想说话了，我们就听着，有时候两口子商量以后怎么盖房子生活下去，挺有雄心的样子。有时候又沉默着，干什么都没有心思。

这就是生活吧，不可能靠喊口号就度过去。

过两天他们帮邻居打蒜薹，邻家的女人遇难了，只剩父子俩，孩子十二岁，叫文超。杨柳坪村八十八户人家，遇难二十二人。不同于群居的北方农村，山村里住的人少而分散，路远，主要靠家族和血亲的纽带，能来的都来了，十几个人。

文超穿件圆领小红衫，裤头膝盖上钉着小熊，不爱说话。

我问他怎么不去山下学校过儿童节。

他说不想去。

边上他姨说："他不想下山，别人都去，就他不去，说也不听。"

我说："舍不得你爸吗？"

他哭了，拿袖子掩着眼。我不再问，搂他肩膀摇一摇。

打完蒜薹，女人们张罗着吃饭，叶哥戴着个不知道哪儿来的黄色矿工安全帽，前沿磕破了，从废墟里头几块水泥底下扒拉腊肉，很满意的样子："嗯，这个没偷走。"

大伙用石头垒了个灶，找点柴火，拿石片把腊肉外面的灰刮掉，放在锅里煮。水热了，再捞出来，用刷子吃力地擦着肉外头熏的黑焦色，擦完成了蜡黄。我负责切肉，一刀下去，热气直往上蹿，大厚肉片子，透明的油"滋"一声。

叶嫂扭头喊："你去地里找找有没有土豆。"

男人挖了十几颗回来，滚刀切大块，煮，炒。

居然还从哪家塌了的梁底下找出一塑料壶玉米酒来，大伙有了一点兴致。

把废墟清一清，露天摆了三张矮桌子，天已经擦黑，村里人舍不得点火，借着麻蓝的天上一点晶明的星光挤着坐，狗在膝盖底下蹭来蹭去，不扔东西给它，它就拿嘴拱你腰一下，往后一坐，眼巴巴望着。叶哥一边扔点肉皮一边笑："它好久没见着人了。"

陈威得拍这段，几米之外盯着机器。

村里人不觉得我们是来工作的，那个机器他们看惯了，就像他们的铁锹一样，直对着镜头招呼他"来吃嘛"。

陈威坐在机器后面的石头上，扬扬手里的烟："我抽完这根。"

我坐在桌上，文超的小叔是个年轻人，举起了小酒盅："地震之后第一次这么多人见面，算个团圆酒，来。"

这一杯下去，我的胃里像着了火一样。

文超的小叔叫志全，他的女儿也在县城上小学。

我们跟他一块去挑水，路上遇到一个不认识的村里人，跟他打招呼，"嗳"一声，男人之间那种口气。

那人偏过头对我说："是他把我儿子从土里拽出来的。"志全听了却脸色一黯，不说话，走着走着，拿树枝抽了一下路边的石头。

晚上火堆边上我们才谈这事。

他说："我爱人就是怪我这事，我原来是军人，她知道如果我路上没耽误，去了一定能救出我女儿。"

我想说他已经尽力了，这是无能为力的事。但觉得这话没有意义，他也不需要我说什么。四川人说"火落在脚背上"，这个痛别人明白不了，烙着他，折磨着他，没办法了，喃喃自语一样说出来。他说最难受的就是觉得孩子不会怪他，"她如果活着，要是写作文，肯定会写《我的爸爸》。"

火堆照明不够拍摄，罗陈坐在我左手边，举着我们带来的蜡烛，滚热的白蜡油流在手上，他没动，一滴一滴，火烛在风里蹿动。

志全说："她那天早上说，爸爸，给我买一个冰淇淋，我没给买。我就是后悔，两块钱一个的冰淇淋，我为什么没给她买？"

文超趴在他膝盖上哭得抬不起头。

志全摸着侄子的头发："你爷爷十二岁讨饭到这里，才有这个家，你身上流着他的血，不要哭。"

片子里有只小猫，地震后幸存的，刚出生，找不着妈了。

小家伙细弱得站都站不住，常常钻在我的迷彩服深处，拼命吮吸，以为那黑暗温暖处是它的母亲。小利爪把我抓疼了，我"呀"一声，陈威就把它揪过来，竖在脸前，露着白肚子，夹着烟那只手指着它的脸，教育一顿。猫一声不叫，可怜巴巴地在烟雾里眯缝着眼睛看他，他叹一口气，把它放下了。

文超也没有了妈妈。我们送他的牛奶，他倒在矿泉水瓶盖里，用食指蘸着，一点一点让小猫舔，猫的脸比蓝色瓶盖大不了多少，尖细的绯红舌头一卷一卷。吃饭的时候，他右手拿筷子夹菜，左手掌心里托一块大莴笋，给它练牙。

"村里人都认为它活不了，你也这么想吗？"我问他。

"是。"

"那你为什么还养它？"

"它也是一条命。"他低头抚摸它。

文超走到哪里，猫就踉踉跄跄跟着。到我走的时候，它已经可以站在狂吠的大狗鼻子前头，不躲不闪，面无惧色。

受难者不需要被施予，或者唱《感恩的心》，我们心怀敬意拍这个片子。

我们找了一家日常开农家乐的村民，给了一些钱，就在他家做饭吃。他家房子没大碍，还养有一百多只鸡，灾后容易有瘟，女人拿把菜刀，把大蒜切成白片，又剁成末喂它们。但还是有一些鸡走在我们边上，脚一软，就扑腾着倒下去了，歪成一团。大家都用眼角扫彼此一下，装作没看见，不提这事。幸好山高风冽，没暑热。

猪也没有吃的了，村民把猪捆住脚运下山去喂，横放在摩托车上，夹在两人之间，后面那人一手抓着猪脚，一只手揪着猪耳朵。猪不吭声，大概注意到有人在看它，就抬起头，两只眼睛乌溜溜的，眉心里有一个被砸伤的红口子。我们对视着，它的脸被扯起来，像有点惊讶的样子，一直看着我，车拐了一个弯，就不见了。

山上没粮了。

镇里发粮食的干部只有三个人。卷头发的胖大姐满头全是土。瘦得凹着脸、眼睛全陷下去的主任，砸伤后没包扎，一瘸一拐，脚肿得鞋都扣不上。上百人围着他分粮油。大卡车一过轰得满天灰，他大声吆喝着，口罩耷拉在下巴上。他说几天没回家了。我说那你家里人谁照顾呢。他停了好久说："只有他们自己照顾自己了。"

我问："其他干部呢？"

他说："当时正在开会，都没跑出来。"

"多少人？"

"三十多人……死的太多了。"他用力地眨眼睛，胸口一起一伏，"不说了，不说了。"

我们记录的都是生活里的片断。遇上了就拍，遇不上就待着，在叶哥家门口坐着。有时候下场雨后太阳出来，杉树上水淋淋闪着光，雨滴在房上，汇成极细的水流在瓦间蜿蜒钻行，从残破的瓦头没遮没拦地挂下来。

陈威不爱多说，不搭讪，他身上有股寥落的劲儿，一脸胡茬，总是稍远一坐，烧杯苦极了的野茶，听着别人说话。但我知道，比起世界上的任何一个地方，他更愿意待在这儿。

他有那么一双眼睛。

当年拍雪灾，广州车站十几万人被困数天，终于可以上车的时候，士兵拉着绳子围成一个细的通道，人群急吼吼地往里走，一个大兵喊"快点快点"。

陈威的镜头摇过去，旁边的长官急得嗓子都劈了："什么他妈的快走，快走就出事儿了，走稳，走稳。"

人群到了站台上，一个姑娘拿着箱子，往车上赶，眼看着到了跟前，摔倒了。

车开了。

她歪坐在地上，箱子翻倒在一边，看着车从面前开过，一节一节，越来越快。

陈威的镜头一直中景对着，没有推上去，也不拉开。

过了小一会儿，一个乘务员入了画，过来扶起她，拉起箱子。他俩一起看着车，轰隆隆远去，把站台都震动了。

陈威的镜头还是那样，一点没有动，车越来越快，车窗成了条纹，两个身影还茫然地定在站台上。

这两个镜头，胜过千言万语。

六一那天，叶哥叶嫂很不好过，干什么都没有心思。叶哥说："我今天一早上都在想他，你看我干活的时候都是傻傻的，一下弄这里，一下弄那里……"叶嫂说："每次路上摩托车一响，总觉得是他回来了。"

文超叫他们干爸干妈，是他们儿子最好的朋友。他没了妈妈，一整天都在叶哥家待着，抱着猫坐在一边。

午饭后，叶哥为了安慰他，翻出儿子的那盒象棋，铺在地上，跟他下了一盘。叶哥有点心神不定，刚下了几个子儿，就喃喃自语："我是输了吧？输了没有？"

陈威拍了一会儿，把摄像机撤到很远的地方。正午的阳光下，蝉声无休无止，地上都是树叶的黑影子，棋盘放在地上，一大一小，两个身影蹲着，远处烟青的山，再远什么都没有。

我们几个站在远处，久久地凝视这一瞬间的宁静。

有一天在叶哥家坐，听到坡上有人叫喊。

"哟，怎么吵架啊？"我们就上去了。

有个老爷子一头乱发，围着快晒成白色的蓝围裙，正爬在梯子上，往半塌的房顶铺瓦。

底下站着他儿子，正冲他嚷。原来老爷子死活不去儿子家住，非得修自己的房子，还拒绝别人动手。

"我把这房子掀球了！"他五十多岁的儿子喊不下他，急了。

我们去了，爷爷一看人多，烦了，下来。

我问："您多大岁数了？"

他正在气头上，两眼圆睁，手一甩："没得好大。"

村长在旁边做工作，一边乐："他八十三。"又转头对他喊："这是北京来的记者。"

老爷子不管记者是干什么的，听到北京倒是气平了："北京来的，哦，北京来的，北京地震没有？"

一脸关切，我挺感动。

聊了会儿，村长说："他唱山歌唱得最好。"

我哄他："唱一个吧。"

老爷子犟得很："不唱。"谁说也不行。

后来几天，他还住在半塌的房子里，天光从残瓦上漏一满地。白天也点一堆柴火，跟几只大肥猫围在火边，头发乱蓬蓬，手抄在蓝布裙里，脸映得微红。他耳朵背，也不懂普通话，我每次经过他家门口，就大喊一声"爷爷"，这个词他听得懂，每次都一乐，满嘴没牙。

临走前一天，傍晚吃完饭，在叶哥家坐一堆闲聊。村里人听说我们要走，都聚来说话，天暗下来，一个一个深灰浅灰的影子，路边蹲着，或者坐在石头上。男人说县城里的树、房子和路，女人们听着，拿树枝子在地上划拉，有时候自顾自低声说上一阵子，把小猫拿来抚弄一会儿。暮色里看不见脸了，听着点声音也是个热乎气儿。

爷爷忽然从坡上下来，人前一站，直接开口唱了一段，唱完了，拔腿就走。弄得我们手忙脚乱，幸好还录上了几句。

后来罗陈把爷爷唱的歌放在每个节目段落的开头。听不懂他唱什么，让村里人翻译，他们也说听不懂。但那段时间我醒时梦里都是那几句，老觉得他在唱"什么什么杨柳坪哦……村哝"，唱得我心里一起，一落。

几年后，说起这期节目，草姐姐才说："你们当时在四川，第一天拍完传回来的片子，领导看了有点担心，说这样的片子会不会太灰色，干脆让他们回来吧。"但她没有转告我们，也不干预，日子一天天过去，生活最终从片子里流淌出来，审片的时候，"大家都接受，台长都哭了"。

当时来不及想这些，罗陈赶这个节目三天没睡，实在困得不行了，我说我来写后面的解说，你去睡会儿吧。他和衣在沙发上倒一会儿。写完我去找张洁："这期让我配音吧。"他看我一眼，我当时重感冒，鼻音重得可怕。

我问他："你觉得这声音行么？"

他还在沉吟。

我说："你不让我配我跟你拼了。"

配完音，我回到家，才收拾行李，把沾满泥土的靴子放在架子上，擦掉暴雨打在桌上的黑点，把催我领邮件的单子揉成一团扔到垃圾袋，洗一遍卫生间，洁厕灵溅在手腕上有些腐蚀的疼。袋子里的东西——望远镜、电筒、头灯、救生衣，一一放好，洗脸的时候我看到发际线和脸上的颜色相差很大，胸脯和胳膊上完全是棕黑色。

要了外卖吃，在一堆书的底下找到安德森·库珀的书。他是美国有线电视新闻网（CNN）的记者，作过很多灾难和战争的报道，在序言里他写道："回到家里，等待我的是一叠叠的账单和空荡荡的冰箱。去超市买东西，我会完全迷失……一群女孩一边喝着水果颜色的饮料，一边谈着化妆品和电影，我看见她们的嘴唇在动，看见她们灿烂的笑容和挑染的头发，我不知该说些什么，我会低头看着自己的靴子，然后看到上面的血迹。"

窗外小区门口，人们刚刚打完球回来，互相拍打着哈哈大笑。

"我在外面待得越久，情况就越糟糕，回来后甚至无法开口说话。"

他说，"我会去看电影，去见朋友，可几天后，我发现我又在看飞机的时刻表，寻找可以前去报道的地方和事件。"

我们都努力把自己报道的世界与生活分隔开，但是都发现自己已经成为它的一部分。

他说："我以为我能就此脱身而出，不受任何影响和改变，但事实却是我根本无法解脱。根本不可能做到视而不见，即使不听，痛苦还是能渗透到你内心深处。"

节目播出后，一位素不相识的导演打电话来说"安排让你朗诵一首诗"，就要跟我谈论内容。

我打断她："不，不朗诵。"

她有点意外："这可是念给大地震的。"

"我是个记者，不适合念诗。"

她还继续说。

"我知道这诗很好，这事也很好，"我说，"只是我不适合，您找别人吧。"

我并不反对诗，也不反对朗诵，我只是不喜欢被"安排"的感情。

我采访过一个姑娘，她在地震中被压了五十多个小时，截肢后在病床上开始画画。有一张是她自己被压在废墟下，只能看到脸，一只手撑着头上的石灰板，眼睛睁得很大，向外看，那是她"绝望又希望"的一刻。

她说画这张画的原因，是后来玉树地震发生，别人要她给灾民画张画来展览，"给他们画个新家园吧"。

但她画了自己，她说"这样才是对他们的安慰"。

只有同样经历过无边黑暗的人，才有资格说，我理解你。

第二年，还去不去杨柳坪做回访？罗陈做完前期回来有些犹豫："村子里没发生什么事。"

"那就好。"我说,"就拍没事吧。"

"不过叶哥叶嫂没怀上孩子。"

嗯,这就是生活。

去的时候是清明,钴蓝色群山,中间有条缝子,一匹油菜花的金缎子泻下来,山里冷得扎人,还点着炭盆。我们每天跟大伙围着炭盆喝茶,还是那样,遇上什么就拍点,没有就不拍。男人们去帮着村里砍木头盖房,我给文超辅导功课,题答对了我俩就一人吃一粒糖,腮帮里硬邦邦的一小块含一个下午。爷爷的耳朵更背了,我俩说不了话,脸贴脸对着镜头照个相玩儿。

鲜红的辛夷花刚开,落得漫山遍野都是,叶哥还穿着那件绿呢子军服,把山坡上的油菜花拿镰刀砍掉,让蒜苗长起来,金光闪闪的花横七竖八倒了一地。正午山里静,只有群蜂在水洼边隐隐不绝的嗡嗡声,陈威把掉在茶水里的野蜜蜂用随身的刀尖小心地挑起来,移到新砌的水泥台上,它在太阳底下,歪斜了一会儿,抖一下,就飞走了。

日子就像胡适说的,"平淡而近自然"。

我们一起进北川县城,路侧都是烛火,两条火线,在青灰的天底下蜿蜒不已。曲山小学隔着条河,没法过去,离河最近的大石头上,一个中年女人坐着看对面,一动不动。

叶哥在卖纸钱的地方选了很久,挑一个书包,选了红的,有奥特曼。放下,又选了个蓝的。

地震之后有过一次大泥石流,他们在城里的房子被埋了,找了半天找不着。他和叶嫂就在警戒线后跪着,香插在石块中间,对着小学的方向烧纸,叶哥看着纸灰飘飞,喃喃说:"你最喜欢背新的书包,这个书包你喜欢吧?"

文超转身一个人走了。

我和志全找了好久,发现他站在另一所小学的教学楼面前,一楼没了,二楼直接坐下来了。志全对我说:"他就是从二楼跳下来的,看到自己的同学就差那么一点没能跑出来，只有头露在了外面。"

文超还是在那儿站着，一句话不说。

回到家里，给文超妈妈上坟。他爸烧纸，对着墓地说："往年清明都是你张罗，今年我弄，也不知道对不对。"木讷的四方脸上带点凄凉的笑容。

他爸想再娶个女人，但孩子不接话。他爸让我劝劝。这不是靠劝能过去的。

文超跟我说，总是梦到他妈喊："超娃子，吃饭。"

孩子脸上两行泪。

晚上，陈威说，我以为你当时会像"双城的创伤"那个节目里一样，抱一下那个孩子，或者给他擦眼泪。

我没答话。

吃过晚饭，我一个人走了走。大山里乌黑的沉默，一盏灯都没有，看的时间长了，才看到苍暗的云层滚滚而流。

我向北望。

这一年我没法回去给奶奶上坟。前一年拔完杂草，在她墓碑前坐一会儿，上面刻着她享年九十四岁，想起小学的时候，我刚学会算术，在课本上算她的寿命，嗯，她是一九一〇年生，我要她活到一百二十岁，我歪歪扭扭地在课本上画加法等式……也就是……嗯，二〇三〇年……

她去世快六年了，我不跟人谈她，不看她照片，也不愿意别人跟我提她，每次梦里终于看见她的时候，心里都松一下："看，她没死，我就知道。"

梦里她总是衣衫破烂，被人追赶，我把她护在身后，像动物一样对那些伤害她的人龇着牙，威胁他们，但最后，她总在我怀里死了，我绝望地抠着墙皮，墙都碎了。

有时候，在梦里我小声喊她："奶奶。"

她靠在门边上,看着我,不认识了,说:"谁呢?"

我心里凄凉,又觉得,是我没照顾好你,不值得你认得。看她手里拎着东西,我伸过手:"那我帮你拿吧。"她递给我,我跟她一起往前走,她还容许我陪她走这一段路。

文超脸上的眼泪,我擦不了,感情在血肉里,尖刀剜不掉。采访时我俩都坐在小板凳上,佝偻着忍受。

有一天叶哥说起儿子,说你们知道他什么样儿吧。

我摇摇头,不知道,也没问过。

他试探地瞄了下叶嫂,又看我,说:"锁起来了。"

她带点着恼的笑,从腰里拔出一串钥匙:"我不许他看。"

堂屋边上有个小门,锁打开了,门里头有一个箱子,也上着锁,用更小的一个钥匙打开。

叶哥拿出来一捆东西,用烧焦一角的旧红领巾扎着,是孩子的奖状、照片。拆开给我看,都是从去年废墟里扒出来的,不少残缺不全,他带点笑,说你看这个奖那个奖,等翻到孩子照片的时候,叶嫂"刷"一下就站起来,走了。我说:"叶哥,你去看看吧。"他去了,镜头没跟着,等在原地,也没再往下拍,就到这儿。

过一阵儿,叶哥挑水回来,我出屋去接他。陈威站在屋里架着机器,那算不上采访,只是说话。我说:"我这来了几天,你喝好几顿酒了,可比去年喝得多。"

叶哥踩着石头,脚尖轻敲:"以往从不喝酒,现在没儿子管我了,原来呢,他在的时候就说,爸爸,你少喝点,有客人你再喝一杯嘛……我还希望,有朝一日,有下一个儿子的话,还像我前一个儿子那么听话,哎呀,简直是万福,真的是万福。"

我说:"但是叶哥,你现在要生孩子啊。生孩子你不能喝酒,对吧?"

叶嫂用脚踢着那块石头:"他是不听的,他是不听的。"

"我还是要听，听我还是要听，听还是要听。"叶哥说。

我说："这是大事。"

叶嫂抬起眼，对我埋怨："他从地震过后到现在，是又吸烟又喝酒。"

叶哥说："你都不能给我保密啊？"

我说："你这得接受监督。"

"行。"

我说："你得答应我们。"

"我一定答应你。"他说。

就这些家常话，完整地放在节目里，这种采访是我以往的大忌，我觉得记者不能发表意见，不要议论，不要参与别人生活，我对自己有很多的要求。

现在我知道，有时话本身可能没什么意义，它只是到了嘴边。

在北京时，有位兄长的亲人过世，朋友们劝解他，说其实死去的人解脱了，唯有生者痛苦。

他不说话。我心想，像我这样的生者，怎么配这么想。

兄长顺路捎我回家，他坐在出租车的后座，我坐在前座，都没说话，车里忽明忽暗，都是沿路的灯，过一会儿他开腔了，他说他决定要生孩子了，两个。说你要是遇上了解你的男人，就生个孩子。

我没搭腔。

黑暗里，他的手隔着栅栏，在我肩膀上，轻拍一下。

像是满心说不出来的叮咛，也是一种不必说出来的安慰。

志全的媳妇怀孕了。

人们总是说，新的生活就这么开始了。忘记吧，忘记过去，新的生活就开始了。

采访的时候，家里女人们都在灶间忙，给建新房的工人们备饭，木柴烧旺的火膛上，吊着漆黑的小锅子，咕嘟嘟煮着，皮肉炖烂的味儿，带着花椒和八角的腥香味儿，漫得满屋子都是。志全媳妇不爱说话，正拿辣椒和盐巴往锅里抖，火映得半边脸上发亮，我问她肚子里孩子动的时候，是什么感觉，她低头拨火，过了一会儿，我才发现她哭了。

她说："昨天梦到我女子，梦见她买了糖粒子，八十颗，问哪儿来的钱，她说是爸爸给的。"

我明白她。

手从奶奶脸上滑过的时候，有人在边上对我喊"不要哭，不要哭，不要把眼泪掉进去"，把棺木关上了。

怎么会哭呢？我有什么资格哭？

在我小得还不会说话的时候，她就在那里，青布的斜襟大袄，掖一只浅灰的手绢，通红的石榴花开满树，她用小勺把嫩黄的鸡蛋羹划几下，把软滑的小方块喂到我嘴里。雨在檐头轻轻地顿一下，拉长一点，落下来，落在青砖地上一个细的小涡，小水滴四溅。

吃完了，她用额头顶着我的额头，让我的小脖子长一点劲儿。

哄我喝药时，药边总放一碗水，手里一粒话梅糖，"一口，一口下去"，等我吞下药，她就先喂我喝水，再把糖放在嘴里，一下午，按一按我的腮帮子，硬硬的还在。

长大一点之后，她的头发都是我剪。我笨拙地拿个梳子别住她头发，毛巾铺在她肩膀上，拿小银剪把长的地方剪掉，她脖子后面有一个很深的窝儿，那儿的头发特别不好剪，要用手握住，说"不要动不要动"，一根一根地剪。

上初中夜读回来，她在炉子上烤了红薯片和花生，我远远地顺着甜香就进了门。我吃东西，她给我捂着手，用山西话说"怎么老是冰淬的"。我俩双双把额头贴近铁皮炉子，借着那点暖和气儿说个不了。她有时候自己也笑："就是憨亲哩。"

她老了，贴身穿着我小时候的红棉袄，一天天衰弱了，我每年只有几次回家，给她洗澡，剪指甲，她喝中药，我在边上放一碗水，手里放一粒话梅糖，顶着她的额头哄她"一口就下去了"，她冰凉的纹路印在我额头上。她叹口气："你怎么还不结婚呢，你结了婚我心里就静罢了。"

她九十岁时，我回家过完年要走了，走了几步，又转回身看着她。

她拿拐杖轻点一下地，说："去吧，我死不了。"

她下葬前，我收拾她的遗物，抽屉里有我从没见过的我爷爷年轻时的照片，还有一个《毛主席语录》的红塑料皮，夹着我婴儿时的照片。挖墓穴的农民在边上抽烟谈笑，生老病死在这片土地是平淡的永恒。我坐在棺木边的地上，手里攥一把黄土，天上白云流过。

我第一次有了生一个孩子的想法。那个孩子会是新的，我用手轻抚奶奶的棺木，她会在他的身上活下去。

离开杨柳坪的时候，罗陈说："录个结束语吧。"

我们下了车，雨下得又轻又细，深青的群山全被濡湿了，去年的裂缝里青草簌簌地拱动，湿黑的山坡上一层一层墨绿的杉树林，梨花浅白，空气里都是水滴和鸟叫。我站在细雨中，说了最后一段话："一年之后，我们重回杨柳坪，去年地震的时候，很多坍塌滑坡的山体，现在已经慢慢重新覆盖上了草木，就在这片山峦之间，正在建成新的房屋、村庄和家庭。人的生活也是这样，经历了磨难和艰辛，正在生根发芽，一片叶子一片叶子地长出来。我们离开的时候清明已过、谷雨将至，杨柳坪到了雨生百谷、万物生长的季节。"

做完这期节目，评奖的时候，夏骏在，他是以前"新闻调查"的老制片人，常敲打我。这次开会，到他发言评价节目，他顿了一下，说："柴静是个漂亮姑娘。"

底下人笑声嘘声四起。

他接着说："她自己也知道，所以老忘不了。"

我抬头看他。

"这次她忘了，所以节目好。这算她的成年了。"

第三年的时候，我已经离开"新闻调查"，没有去杨柳坪，同事们接着去了，不管是谁，记得就好。史努比说的，"记者"就是"记着"。

也有人说，该换个主题了，给观众一些新鲜感。

看《读库》，《霸王别姬》的编剧芦苇说他有一年写杜月笙，花了很笨的工夫整理史料。

导演看了没兴趣，"主题没新意"。

他批评这位导演后来的作品："只刻意求新，为赋新词强说愁，所以矫情虚妄。生活并不需要时时有新的主题，即使是华丽的《霸王别姬》，力量也在于真实的市井人性。"

他说："真实自有万钧之力。"

我和爷爷。谁也没听懂他的歌子，但那段时间我醒时梦里都是那几句，老觉得他在唱
"什么什么杨柳坪哦……村哝"，唱得我心里一起，一落。

梵高对他弟弟说过："没有什么是不朽的，包括艺术本身。唯一不朽的，是艺术所传递出来的对人和世界的理解。

第十五章　只听到青绿的细流声

二十出头，在湖南卫视时，我采访黄永玉，问他的"人生哲学"是什么？

他说两个字："寻常。"

我心想，这也叫哲学吗？

"天上那么多高干子弟，七仙女为什么要下凡嫁董永？"他说，"因为她什么都有，只缺寻常。"

我听不懂。

北京奥运，我和摄像老王领了主新闻中心（MPC）的记者证，任务是报道每天的例行新闻发布会。每天中午干完活就没事了，这个证不能进运动员采访区，但可以看所有的比赛。我坐在大门口小圆桌边，撕了半天餐巾纸，团了好多小球，说："老王，要不……咱们再做点什么再去看吧。"老王是个痛快人："行，做什么？"

全世界媒体都在这儿，金牌运动员有无数人采访，我说："那咱们就采访不显眼的吧，失败者也成，只要打动咱俩的就算。"

没人布置，也就没有平台可播出，没编辑，没经费，拍摄的磁带都没有。我们的证件也接触不到运动员，只能在比赛结束后的大巴车上找人，再找人送我们进奥运村。

以往当主持人，事事有人安排，觉得采访才是头等大事，车到了采访地点，编导打电话让对方来接人，在车上等的时间长点，我心里便有点不耐烦："怎么不早五分钟想到打电话呢？"现在你自己干吧，借带子，还带子，联系人，找翻译，找车，定时间地点，打场记，写稿子，贴发票……这些小事儿要样样做到，比采访难多了。

要拍摄比赛，我们没有比赛区的证，好不容易说通北京奥运会转播公司（BOB）的人放行，被一位中国志愿者拦住："对不起，不能进。"

我嬉皮笑脸，说你上司都同意了："就让我进去吧，这是我最后一个机会了。"

梳马尾的姑娘手背在身后："今天也是我最后一次值班，请您配合我工作。"老王在我肩上按一下，"走吧。"转身的时候，她在背后说："再见。"

我没回头。

做节目时说得挺高明，真到了生活里，就这么个修养。

惭愧。

最吃力的是没翻译。

小姑娘姓周，阿拉伯语的大三学生，卷发大眼，非常可爱。

同行对我说："她阿语不行。"

没办法，她是唯一愿意陪着我等八个小时的志愿者。伊拉克的短跑运动员达娜晚上九点才到。小周的翻译的确不太行，结结巴巴："二〇〇三年，街巷里有抢劫和屠杀……我见过很多杀戮，街上有汽车炸弹。我也有……面对过死亡。"

二十三岁的达娜，穿着从约旦买来的二手跑鞋，鞋帮是裂的。教练是她的未婚夫，每天接她去巴格达大学操场上训练，都要穿越两派交火的地区，她躺在汽车后座上躲避子弹。但大学的灰泥跑道是露天的，有次屋顶上的狙击手向她开枪，子弹擦过她，打在旁边的一棵树上，她晕倒后，第二枪打在了地面上，泥溅在她脸上。一刻钟后，她洗了一把脸，又回到场上："如果坐在那里不训练，就会不停地回想起枪击的情景。当你训练的时候，才会忘记所有的一切。"

最初国际奥委会宣布取消伊拉克代表团参赛资格，她像孩子一样不停地哭叫。我说你还年轻以后还有机会，她说："没有人知道自己在伊拉克的命运是什么。"制裁取消后，她在椅子上又跳又叫。

说到这段时，翻译半天没吱声，我奇怪，偏过头看她。

小周正在低头哭，小卷发一抖一抖。

达娜看着她，晶亮的两大颗泪，含了一忽儿，扑落掉了下来。这个故事她在媒体面前讲过多次，我只见她这次掉了眼泪。

翻译或是采访，不仅是工作，是人与人的往来。

老王看体操比赛的初赛，一堆十五六岁的小女孩里，一个三十多岁的女人在跳马，头发又短又硬，他有点奇怪，指给我看。我查资料，才发现三十三岁的丘索维金娜这是第五次参加奥运会，这个高龄体操运动员是为了用比赛的奖金给儿子阿廖沙治病，也为此离开乌兹别克斯坦，加入德国国籍。

约了她，快开始了，才发现写提纲的纸不见了，一顿乱翻，像个溺水的人，只能从直觉开始问："你代表德国队比赛，很多人，包括你的教练不理解。他们认为你可能不爱国，你怎么看？"

她说："如果他们也承受了这样的痛苦，也许他们就能理解。可是，我希望他们永远都不要承受这些痛苦。"

"什么样的痛苦？"我问完这句，丘索维金娜没有等翻译，就直接回答了问题，她从我脸上看懂了我在问什么。

通常采访有翻译时，我说完话都低头看稿子，受不了与采访对象沉默对视的压力。但这次我的膝盖上空空如也，每说完话，丘索维金娜看着我，我也看着她，这片刻的空白正常得像一段呼吸。她的感受在我心上过一遭，反应出下一个问题，有些问题甚至在我想到之前，就来到嘴边。

我在当天的日记里写："交给那个叫柴静的人，不要把她勒得那么紧，不要鞭策她，也不要控制她，让她去。"

一切乱纷纷，但心就像铁铊子，慢慢沉到水底下去了。要对付这大摊子事，只能沉下去，倒是静下来了。我也不知道为什么，反而比以往爱动感情。

有天在《中国日报》上，看见德国举重运动员施泰纳在领奖台上，发梢都是汗，一手举着金牌，另一手长久握着亡妻的一张照片。照片是一年前，还没出车祸，妻子和他在森林里跑步时，他喊了一声她的名字，她转回头向他微笑的样子。

我看了心里闷痛一下。

施泰纳的长相是老王的斯拉夫版本，黑板刷一样的头发，又宽又红的脸膛，眼睛像牛犊一样柔和。之前，他是奥地利的运动员，二〇〇〇年被查出糖尿病，雅典奥运会只得了第七名，赛后奥地利媒体形容他是一个可有可无的选手，德国姑娘苏珊写信鼓励他，两人结婚后，施泰纳转入德国的俱乐部。妻子一直在攒钱，想来北京为他助威加油。奥运前一年，她在海德堡遇到车祸去世。

我说："那个车祸发生之后，你是怎么熬过来的？"

他用手抹了一把脸，叹气轻不可闻，说："这个事情发生的三个星期之内……"他停了一小会儿，身体轻轻摇晃，"就是……每天喝酒，待在一个没人知道的地方。之后我接受了治疗，运动是最好的治疗。我恨这件事为什么发生，恨是我的动力，去举起更多的重量。"

采访完，他说他害怕奥运结束前的这些天，因为他已经举起过世界上最沉的重量，无可再举，媒体散后，只剩他独自一人。我看着他摇摇摆摆离开，奥运村暮色四合，没人认识他，最亲近的人已不在世上，这是他的异国他乡。我叫住他，上前说："能拥抱一下你吗？"他咧嘴笑了一下，给我一个熊抱。我说："你不孤单，你说出了我们每个人的内心。"

拍完我们传带子回台，得到通知，这个片子可能会在晚上播。九点钟，我两手撑着膝盖，直直地坐在沙发上，守着电视等，一直到夜里两点也没看到。

我从沙发上起身，坐到电脑前，MSN上有红灯在闪，有位也在媒体工作的朋友问我奥运做得怎么样。他之前不支持我去做这类报道，觉得跌了调查记者的份，他自己也离开了北京，避开奥运。

我回了一句："没什么，只是没偷懒。"

他写了句奇怪的话——"这个世界上有很多极端认真的蠢人。"红灯又闪一下，补了一句："当然不是指你。"

我说指什么。

他说："比如一个母亲，孩子生病，她天天祈祷，但是还是去世了，这不是愚昧么？"

我说："这是爱。"

他说："爱和善是能力，而不是情感。"

我说采访施泰纳时，他说为什么重返举重，因为他恨——他恨失去所爱。但人在死亡面前有什么能力呢？所以他把愤怒都发泄在杠铃上，如果没有训练，他说自己会疯掉。

我说："这愚蠢吗？我不知道。只有这样他才能活下去。"

我也不指望播出了，能做什么就做吧，像达娜这样的运动员，只能参加女子一百米预赛，没人转播这种比赛，我和老王刻了两张DVD给她，就算一个中国电视台为她留下的纪念吧。我过意不去的是，老王辛苦了这么多天播不了，常规的MPC发布会报道播了，也没打他的名字。

我跟后期沟通，他们说："摄像都没打名字。"

我说："这都不对。这是对所有摄像工作的不尊重。"

第二天还是这样，我有点急了，人家也很无奈，问我："那你的摄像叫什么？"

"他叫王忠新，忠诚的忠，新旧的新。"我一遍又一遍地说，还是没打上。

老王是篮球迷，奥运男篮小组赛中国对美国那天，我想让他看一场。但当天下午，他得先跟我去采访香港自行车运动员黄金宝。黄金宝曾经是专业运动员，十九岁停止训练，两年后重返自行车时已是一个胖子推销员，用了十五年走到北京奥运会，被认为是夺冠热门，但八月十六号，最后一场比赛中，只拿到第十五名。他神色有点茫然地问我："为什么要采访我们？"

他的教练姓沈，左腿装着假肢，最初没有经费，没有场地，只有这一个辞职的"肥仔"跟着他。他俩在云南的深山里练习，每天至少两百公里，他租辆破货车跟着徒弟，天热的时候假肢把腿磨破，肉是烂的，血淋淋。愈合，又磨。

"没有人邀我们参加国际比赛。因为我们没有一个队伍，我们只有两个人。深山里我就看到他一脚一脚地骑，我曾经想过，走到什么时候是头啊？渺茫吗？非常渺茫。想金牌？对，你想拿，但是这一脚脚踩能拿吗？如果拿不到的话，他还会有这个动力吗？"

天色已经稠蓝，摄像机需要重新调白，篮球比赛马上要开始了，但师徒二人憋了一肚子话要说，我没法说"停"，我回头看了一眼，老王一心一意弯着脖子调焦，粗壮的后颈晒得通红，背上像有块盐碱地。

沈教练继续说："这次奥运失败之后，我知道黄金宝的心里是翻江倒海一样的难受，但是第二天他还是一脚一脚在那踩，陪着队友训练，示范自己的错误，说：'你不要学我。'"

他站在场边看，想让黄金宝停下来，说你不要再蹬了。

但实在开不了口。

凌晨三点，回家的路上，雨牵着线一样从发尖往下淌，鞋湿了，踩下去里面有个水泡，"咕唧"一声。人有一种疲倦的兴奋，像乌黑的深渊里着了火，回到家在床上好久睡不着。八月的雷真厉害，洪大闷重，一声下来，底下的车都叫了，此起彼伏，好一阵子才停。过一会儿"嚯啦啦"一声，车又动物一样本能地吼哮起来。

我干脆爬起来，写台北跆拳道运动员苏丽文的稿子。参加跆拳道争夺铜牌的比赛前，她已经有严重的左膝伤，比赛时只能单脚站着，把左腿像布袋一样甩出去攻击对方。她被击倒了十四次，我问她每次倒地之后的几秒钟里，在想什么。

她说："前两秒用来休息恢复体力，下两秒来想战术如何回击。"

不是自怜，也不是忍受痛苦，她要赢，这是运动员的企图心："不管自己能够做到什么样的程度，就算脚断掉也要继续努力，有呼吸，就有希望。"

以往我很少做这样的题目，觉得是普通励志故事。记者要反映更复杂艰深的世界才让人佩服。现在这期节目，没有审片人，也没有观众，没有外界评判，我只是一个人，面对另一个活生生的人，她的左膝撕裂，脚趾断了，坐在轮椅上，被踢肿的手缠着纱布，跟我说的这几句话，沤在我心里。

下半夜，雷声停了，雨声潇潇，八月的长夜仿佛没有尽头。

有同行后来问过我，说我们都觉得你挺理性的，为什么今年做地震和奥运的节目这么感性？

是，我天性比较拘谨，平常三个女青年喝个酒，我只能愁眉苦脸抿一小口儿，老范和老郝都搂在一起泪汪汪了，我尴尬地拍着她俩，说不早了咱走吧，这两人就上火"你这人特没劲"，嫌我不投入不表达。加上过去几年我一直想避免文艺女青年的毛病，怕煽情，刻意强调旁观，刻意抽离，把戒律当成一根绳子捆在身上。

当然，不约束不行，没有这职业要求着，毛病早泛滥成灾了，但是捆得太紧，有的东西确实就流淌不出来了。

汶川地震的节目中，文志全坐在火堆边说到女儿的时候，我克制得喉咙都疼了，眼泪还是流了下来，拿手擦了，以为没人看见。

但编的时候，在镜头里能看出来，我就对罗陈说："把这个拿掉吧。"

他说为什么。

我说，记者应该冷静，不应该掉眼泪。

他说，我觉得挺好，不过分。他留着这个镜头。

我想起钱钢老师的话，在"双城的创伤"中，我给小孩子擦眼泪的镜头引起争议时，他说，别太急着回答对还是不对，清水里呛呛，血水里泡泡，咸水里滚滚，十年后再来回答这个问题。不到十年，我心里的规矩走了好几个来回，也还没有那个最后的答案。当下只觉得，太固执于一个律条，觉得记者就应该怎么样，非要夸张，或者非要掩饰，都是一种姿态，是一种对自己的过于在意。

陈虻有一次审片子，审完对编导说，这片子得改，观众看不懂。

那位编导说，你看懂了么？

他说，看懂了。

编导说，那你比观众强在哪儿呢？

他愣住了。

实习生跟着我，练习写解说词，写到"遒劲有力的大手"，被我删了。他说这不挺好吗？

我说："我们不要形容词，少点修饰。"

他说："你不是说要有感情吗？"

我说："写东西的人不用带着感情写，写得客观平实，事物自会折射出它本身蕴涵的感情。"

他有点嘀嘀咕咕的。我问怎么了，他说，那柴老师您这节目什么主题？我说没什么主题，就是几个人的故事。

他说："啊？我觉得'新闻调查'挺深刻的，如果只做这些人生故事会不会太平常了？是不是要提炼一下？"

我跟他说，有一次吃饭，在座有个研究佛经的朋友，我凑话题问了几个宏大问题，人家也就天空地阔抽象谈了一阵子。

出来的时候，六哥皱着眉跟我说："柴姑娘，以后如果采访，千万不要有这种'大哉问'。"

"就是具体的生活，越具体越好。"他说。

这个时候，老范突然出了一场大事。

她出事的时候，我和老郝晚上都睡不着，心里有什么把人顶着坐起来。老郝说，一闭眼，就是她。

我俩到处找人打听求助，碰到肯帮忙的人，明白为什么有个成语叫"感激涕零"。

我那阵子什么也干不了，问一个朋友："你出事的时候是什么感觉？"

"一块石头落了地。"他指内心的恐惧终于到了。

"如果是你亲近的人出了事呢？"

"那是一块石头砸在心里。"

我哪儿也不去，在家等消息。书不能看，音乐不能听，只能干一件从来不干的事——背单词。一页书放在眼前，瞪着眼看到黑，还是这页。

唯一能想的是觉得她不会垮，当年我们做双城、虐猫、金有树、未成年少女……都是没指望的事，一家一家敲门，写信说服，在凌晨的酒吧里踩着雪把他们找出来……她不会垮，她一直是这样，这次也会，但我和老郝就怕她受罪。

她去了美国，很久没有音讯，过节时给我寄过一个雪花音乐球，沉得要死。我一直扔在书架上，从没动过，现在呆坐着，瞥一眼看见了，拿过来，仔细看一看，把底盘上的钮转一转。

叮叮叮。

叮叮叮。

透明的玻璃圆球里，雪花飘啊飘，两个雕得面目不清的小姑娘在里头傻呵呵地转。

我没想到过会这样。这么多年，换了很多地方和工作，跟谁合作都成，跟谁分开也成。想的都是——有的是将来，永远有下一拨人，下一个地方，下一种生活。

五月初，她和我在纽约见过一面。我带条朱红的裙子给她，她立刻脱掉风衣换上，小女孩气地要我也换上另一条土耳其蓝的，她脚上靴子跟裙子不配，居然就打赤脚。春寒未退，路人还有穿羽绒服的，她就这样光着脚露着背走了一站地，直到碰上超市我买双拖鞋让她穿上。身边人们在冷风里揽紧大衣匆匆而过，我把披肩拉开兜着老范，一路她唧唧呱呱，说笑不休。

在哪里生活都是一样的，没什么生活在别处。地铁上满头小辫的黑姑娘在电话里跟男朋友吵架，报馆里都是开会熬夜菜色的脸，咖啡馆里两个花白胡子老头对坐着看一下午人来人往，酒吧里心高气傲没嫁出去的女人端着酒杯一眼把所有男人分成三六九等，父亲带着儿子在晚春才破冰的河边一言不发地钓鱼……人类只是个概念，一代一代人都是相似的生活，这辈子决定你悲欢的就是你身边的几个人。

叮叮叮。

那阵子谁跟我说什么大的社会话题，我都不想听，说："一万个口号都比不上亲人睡不着的一个晚上。"

她平安回来时，正赶上老郝生日，我们三个找了个地方，开了瓶龙舌兰。那天我喝得最多，我们仨头扎在桌子上，脑袋堆在一起，我说："以后哪儿也别去了，好歹在一块吧。"

我把老范和老郝拉来帮我编奥运的节目，"帮"的意思就是没有钱，也不能在字幕里打名字，如果被人知道了可能还有麻烦。

她俩编的时候，原始素材在台里系统内已经找不到了，只剩下不多的一点带子，都在这里了，拼的完全是编辑的功力。

施泰纳这集，我看过素材，但是看老范编辑的数分钟，施泰纳第一次挺举二百四十六公斤，重量把他重重扯蹲，嘴唇憋出声响，他抖着将杠铃推向头顶，脚胡乱地转着圈想支撑，最终无力，将杠铃从脑后扔下，向上苍做了一个摊手无奈的姿势。第二次尝试，施泰纳举起了二百四十八公斤，但俄罗斯选手奇吉舍夫领先，施泰纳想要夺金，只有一次机会，在原有挺举重量之上追加十公斤，众人都觉无望，对手脸上已经是狂喜。老范配的音乐是*You Raise Me Up*：

"When I am down and, oh my soul, so weary, When troubles come and my heart burdened be..." 音乐衬着他的话："在她弥留之际，差不多还有三个小时的时候，我向苏珊承诺过，我会一直在这儿陪着你，我会一直向前，去参加奥运会，去争取金牌……"

他的教练用力在他脸颊拍打，他跑上台，深呼吸一下，拎起他从未举起过的二百五十八公斤重量，提到胸口，掂量了几下，不断呼哧出气。杠铃片把二十公斤的金属杆都压弯了，全场寂静，他大叫一声，推举杠铃，举过头顶，跟跄了两下，脖子挣得通红，艰难地向前努着，撑了两秒钟，铃声响后，杠铃重重摔在地上。他忘却一切，欢喜跳跃，捶打地面。镜头缓缓拉升，在空中俯视他的背影，话外音是采访中他说的话："我不是一个迷信的人，但那一刻我可以肯定苏珊在注视着我。这是一场献给苏珊的胜利。"

他俯身亲吻杠铃，音乐唱道："I am still and wait here in the silence, Until you come and sit awhile with me..."

最后一个镜头是他站在领奖台上，余喘未息，右手持玫瑰，左手举起苏珊照片，放在肩头，注视升起的国旗，胸口一起一伏，音乐正唱到"I am strong when I am on your shoulders, You raise me up to more than I can be..."他像个小孩子一样，红鼻尖上挂着汗珠笑了。

我都哭得现形了，这在看自己片子的经验里是第一次。

老范最爱的是埃蒙斯夫妇那段，用了*Fix You*，她在心神俱碎时曾反复听过。

美国步枪射击运动员埃蒙斯是公认的射击天才，四年前的雅典奥运会，他一路领先，最后一枪却不可思议地看错靶位，在他人靶上打了一个十环。冠军由中国选手获得，他一言不发离开赛场，当晚酒吧里安慰他的捷克射击名将卡特琳娜成为了他的妻子。四年后的北京，卡特琳娜拿到奥运会第一块金牌后，来现场解说丈夫的比赛。埃蒙斯打完前九枪后，领先第二名三点三环，我已经准备好了描述他的胜利。最后一枪时他打得很慢，最后一个扣下板机，我抬头看大屏幕的一瞬间，眼前突然被惊呼和站起的人群淹了，站在高处的老王脸色变了，跺着脚对我说："丢了，丢了。"

我当下的反应是回身去看卡特琳娜，从她圆睁双眼的错愕中才确认埃蒙斯真的射丢了，他最后一枪出现重大失误，只打出四点四环，中国运动员邱健获胜。体育馆里手臂林立，媒体涌向冠军，我脱口而出"雅典悲剧重演"，卡特琳娜呆住数秒之后，离开座位，向场地边缘走去，镜头跟着她，她在人群里时隐时现，侧头找寻，老王没有推特写，只是伴随，她隔着栏杆，向场地中嗒然若失的埃蒙斯伸出手去，埃蒙斯将头抵在栏杆上，她俯身下去隔着栅栏揽住他，一只手护持着丈夫的脖颈，另一只手摩挲他的眉毛，像在安抚委屈孩子时的温存。音乐与现场的人声交替出现："When you try your best but you don't succeed, When you get what you want but not what you need, When you feel so tired but you can't sleep..."

老范跟我说过她为什么用这歌，她说生活到了真的艰难处才能体会，"只有最亲的人才能了解和陪伴你的伤痛"。

我们没有接近这对夫妻，这刻不必打扰。我只是走到栏杆附近，在他们身后待了一会儿，回身去向镜头描述："不是妻子在安慰丈夫，是埃蒙斯在安慰妻子，他说我已经尽力，一切都会好的。卡特琳娜伸出手，在他鼻尖勾了一下，两人笑了。"

"Lights will guide you home, and I will try to fix you..." 镜头是他们在混乱人群里依偎离开的最后一瞬。

达娜那段又不同，是老郝编的，沉静有力。

她用了一个长镜头，远远地凝视向前奔跑马尾甩动的达娜，像是看护着她，跑过人群，穿过空无一人的场地，无休止地向前跑去，若有若无的钢琴声衬着达娜的旁白："如果不再跑步，我的生命也就此停止。"

凌晨两点，老范穿着白衬衣戴着耳机坐在右边的机房，老郝穿着蓝裙子对着左边的非线编辑机……我拿着橙子水跑来跑去："要不要喝？要不要喝？"被她俩不耐烦挥手赶到一边，心满意足地坐着。

几年前，我、张洁和老范，谈起为什么要卖力工作。

老张说："为了理想。"

我说："为了乐趣。"

老范说："我为你们而工作，你们高兴，我就高兴。"

我一直觉得她太孩子气，现在才明白她的心情。

编到苏丽文，配乐想不出来了，翻来覆去看带子。有人提了句梁静茹，说她有个歌叫《勇气》，我摇头说这太直白了。想起有一次在KTV看过这个歌手献给因病去世父亲的《掌声响起》。

我半开玩笑地说："《掌声响起》？"

要在以前，肯定不会想到这歌，想到也不会用，嫌这歌太平凡，唱烂了。想起这歌，是因为苏丽文说过，在出发之前，她曾经与身患癌症的父亲有过一个约定："我拿金牌回去，他说他的病就会好。"

老范试探着唱："孤独站在这舞台，听到掌声响起来，我的心中有无限感慨……"

旁边编辑机的镜头上，苏丽文被踢中伤处倒地。她的教练实在看不下去，要冲上赛台，被裁判制止了，裁判问她是否要停止比赛。

她在地上双拳相击，表示"我可以，我可以，马上站起来"。

"经过多少失败……经过多少等待，告诉自己要忍耐……"

嗯，嗯。

我和老范摇头晃脑大声合唱，"掌声响起来……"

苏丽文最后一次从场地上拖起自己，她说："我听到很多观众一直叫我站起来。然后我也觉得，对，非站起来不可，对。"

她用这个方式撑到最后就是想告诉父亲："有呼吸就有希望。"

旁边的实习生宋达加进来与我们合唱："掌声响起来，我心更明白，你的爱将与我同在……"

这歌这么平常，但唱到这里，屏幕上正是比赛结束，苏丽文抱头倒地，像个孩子一样蜷着身哭泣，全场七千人起立为她鼓掌。

寻常，却有力。

有天晚上一点多，关主任路过机房，看到我们，眼神怔了一下，但正忙着，没停步走了。

第二天这个时候他又看见我，终于忍不住问："你在这儿干什么？"

我说做了一期节目，但不知道给谁做的。

他乐了，说他看看。

看施泰纳的时候，关主任把眼镜儿摘下来擦了擦，实习生吴昊捅捅我，小声说："哭了。"

看到埃蒙斯失利时，我脱口而出的那句话"雅典的悲剧重演"，他说："是失败，不是悲剧。"他说得对，在节目里我保留了这句话，结尾时我说我当时的想法错了——失败不是悲剧，放弃才是。

关主任在新闻频道挤了一个下午五点的时间，把这期节目播出了，没有栏目，问叫什么，我想了想，别往花哨里起了，就叫"奥运瞬间"吧。

片子需要个小宣传片，要一句广告语，我呆坐在机房外的蓝色塑料凳子上苦想。

在法国奥赛博物馆，我看过一张梵高的大画，画的是十九世纪法国的乡村阿尔。夏天午后，一个农民和他老婆，两个人干活干累了，躺在麦子堆的阴影里睡着了，白金的光，天空是被微风冲淡的蓝色。坐在地上看这张画，能感到麦子被太阳暴晒后的闷香，农夫农妇蜷着身体沉睡的安恬。

以前我老觉得艺术在庙堂之上，是什么吓人的东西，非要有高端的意义才成。看到这幅画，感觉它什么都不说，只是留下了一百多年前的这一瞬间。梵高对他弟弟说过："没有什么是不朽的，包括艺术本身。唯一不朽的，是艺术所传递出来的对人和世界的理解。"

我借鉴他的话，写了这句宣传语："奥运之美，不仅在夺取金牌的一刻，还有那些蕴涵着人类精神的不朽瞬间。"

在机房录这句宣传词，宣传片嘛，总得有点腔调，我尽量让声音戏剧性一些："奥运之美……"

录了好多遍，好像可以了，看一眼老范，她也说行了。出来的时候，录音的技术人员对我说："我觉得这不是你。"

"你在我心里一直是很冷静的。"他说。

我立刻明白他的意思："你是说要去掉所有的装饰？"

我回到机房，再录一次，像平常说话一样。

录完第一句，他在外面对我伸拇指。

我自己听的时候，发现他是对的。

节目在一个小角落里播出，没有重播，也没有预告，我想肯定不会有人看到了。晚上接到钱钢老师的信，题目就是"你做的《奥运瞬间》好极了"。

我心一暖。

他在香港。一般人在他的境地，不是变得偏激，就是变得冷漠了，但这样缝隙里的节目他都看到，不光是我的，不光是"新闻调查"的，央视的节目他都看，不苛责，只要有一期好点的，一定写信来夸奖。地震时看到我们在杨柳坪拍的节目，他在信中说，当下的新闻人做事要"戒峻奇陡峭，置身高寒"，要"温暖平易"。他说奥运的节目与地震的节目"一脉相承"。

"他们做他们的，我们做我们的。"他说，要坚持自己的价值与信念，"一脚一脚地踩下去"。

MPC门口小圆桌是各国媒体记者闲来喝杯咖啡的地方，有位国际大报的记者负责报道政治，问我报道什么，我说报道几个人的故事。他问我采访了谁，听完说一个都没听说过，你们报道这些乏味的事情干什么。

我向《纽约时报》的老编辑Clark发牢骚："他们根本不管你做了什么或者试图做什么，只说你乏味。"他看着愁眉苦脸的我，笑得咳呛起来，以老人的宽厚拍拍我肩膀，说："不要去听那些声音，你唯一需要关心的就是让自己强大起来。"

还有一位美国地方电视台的记者，头发快掉完了，穿一件廉价灰西装，我俩聊天，他说美国的报纸十年内都会消失，做电视的人也可能越来越少，聊到不得不走了，他对我说："不用担心。"

我没明白。

他说："因为你对人真的好奇。很多人已经……"他做了一个痴呆的表情。

我笑。

他安慰我："什么都会变，但人不会变，好的采访者永存。"

这一年，地震和奥运把我扔到了一个以前没有的赤手空拳的境地，但心也定了一些。我就生活在这里，没有完美新世界，没有需要等待的未来，没有要向外界索求的理解，也不需要通过跟谁比较才能判断自己，要做的就是此时，就在此地，就是此身。

朋友杨葵有次遇到年轻人发牢骚。他说："别抱怨。去想为什么同样的体制下，同样的时间里，苏联有阿赫玛托娃，我们只有《艳阳天》。"

他说做自己的行业，就要做点不求速成的事："我知道我们只是人肉的梯子，这是我这代人的命运，我做不到更好了，但是，还是要做个样子出来给将来的人看——你要是比我还差，你就别干这行了。"

十年前，我在广院上学。有天课上放录像带，是日本的红白歌会，没字幕，就那么胡看，一堆小男小女在台上扑来扑去。

快睡着的时候，忽然掌声雷动请出了一个人。

是个穿和服的三十多岁的女人。

舞台一下就撤空了，就剩下她，和服是藏蓝底子白花朵。

她微鞠躬，唱了一首歌。也没什么姿势动作，嘴角一缕悲喜不分的笑。她的沉静留给我很深的印象。一直到十年后，偶然机会，牟森找到这个视频发我，说常常醉酒在街头嚎唱之，我才知道歌词：

　　　从上野开出的夜行列车走下来的时候
　　　青森站矗立在雪中
　　　回去北方的人群
　　　大家都默默无言，只听到海浪波涛的声音
　　　我独自走上渡船，看见快冻僵的海鸥
　　　不禁掉下泪来
　　　啊，津轻海峡冬景色
　　　在北方的尽头
　　　陌生人用手指着：请看，那就是龙飞岬
　　　被呼出的热气弄蒙的窗玻璃

擦了又擦，也只能看见遥远的浓雾而已

再见了，亲爱的，我就要回去了

风的声音在胸中激荡，眼泪几乎就要掉下来了

啊，津轻海峡冬景色

唱这歌的女人叫石川小百合，我找她的资料，二十岁左右她就唱过这首《津轻海峡冬景色》，视频里一副现代女性装扮，长卷发，七情上面，手摇身送，用尽揉声技巧，努力要吸引观众的眼睛。后来大概是经历了人生的滋味吧，才唱出这满纸风雪、哀而不伤的沉静，像这歌的词作者阿久悠说的，"不惹眼，不闹腾，也不勉强自己，要做个落后于时代的人，凝视人心"。

牟森还向我推荐过美空云雀的《川流不息》。她早已去世，已经是二十年前的歌了，现在是一个鼓噪的年代，不是甘居寻常的人，听不到这青绿的细流声：

不知不觉走到了这里，细细长长的这条路

回过头的话，看得到遥远的故乡

崎岖不平的道路，弯弯曲曲的道路

连地图上也没记载，这不也就是人生

啊，就像河水的流动一样

缓缓地，流经了几个世代

啊，就像河水的流动一样

毫不停息地，只见天际染满了晚霞

生命就如同旅行，在这个没有终点的道路上

与相爱的人携手为伴，共同寻找梦想

就算大雨湿透了道路，也总有放晴的一天

啊，就像河水的流动一样

安详平稳地，让人想寄身其中

啊，就像河水的流动一样
四季的推移，只等待雪融罢了
啊，就像河水的流动一样
安详平稳地，让人想寄身其中
啊，就像河水的流动一样
无时无刻，只听到青绿的细流声

裸露的土地，不必有任何装饰。新闻调查六年，我做得最多的就是征地题材，各种口音，各个地方，各种冲突。节目组每天一麻袋信里，一半是关于征地的。陈锡文说，中国的土地问题一定会面临一个非常大的坎。这个坎过去了，就能带来对中国经济不可估量的推动，过不去，所有的国民都要付出代价。（CFP图片）

第十六章　逻辑自泥土中剥离

进央视第一天陈虻问我："你从湖南卫视来，你怎么看它现在这么火？"

我胡说八道了一气。

陈虻指指桌上："这是什么？"

"……烟？"

"我把它放在一个医学家面前，我说请你给我写三千字。他说行，你等着吧，他肯定写尼古丁含量，几支烟的焦油就可以毒死一只小老鼠，吸烟者的肺癌发病率是不吸烟者的多少倍。还是这盒烟，我把他拿给一个搞美术设计的人，我说，哥们请你写三千字。那哥们会给你写这个设计的颜色，把它的民族化的特点、它的标识写出来。我给一个经济学家，他告诉你，烟草是国家税收的大户，如果全不吸烟的话，影响经济向哪儿发展。"他看着我，"我现在把烟给你，请你写三千字，你就会问：'写什么呀？'"

后来我知道，他经常拍出那盒烟当道具震慑新人。但是，他最后说的一句话十年后仍然拷问我。

"你有自己认识事物的坐标系吗？"

新闻调查六年，我做得最多的就是征地题材，各种口音，各个地方，各种冲突。节目组每天一麻袋信里，一半是关于征地的。

在福建涂岭，拆迁户不同意搬迁，开发商纠集人一起冲进家门，户主的儿子最终被砍死，头部中三刀——一个刚复员回来的年轻人，二十三岁，一脸稚气，胡子还没怎么长，腮边连青气都没有。我去时是五个月后，门框上还有深褐色的血手印。

采访时开发商已在狱中，我把死者照片拿给他看，他面无表情："不认识。"

我说："他跟你名字一样，叫蔡惠阳。"

他一脸意外的模样。

"这是你们杀死的人。"

"哦。"他说，"当时我昏过去了，不记得了。"

死者的家靠近高速公路，我们去的时候，路边都是白底黑字的标语，雨打风吹，墨淋漓地流下去，除了"冤"，看不出其他字样了。

开发商说："我也是受害者啊。"

"你?"我冷冷看着他。

"我的钱早就给政府了，我一直追，一直追，他们承诺我村里人要搬的。我不还钱，别人也要杀我。"他说。前一天，镇政府的人告诉我，因为群众上访，政府把这个项目暂停了。

我对开发商说："你这个项目都停了，你凭什么让人家搬?"

他两眼圆睁："停了?"

"对。"

"没人跟我说停了呀?"他急了，"群众上访了，我们也可以上访啊。你政府跟我签协议以后一直没提供用地，又不退我钱，你这不是骗我吗?"

采访镇长，他说，跟开发商签的"两个月拆迁完毕"只是一个"书面上的表达"，开发商"应该心知肚明的嘛"，所以说停就停了。

我问镇长："那有没有想过你们这种暂停可能激化开发商跟拆迁户之间的矛盾？"

他说："我们从来就不要求开发商跟拆迁户去接触。"

"你有没有想过这种情况下，开发商和拆迁户的矛盾就像是一个炸药桶一样，如果这个时候丢进一根火柴会是什么样？"

他绕着圈子不正面回答："群众要求缓一缓，我们就缓一缓嘛。"

几年下来，我要问的问题都烂熟了："有没有张贴拆迁的文告？""有没有出示安置补偿的方案？""有没有签补偿的协议？""有没有跟村民协商过怎么补偿？"……

我也听惯了各种口音的回答："没有。"

但凡我采访过的冲突激烈的地方，没有一个是有省里或者国务院的土地审批手续的，全是违法征地。

"审批了吗？"我问。

"报批了。"镇长说。

"审批和报批是一个概念么？"

"是一个概念。"他连眼睛都不眨。

我只好再问一遍："审批和报批是一个概念么，镇长？"

"嗯，是两个概念。"

"那为什么要违法呢？"

"法律知识淡漠。"他还跟我嬉皮笑脸。

气得我在采访笔记里写："太没有道德了"。

节目做了一遍又一遍，信件还是不断地寄来，领导说还是要做啊，但我看来看去，觉得按着这个模式已经很难做出新的东西了。零八年十月，张洁说："反正现在编导们都忙改革开放三十年特别节目，你自己琢磨做一期土地的节目吧，不限制内容，不限制时间。"

我叼着橡皮头，看着白纸发呆。

束缚全无的时候，突然发现自己头脑空空。我原来觉得，行万里路，采访了这么多人，还不够理解这个问题吗？现在才知道远远不够。我原以为好节目尖锐就成了，陈虻说："不是说你把采访对象不愿意说的一句话套出来叫牛逼，把他和你都置于风险之中，这不叫力量。要是拿掉你这句话，你还有什么？"

他解释："你的主题要蕴涵在结构里，不要蕴涵在只言片语里，要追求整个结构的力量。"

他说的是大白话，不会听不懂。是我已经感觉到，却说不出来的东西，又痛又快，好像从事物中间"穿"过去了，有一种非常笨重又锋利的力量。

我不知道这个东西是什么。

我找各种土地政策的书看，看到周其仁的《产权与制度变迁》，都是法律条文和术语，但步步推导酣畅淋漓"穿"过去的劲儿，一下午看来，简直让人狂喜。

我和老范去北大找周其仁。

周其仁说他不接受电视访问，拿过我的策划稿看一眼，里面都是以往节目的片段，他一分钟不到看完，挺宽厚："已经不容易了，我给你三点意见。"

他说："第一，不要用道德的眼光看经济问题。"

我动了下心，欲言又止。

"第二，不要妖魔化地方政府。"

我有点意外，我的节目里对他们的批评，是有理有据的，为什么说我妖魔化他们呢？

"第三，"他说，"不管左中右，质量最重要。"

嗯，不要用道德眼光看待经济问题。我在纸上写下这句话……经济问题是什么？很简单，买和卖。我在纸上写："那买的是谁？卖的是谁？"自问自答："买的是开发商，卖的是农民。"

"那政府是干什么的？"

"政府……嗯……把地从农民那儿买过来，再卖给开发商。"

"你到市场上买白菜，需要政府中间倒一趟手么？"

"但地和白菜不一样啊，地不都是国有的么，国有的政府就可以拿去吧……是不是？"

"农村土地是集体所有，不是国有，为什么农村的地，农民的地，要让政府来卖呢？"

我脑子里什么东西摇了一下，又站住了："别胡想了，'任何单位和个人进行建设，需要使用土地的，必须依法申请使用国有土地'，这句话是明明白白写在《土地管理法》里的，这里所说的'依法申请使用的国有土地'，包括'国家所有的土地和国家征收的原属于农民集体所有的土地'，所以农村集体的土地一旦变成建设土地，就要变成国有土地。你不是背过么？"

我想停下了，可那个声音不打算停下来："这……合理吗？"

"怎么不合理？"思维的惯性立刻回答，"立法都是有依据的。这可是根据宪法来的。"

我心里那个非常细小的声音在问："如果……"

"如果什么？"

"……"

"说吧，如果什么？"

"如果宪法有问题呢？"

去国家图书馆，查到一九五四年宪法，没谈到城市和城市郊区土地的所有权问题。再往后，一九七五年宪法、一九七八年宪法，也没有，再往下查……这儿，在这儿，一九八二年十二月四日，第五届全国人大第五次会议通过的《中华人民共和国宪法》，第十条第一款："城市的土地属于国家所有。"

那个声音犹豫了一下，又挣扎着问出一个问题："可是，矿藏、水流、森林、山岭、草原等自然资源属于国有还可以理解，为什么城市的土地非得国有呢？"

嗯……宪法里就这么一句话，无注解。

网上也查不到。

我问周其仁，他说他也持有同样的疑问。

我劝他接受访问，他一乐："去采访陈锡文吧，他都知道。"

陈锡文是中央财经领导小组办公室副主任，中央农村工作领导小组办公室主任。学界当时对土地问题争论很大，我不知道一位官员的解释是否服众，周其仁说："就算反对他的人，也是尊重他的。"

我要走的时候，他又补了一句："陈锡文是个有些emotional（感性）的人，不要让他扮演灭火的角色，让他顺着说，他能说得很多，很好。"

这句话后来很有用。

我在"东方时空"时已采访过陈锡文。采访结束后一起吃工作餐，一大桌子人，他说起丰台民工小学被拆，小孩子背靠拆了一半的墙站着看书，等老师来了才放声大哭。他说到这儿停下，从裤袋里抽出一条皱巴巴的蓝布手绢，擦眼睛。

媒体这个行业，提起谁来，大都百声杂陈，但我认识的同行私下说起他，无一吐槽。有位同事说他采访另一个官员时，对方有点支吾，他还拿陈锡文劝人家，那位一笑，说了句掏心窝子的话："陈主任六十了，我才五十，他已经忘我了，我还忘不了。"

二〇〇六年两会时，我对陈锡文有个短采访，别人大都是对报告表态，他谈农村水利，当时离西南大旱还有四年："越来越多的水利设施是满足城市，满足工业，就是不让农业用水。这种局面如果下去，短则三五年，长则七八年，我们整个农业灌溉系统，要说得可怕的话，甚至是崩溃。"

审片人说："这个人说得再尖锐也能播。"

"为什么？"

"因为他特别真诚。"

采访陈锡文，是他开会的地方。好几天没怎么睡足的脸色，嘴唇青紫，满屋子烟。在毛背心外头套了件外衣，鞋子上头露一点老秋裤的裤脚，坐镜头前，说"土地的事情是该谈一谈"。

我问他，八二年宪法的"城市的土地属于国家所有"，这话从哪儿来的？

他答："'文革'前国家没财力建设，到了八二年，人口膨胀，没地儿住了，北京的四合院、上海的小洋楼都得住人，可是城里不像农村，没土改，都有地契，就改法律吧，改成城市土地国有，人就住进去了，相当于一个城市的土改。"

这么大的事，居然没有引发社会动荡，"私权"这个概念当时还让人陌生和戒惧。没想到的是，这一句原本为了解决城市住房问题的话，误打误撞居然埋下了农村征地制度的巨大矛盾。很快，中国城市化开始，城市土地都属于国家所有，所以，农村土地一旦要用于建设，都经由政府征地，转为国有土地。

陈锡文说的也都是大白话，不含糊，没有把玩语言的油滑，字字用力气说出来，嘴角带些白沫，他也不自知。他说问题的根源并不在政府征地上，全世界各国政府都征地，但只有用来建医院、学校，涉及公共利益建筑时才能征。可是，一九八二年，"宪法里加了这句话后，建设用地里有没有经营性的利益在里头？肯定是有的，那些地怎么变成城市土地？宪法没有讲。"

"讲不清楚变成什么结果？"

"讲不清楚就变成多征。"

经济学上有一个著名的理论，叫"巴泽尔困境"，就是没主的事情，会有很多人来要占便宜。这个困境与道德关系不大，而是一种必然发生的经济行为。

采访的场记我看了又看，再对着那张白纸，战战兢兢写下节目中的第一句话："在市场经济中，有一条众所周知的规则：自由地买和卖，等价交换。在三十年的改革开放之后，中国已经因为尊重和适用这条规律，得到巨大的发展，但是却在影响人口最多的土地问题上有了一些例外。"

多么寻常的一句话，我敝帚自珍，看了又看。一个人从小到大拾人牙慧，写日记的时候抄格言，做电台的时候念别人文章，做电视了模仿别人提问，像是一直拄着拐杖的人，现在试着脱手，踉踉跄跄，想站起来。

我犹豫着，写下了第二句："'给农民的不是价格，是补偿。'陈锡文用一句话说清了农民的处境，'地拿过来了你去发展市场经济，拿地的时候你是计划经济，这事儿农民就吃亏了。'"

多大亏呢？

我算了一下："按国务院发展研究中心课题组的数据，征地之后土地增值部分的收益分配：投资者拿走大头，占百分之四十到五十，城市政府拿走百分之二十到三十，村级组织留下百分之二十五到三十，而最多农民拿到的补偿款，只占整个土地增值收益的百分之五到十。"

像有什么推着我手里的笔，去往某地。"如果一方总占便宜，另一方总吃亏，那么这样的商品交换，是不能持续下去的。"

不能持续下去的结果是什么？

我握着笔，字歪歪斜斜写得飞快，像扔了拐杖的人迈开打晃的腿往前跑。"不能持续下去的结果，就是中国大地上，因此而起的各种冲突和群体性事件，以至于'征地'这样一个普通的经济行为，演变成为我们这个转型时代最重要的社会问题之一。"

我明白了，这个"穿"过去的东西就是逻辑。

深夜里，我细看当年的节目。

二〇〇四年，我坐在福建一个村庄的石头磨盘上，问对面的小孩：

"你几岁啦？"

她两只小辫子上系着红色的塑料花，怯怯地伸出五个指头。

我说："上学吗？"

孩子的奶奶说："没有钱。"她七十五岁，房子被拆了，没有土地，没有社保，儿子死了，媳妇走了，帮人扫地养活娃娃，将来让她去学裁缝挣钱。

"你想上学吗？"我问那孩子。

"想上。"

她看我一眼，仰脸看她奶奶。奶奶满面的悲苦，孩子嘴一弯，哭了。

老人把孩子按在胸前，无声地哭，眼泪沿着皱纹纵横地流。小孩子的哭声憋着，过了好一会儿，才从胸前很闷地爆发出来，哭了很久。小仲在剪辑的时候，这哭声随着村庄的镜头，一直上升到空中响彻整个大地。

镇里亲自成立开发公司，把土地卖出去给工厂，这笔钱进了开发公司的账，再去买地。大量征的地闲置着，有个纺织厂的地荒了四年，我们的车绕着上千亩荒地转了好久，沙填到了半人高。买地时是两万五千块钱一亩，现在最低价是十六万八千元一亩，企业不是在做生意，是在做土地买卖。

这种节目播出后，总有很多观众留言给我们，说把那些贪官污吏抓起来就好了，事情就解决了。一九九七年修订刑法时，非法批准征用、占用土地就已被列入刑事犯罪，严厉程度在全世界都是前所未有。但新刑法施行十年来，到我采访时，陈锡文说，还没有一位官员因此入狱——因为若想对国家机关工作人员定这个罪，必须以他有"徇私舞弊"行为作为前提。也就是说，如果你抓到一个官员违法批地，但他没有徇私舞弊，就拿他无可奈何，而你抓到他徇私舞弊了，判的时候大多只能以受贿罪判，与违法批地无关。

这个罪名变得失去了牙齿。

我采访的违法批地官员，接受采访挺坦然，一位市委书记说："九三年分税制改革，我现在一半以上财政收入要交给中央，剩下的这一点，要发展，要建设，经济增长有指标，我这儿没有什么工业，种田也不交农业税了，你帮我算算，我怎么办？也是一片公心，是吧，公心。"这是周其仁说的"不要妖魔化地方政府"的意思。

我们采访完，有的官员被处分了，逢年过节还给我发个短信，说谢谢你们当年的支持，现在我已改在哪哪任职了。

这话。

我卡住了，控诉我擅长，观众会在哪里掉眼泪我也知道，可这次，这矛盾密布的现实，要想砍一刀下去，却如入棉被，无处着力。媒体上各派对土地产权问题的笔战也没有共识，几乎人身攻击，从讥取庞。争议就集中解决之道上，"土地要不要私有化"。

实习生一边转着手里的圆珠笔一边说："赶紧把地都给农民，让他们直接卖给商人，问题不就解决了吗，啰嗦那么多干什么呢？"

我问他："你将来想干什么？"

小伙子挺坦率，"当制片人。"

"当了制片人呢？"

"当台长。"

"当了台长呢？"

"影响别人。"

"影响别人什么呢？"

"……这个还没有想。"

我说："你还是给我一个宾语吧。"一个动词总是比较简单的，但如果没有宾语，它不知会落脚何处。

陈锡文的采访播出后，我在网上看到一个留言。

这哥们是在洗脚城对着电视无意中看到的，他说听到一个问题吓了一跳，一脚踩进了盆底："记者居然敢问'土地不私有，是意识形态的原因么？'"

咦，这个问题怎么了？

中央政府的决策是土地性质不改变，陈锡文是起草决策文件的人之一，当然只能问他。

陈锡文说："我觉得不是意识形态的原因，中国的资源禀赋在全世界来说非常独特。土地人均只有一亩三分八，很小的私有制规模非常快就会分化，这点土地只能维持温饱，刚过温饱，不能有任何风险，遭遇一点风险，就得卖地卖房子。"

"有些经济学者说农民能判断自己的生活，能让自己的利益最大化，你让他自己作判断不就行了吗？"

"判断错了怎么办？现在农村没有社会保障，卖了房卖了地谁来管？进了城要不政府管起来，要不他自己有就业。否则走第三条，出现大的贫民窟，这个社会就毁了。"

这期节目播后，各种地方甚至找到我这儿，说能不能让陈主任来看看，我们这儿农民用宅基地可以换户口，换市民身份，这保障行了吧。我说跟陈锡文没私交，没法带这个话，但这个问题他说过："社会保障是政府应该提供的公共服务，在哪个国家、哪个地方，可以跟老百姓讲，你要获得我的公共服务，你就要拿你的财产来？这是在制造新的不平衡。"

我问他："他们认为农民是愿意的呀？"

他可能这话听多了，有点急了，手挥起来："你敢跟农民说实话么？你把他的地拿过来，给他二十万，你卖了两百万，你要敢跟他们说实话，农民也愿意，那你就随便。"

他沉了一下气，缓缓说："不能再对不起农民。"

陈锡文说他十八岁当知青，在黑龙江当大队出纳，当生产队长，十年后放弃一切回上海，就为了能上一个研究农村经济的大学。他见过在强制力下中国农民一夜之间分到的土地，也一夜之间收回，知道一个出发点再良好的概念一旦脱离现实会造成什么，"最苦的总是农民，最无奈、最无助的也总是农民"。他说自己经历了从理想主义向经验主义的转变，认识到书本概念如果变成教条，容易像飞人杂耍一样脚不沾地，左右摆荡。他认为解决土地问题的前提——"先要把农民社保这条路铺平，无论在犄角旮旯儿还是走到最繁华的地方，都在这张社会保障网的保护之下，都有生存的能力。"

陈锡文的说法不代表真理，但是提供了一个前提，当他说这不是意识形态的原因时，土地问题回到了原本的经济问题、法律问题、社会管理问题。不谈主义，只谈问题时，权威主义就不能在学术问题上存在了，人人都得用论据与事实来说话，也不能不尊重实际的现实经验。

我想起周其仁当初第三句话："不管左中右，质量最重要。"

老范帮着我编这个片子，到了这个部分有点愁："你说咱片子有没必要这么深？观众会不会不容易体会？"我也没底，这一期节目就采访一个人，从头说到尾，四十五分钟。

我俩有点发愁，扔下稿子，一起去看陈虻。他得胃病住院，一进门，他坐在沙发上，嫂子正给他洗脚。细条病号服里人有点瘦得打晃，但看到他乌黑的头顶，心里一下宽了。

"怕你病着，你又不让来。"之前我发过几次短信说来看他，他都回绝了。

"我也没让别人来，但他们都来了。"病了还是这么一点不留情面，噎得我。

他说做完手术好多了，过一阵子就能出院，还是有点虚弱，在病床上侧身躺着，说了两个小时业务。给老范解释什么叫"深入浅出"，有位同事跟他说片子不能编太深了，"我妈说她看不懂"。他说："思想、你、你妈，这是三个东西，现在你妈看不懂，这是铁定的事实，到底是这思想错了，还是你妈的水平太低，还是你没把这思想表达清楚？我告诉你，你妈是上帝，不会错，思想本身也不会错，是你错了，是你在叙述这个思想的时候，叙述的节奏、信息的密度和它的影像化程度没处理好，所以思想没有被传递。"

他问老范："'双城的创伤'是你做的吧？"

老范有点吃不准他是要怎么骂，怯怯地说："是。"

"当初评奖是我主张给金奖的，争议很大，我当时在台里七〇一看的，最抓人的就是'双城'。大家尽管在看的时候，一会儿说这个采访不能这样，一会儿说那个不对，但是谁也不走，他跳不开。我有一句话，就是片子一定要带着问号行走，不管我们在了解的过程中发生了什么错误，但是这个问题本身是真的。对于记者来说是真的，对于观众来说就是真的。"

老范当年被骂得够呛，听到这儿喜出望外。

我心想："怎么就不见你表扬我一次呢？"

他头就转到我这儿来了："柴静这个人吧……有一些众所周知的缺点。"

我笑，就知道他。

他接下去说："但她还是有一个特点的，她不人云亦云。"

刚想百感交集一下，他看了我一眼，当天刚录完节目脸上有妆，他恶狠狠地说："把眼线擦掉，画的那是什么。"

回头编节目，就从我们自己最大的疑问开始。

我问陈锡文："城市人可以卖房，农民建小产权房，中央政府不让买卖，有人指责说这是所有制歧视，欺负农民？"

陈锡文说："我说句不客气的话，有些反对者连最基本的概念都没弄明白。北京房价到这个地步，为什么没有人想去把玉渊潭填了盖房呢？把北海填掉？颐和园填掉？开发商都知道，谁要去招它，肯定是自己找死。这叫管制。"

哪个国家都有管制，国外的农民也不能自由决定土地买卖，该长庄稼的地不能长房子。他在美国看一个县里的土地用途规划图，挂在公共礼堂里，任何人可以提意见，"这道红线在图上一划，土地价格差距至少三四十倍"，这条红线就是管制。

"关键是谁有权利来划？"

"就是啊，你划到线外肯定要跳脚，凭什么？但民主投票，从头到尾你在现场，你都是知道的。大多数人同意了以后，由议会去审议通过，不会出不科学不公平的东西，伤了很多人利益。"

各国政府只有涉及公益性用地时才能出面征地。而判断一块地到底是不是公益性，也不用政府来定。我问："那怎么判断？"

他说，"这个事是社会常识。"

我一愣，"这么复杂的事靠常识来决定吗？"

他说："陪审员制度，一堆老百姓坐那儿，他一听就明白了，这个地要干什么，是不是公益。"如果判下来是公益用地，价格也由市场决定。"没有道理说因为是公益项目，所有人都可以从中得好处，完了就是我一个人吃亏。"

我说会有人说您这样会鼓励钉子户。他说，"钉子户哪个国家都有，说白了，地贵点好，便宜了才会滥用。"在过去的十一年中，中国耕地的总面积减少了一点二五亿亩，超过了一个河南省的耕地面积。相当部分地方政府土地占到预算外收入的百分之六十。高耗能、高污染的企业发展模式停不下来，也与超计划的建设用地供给有关。他的意思是，既然源头在一九八二年宪法给予了政府商业用地的征用权，不必绕远路改革，一步退出就是。

"但地方政府有现实财政问题和官员考核的压力？"

"真正的收入要靠发展经济，不是吃地为生。真正管理好了，土地收益也未见得比现在少，中国的所得税是累进的，人们兜里有钱，税才水涨船高。如果觉得现在的制度哪儿有问题，就改哪儿呀，不能把三十年好不容易建起来的法律体系给越过了。"说到这儿，他满面忧患，一瞬间露出衰弱之色。

我问："有人会问，在目前中国的现实环境下，您说的这些是不是太理想了？"

他没正面回答这个问题，只是说："这个征地制度不改是不行的，最可怕的就是，如果从上到下都有卖地的积极性，回过头来再过若干年，后悔都来不及，城市退不回农村去，农地就没有了。"

采访陈锡文时隐隐感觉，不是我在引导提问，是逻辑在引导我，逻辑自会把链条只只咬合，使任何一环不能拆解，这链条就是结构。结构不是记者创造的，记者只是看见它，把它从深埋的泥土里剥离出来。

有人看这期节目我采访陈锡文时，透出政府要逐步退出商业用地之意，几乎是狂喜地打电话问："是不是定了？定了就可以现金找村支书买地了。"觉得这个热气腾腾的锅盖眼看快被顶开了。

陈锡文在采访中一再强调，只能把乡镇企业的用地拿来直接与企业交易，这块地才占每年出让土地的百分之二，小得很，就像煮沸的高压锅只能先用一个小缝散热。

他的话与其说是在警告，不如说是对改革能不能再进行下去的忧虑："如果土地大量流失，谁也担不起这个责任，只能停下不搞。"担心的是当下的政府管制水平，一旦突然放开，如果与用地饥渴症结合，会带来不可估量的风险。很多人看电视听到这儿就有点急了——那这走一步移半步的，走到什么时候去呢？我也是个急性子，做新闻时有一个惯性，想在节目中找一个一劳永逸的标准答案。想起有个节目拍过一个小朋友，一丁点儿大。他爸教他念课文，说雷锋叔叔在泥地里走路，一个脚窝，一个脚窝的。他问儿子："为什么是脚窝不是脚印啊？"

圆头娃娃想了一会儿说："因为他背着很沉的东西，所以走得慢，踩下去就是一个窝。"

这一脚踩下去的窝，在于乡镇企业用地转成建设用地时，政府退出，不再征地，一退一进之间，就往前走了。但因为土地是集体产权，只能由村集体与企业直接谈判交易，我跟陈锡文谈过，他被批评对农民是"父爱主义"，把他们捆绑在集体中，容易受到村庄里强势人物的左右和支配。

他说三中全会有个关键性突破，讲农民的土地承包经营权由三十年转为"长久不变"，这其实就是产权的清晰——"以后拿这个地自己经营也好，股份合作也好，流转也好，最后去组织去搞专业合作，这样慢慢经济上就独立了。"

独立？我有一点迟疑，他想说什么？

他打了个比方："就像你住的小区，有个居委会吧？它管你的卫生、安全，还收点费，但不会管你在哪儿上班、挣多少钱，更不管你的私人生活。农村的村委会也应该是这样。"

村委会……像居委会一样？我从来没这么想过。

多少年下来，我做过很多批评基层村组织如何侵犯村民权益的事，我记录过很多的泪水、不公和愤怒，但一期节目做完，我总觉得换一个好的村官，或者监督上更有效果就好了，从来没认真想过一个村庄集体生活的实质到底是什么样儿。他说的是一个我从未想象过的中国农村。

"那谁来管农民的经济生活？"

"农民可以自由成立经济合作组织，来管理自己。"

我想起在美国的农业州爱荷华，见到农民的平均年纪是七十岁，家中儿女也都去了大城市，四下一望，全无人烟，只有数只大狗作伴。两个老人耕种百亩土地，靠的是村民之间经济合作，耕收需要的大型用具和劳力，都向商业公司共同租用。老爷子家里的网络可以看到最新的粮食行情，没什么村委会要来管他的经济生活。

自治，本就是一个解缚的过程。解，不是一扯两断，是需要找到线头，以柔和手势轻轻一抽，让一切归于本来应然。

当天谈了四个多小时，结束时已经半夜十二点，他已经六十岁了，我有点过意不去："最后用不了那么多。"陈锡文说："不要紧，我多说点，你就多知道点。"

初稿完成后，我发给陈锡文，让他看看政策或者法律有无引用失误，顺便把八万字的场记也发过去了，算个纪念。附信中我写"如果信息有不确处，请指明"。

他发回来，稿子动了两处。

一处是把解说词里原来写他是"最权威的农业问题专家之一"拿掉了。还有一句话，"经济学家周其仁也无法解释这个疑问，直到采访陈锡文，我们才发现这当中埋藏着一个巨大的历史秘密"，也拿掉了。

他把场记也发回来了，场记是我们全部的采访记录，速记仓促中打了不少错别字。我让他看的几千字正式稿件已经核对过了，这些场记只是个纪念，他也知道。但这八万字里，所有错误的字，他都用红笔一个一个改过来了。

节目里，陈锡文说："几亿人要转为城市居民，这个过程你是迟早要来，这种城市化，能带来多大的投资，造成多大的消费市场，不可估量，潜力极大，但问题是，现在才只有一半人进城，地就成了这样，污染成了这样，以后怎么办？不认真考虑，很难说这件事是祸是福。中国经济如果出问题，一定是农村经济出问题，中国未来一个大的坎就是几亿人进城，就看这个坎能不能过得去。"播出时，我妈说："这个人怎么这么敢说啊，听得我都心惊肉跳。"

美国有一个得普利策奖的华人记者，叫刘香成。作为曾在美联社、《时代》周刊任职的记者，他拍了四十年的中国，被认为是反映中国政治最优秀的摄影师之一。他说："其实我从来不拍政治，我只拍普通人，只不过普通人的生活反映出了政治。"

我后来琢磨，这期节目中，陈锡文看待事物的方式也是这样。他不从意识形态或者某一概念出发，也不刻意站在它的对立面，说出事实时无所顾忌，也不故作惊人之语。他只是关心普通人的生活，他要解决这些生活中的具体矛盾。矛盾解决的方式，自然指出要走过什么样的路。

审片时，我跟袁总谈："我在这个片子里学到不能用道德眼光看待经济问题。"

他一笑，说："不能用道德眼光看任何问题。"

在广东调查违法批地时，我问镇里的书记："您觉得一个地方政府发展经济的目的是什么？"

"我觉得就是让自己地方的群众过得比以前好，这是我最大的目的。"

"那我们看到的这个发展经济的结果，是农民失去了土地，失去了保障，没有就业的机会，生活水平比以前下降，这是怎么回事？"

"因为这个……水平下降？你现在这样提出来，我这个还要去调查，到底是下降了什么？下降了多少？"

"您辖区内这些人这几年到底靠什么生活的，您不清楚吗？"

"一般都是靠自己的一些，打工这样的性质去（挣钱）。"

"您觉得这样对农民负责任吗？"

他往后一靠，一直没有回答这个问题，通常人在沉默的压力下都会说些什么，但这次他打定了主意不发一言，等待着采访的结束。

结尾时，我录了一段串场："陈锡文说，中国的土地问题一定会面临一个非常大的坎。这个坎过去了，就能带来对中国经济不可估量的推动，过不去，所有的国民都要付出代价。而能不能越过这个坎，关键就在于有没有科学、民主、公平、公正的制度。从这个意义上说，当前征地制度的改革，不仅仅是在为九亿农民争取他们手中应有的权益，也是在为这个社会当中的每一个人寻找公平有序的未来。"

播出后，有位观众给我留言："你为什么要选一个特别唯美的秋天树林边，一个光线很漂亮的地方录这个结尾串场呢？这样的话，应该在裸露的土地前录才对。"

是，在这样的现实面前，不必有任何装饰。

一旦了解了卢安克,就会引起人内心的冲突,人们不由自主地要思考,对很多固若金汤的常识和价值观产生疑问。卢安克并不是要打翻什么,他只是掀开生活的石板,让你看看相反的另一面。(王瑾 摄)

第十七章　无能的力量

卢安克坐在草地上，七八个孩子滚在他怀里，打来打去。

我本能地拉住打人孩子的手："不要这样。"

"为什么不要这样？"

我就差点说"阿姨不喜欢这样"了，绷住这句话，我试图劝他们："他会疼，会难受。"

"他才不会。"他们"嘎嘎"地笑，那个被打的小孩也乐。

卢安克坐在小孩当中，不作声，微笑地看着我无可奈何的样子。

后来我问他："我会忍不住想制止他们，甚至想要去说他们，这是我的第一个反应，可是你不这么做？"

"我知道他们身上以前发生的事情，还有他们不同的特点，都可以理解。"

"但是理解够吗？"

"如果已经理解，然后再去跟他们说一句话，跟反感而去说一句话是不一样的。"

我哑口无言。

卢安克是德国人。过去十年，他生活在中国广西山村，陪伴着当地的留守儿童。

他一直拒绝电视台的采访，博客首页，写着一个不太常用的邮箱，附着一个说明："因为我上网的时间不是很多，请你不要超过五句话。"

看完了他博客里的几十万字——都是关于教育的，我无法清楚地感触到他。他的经历并不复杂，一九九〇年到中国旅游就留了下来；九七年在南宁的一所残疾人学校义务教德文；九九年到河池地区的一所县中学当英语老师，因为不能提高学生的考试分数，家长们有意见，他离开了；二〇〇一年开始，他在河池市下属的东兰县板烈村小学支教。

但我看卢安克的文章，他不提这些，不写什么故事，也没有细节，都是抽象的词句，像潜入到无尽波涛之下，浮沉摆荡，不断地看见什么，又不断地经过。

联系采访的时候，老范也非常为难，不知道该对卢安克说什么，犹豫半天写下："你让我想起中国著名的摇滚歌手崔健的一首歌——《无能的力量》，这种'无能'，有的时候，比'能'要强大一百倍。"

老范常常能用直觉捕捉我需要长时间分析才可以达到的点。

南宁到板烈有四小时车程。桂西北多是喀斯特地貌，路沿山而建，"之"字转盘路甩得人不可能打盹。一路只见石山，山高水枯，土壤也是棕色石灰土，好一阵子才看到一小片玉米地。

到的时候，小镇上正逢集市，只有二十平米，三四家露天的卖肉摊，屠夫持刀待沽。举目可及几乎全是老人，身边一群三五岁的小孩子。年轻人大都出门在广东打工，穿着民族服装的壮族老太太背着婴儿，在小摊上挑粉红色的小鞋子，孩子会叫"奶奶"了，还没叫过"妈妈"。

卢安克从小卖部的后面拐出来，在窄成一线的土路上接我们。他将近一米九的样子，有点驼背和营养不良，一件假冒的湖人队篮球服，晃晃荡荡挂在身上，有点脏了。淡黄的卷曲头发没怎么梳理，睫毛几乎是白的，与十年前照片上青年人的样子有了些变化，更瘦了，脸上有了深深的纹路。

他的朋友把我介绍给他，我也随着叫他"安克"，他不招呼，也不问我们叫什么，只是微微笑着，转身带着我们走。

这个时候，摄像把机器举了起来——一旦意识到镜头扛了起来，作为记者就知道采访开始了，任何搭讪或者闲聊都要"有用"，不然，你对不起那个扛着几十公斤机器的肩膀。

我尽量找点话说，卢安克有问必答，答得很简单，不问不说。我隐隐觉得这种提一口气、略带活泼的劲儿是不对头的，但又没办法对摄像说"放下吧"，也太刻意——这么一转念，头一次在机器面前别扭起来。

学校上一年为了迎接上级"普九"检查，刚翻修过，之前教学楼没有大门，没有窗户，没有操场。男孩子们一见卢安克，呼啸而上，像小猴子一样挂在他身上，四五个人钻来拱去，以便让身体尽可能多的部分接触到他。

摄像放下机器问我："现在拍什么？"

这是再正常不过的一问——迅速进入采访，明确接下来每一步拍摄方案——以前每次都是这么干的，这次我却觉得有点受刺激。但必须作决定，不能让大家扛着东西僵着。

"那就先拍一下你住的屋子，可以吗安克？"我说。

他很随和，带我们去了他的宿舍。一间小房子，一张床，墙上贴着以前住过的老师留下的一幅迎客松。摄像和老范在安排采访的地点，拿一只凳子放过来放过去，看在哪儿光线好，按理我这时应该是与采访对象沟通，让他放松下来，多了解一些信息。我跟卢安克聊着，观察周围有什么细节可以问的，有的问题他没有表情，也不作声。

旁边他们挪板凳的响动声好像越来越大，我脑壳完全敞开着，每一声都磨在神经上，我不知道自己为什么这么局促不安。

当天下午，我们先采访一对姐弟，父母常年在外打工，卢安克带着我们去孩子家。

家在山上，山是高原向盆地的过渡，少有平地，房子就建在斜坡上，站在高处一眼望不到邻居。进了门，屋内幽黑，右手边有根电灯线，我摸着拉了一下，灯是坏的。没什么家具，石灰墙上只挂着破了一半的镜子。一台旧电视正正放在厅当中，是姐弟俩生活的中心。

十岁的弟弟黑亮精悍，眉宇间已是山民的气息。天有些冷，他一脚踩住小腿粗的树干，拿小铁斧卖力劈柴，大家都觉得这镜头很动人，过一会儿火暗下来了，摄像机拍不清楚了，我们停下来，说再添点柴。

再过一会儿，拍摄结束了。我让弟弟带我去他的菜地看看——之前他说自己在屋后开了一小块地种菜——但他拒绝了。

"为什么呢？"我有点意外。

"你自己去。"他看都不看我，去火边俯耳跟卢安克说悄悄话，看了我一眼，极为尖锐。

"你肯定在说怎么考验我们。"我想用开玩笑的方式掩饰一下。

卢安克对他笑："不行，他们城里人会不喜欢。"

我隐约听见一点，就问："是要拉我们去玩泥巴？"

"你愿意吗？"

"当然了。"我认为我喜欢。在我对自己的想象里，我还认为自己喜欢下大雨的时候滚在野外的泥巴地里呢。

采访结束，是傍晚六点多，天已经擦黑，山里冷得让人发抖。我们准备坐车下山，弟弟来时跟我挤在副驾驶座上，回去的时候，不看我，说不坐车，脚不沾地，飞跑下去了，卢安克说要跟他一起。

走到门边，卢安克忽然站住了，温和地问我："我们现在去，你去吗？"

"现在？"我愣住了。

我没想到自己头脑中第一反应是"我只带了一条牛仔裤"。

我根本不敢再回答我想去，那是做作，非要努着去，弄得满身泥，甚至雀跃欢呼……只会是个丑陋的场面。

我纳闷了一晚上。我问老范："我做错什么了？"

"什么？"

"那个孩子。"

她说："没有啊，我觉得他对我们很接受啊。"

我说："不对，一定有什么不对。"

"你想多了。"她说，"对了，明天能做卢安克的主采访吗？"

我皱着眉，急躁地说："不能，放到最后再做。"我知道她急切地想要把主要采访拿在手里才安心，这是常规的做法，但我没法告诉她……我几乎有一种愿望，如果能不采访卢安克就好了。如果突然出了什么事，或者他明天拒绝了我们的采访，就好了。

通常我和老范会交流一下采访应该怎么做，但这次只字未提。我带着近乎冷漠的神色写自己的提纲，她在隔壁床上时不时看我一眼，期待着我说点什么，我被这小眼光一下一下打着，几乎快恨起她来了。

我是对自己感到愤怒，愤怒是对自己无能的痛苦。

第二天，我们还是拍摄孩子。

板烈小学有两百四十名小学生，一百八十名是住宿生，很多孩子从四岁起就住在学校里，一个宿舍里七八张床，半数的床是空的，因为小孩子选择两个人睡一张床，为了打闹，也为了暖和。家里给带的倒是最好的红绿绸被子，久无人洗，被头上磨得又黑又亮。

孩子们的衣服大多是父母寄来的。问父母怎么知道他们的身高，其中一个说："我一米二，我用折尺量的。"另一个孩子的球鞋，是自己上集市买的，十八块钱，用粉笔描得雪白，明显超大，两只脚尖对得很整齐搁在床下。

卢安克不是这所学校的老师。他没有教师许可证，不能教正式的课程，只跟孩子们一起画画唱歌，生火做饭，修被牛踩坏的橡胶水管，周末也陪着他们，下过雨的泥地里，从高坡上骑自行车冲下来，溅得一身烂泥。

这些小孩子性情各异，但都黏着卢安克，一条腿上横着躺四个孩子，叽叽呱呱叫他"老爸"。我试图看这是不是孩子在外人面前的攀比心理，发现不管我们在不在他们视野里，都一样。

学校中心有一棵木棉树，有些年头了，长得高又壮，他们仰脖看："卢老师，你说大马蜂窝会不会掉下来？"

"不知道。"他慢声说。

有个孩子揪着他往下坐，把衣服袖子拉下来老长，卢安克就歪站着。孩子问"大马蜂会不会蜇人"，一个门牙上粘着菜叶的家伙嬉笑着戳他："蜇你。"

他两个扭打翻滚在一起了，卢安克也不去看，跟剩下的几个继续聊马蜂的事。

我打心底羡慕这些孩子……不是羡慕他们和卢安克的亲密关系，是羡慕他们合理自然。他们的一举一动不用去想自己在做什么，他们有什么话就说，有什么感情就释放出来，无拘无束。

人多的地方总有老范，她也围着卢安克："木棉树什么时候开花啊？是不是鲜红鲜红的？安克你有没有开花的照片给我拍一下，安克……"她才不管他的反应呢，倒也欢天喜地。

我远远地看着他们。我的任务是采访这个人，我也想接近他，但一旦在他面前，我就意识到"自我"的存在。这东西我熟悉多年，一向靠它保护，现在却让我窘迫不安，进退不得。

主采访总要开始的。

事后我想，我们做对了一件事，就是放弃了平常在屋子里打着几盏灯，布置好幕布，反光板反射着脸的布景，而是把采访地点放在了卢安克常去的高山之上。他和孩子有时一天在群山里走几十公里，这些山上除了草之外什么都没有，累了就在空空的天底下睡一场。

扛椅子上山顶的时候，学校的领导说大冬天的坐外头太冷了。冷就冷点吧，如果不坐在土地上，手里不能抠着地上的草茎，我觉得我心里一点劲儿都没有。

山脚下是小学校，我和卢安克坐着小板凳，脚边放着一只破搪瓷盆子当炭盆。他没袜子，穿着当地老农民那种解放鞋，鞋帮上的洞看得到脚趾。我想问一句，他温和地说："不要谈这件事。"

机器上的小红灯亮了，摄像给我一个手势，一切必须开始了。

我从卢安克的经历问起，觉得这样有把握一些。

"当年在南宁发生什么了？"

"我记不起来了。"

"你为什么要来这里？"

"我不知道该怎么说。"

他沉静地看着我，很多次重复这两句话。

我脑子里有个"嗡嗡"尖叫的声音："这个采访失败了，马上就要失败了。"

我又问了几个问题，问到他为什么到农村来，他说："城市人思考的速度好快，我跟不上。"

"那个快会有问题吗？"

卢安克说："我就是跟不上。他们提很多问题，我没办法思考，慢慢地来，他们早就已经到下一个话题了。"

他并不是影射我，但我心里明明白白地知道，这就是我，这就是我。我还勉强地接了一句："嗯，还没弄清问题就往下问？"

卢安克："嗯，或者早就已经告诉我答案了。"

后来，我几乎没有勇气看自己在这个镜头里的表情，人内心被触到痛处会脸色发白。

我想起之前曾经有电视台同行，几乎是以命相胁地采访了他，说：

"你要不接受采访我就从楼上跳下去。"他同意了，但后来没有播。我明白了那个采访是怎么回事，肯定是后来完全没有办法编成片子。媒体的常规经验，在卢安克面前是行不通的。

他不是要为难谁，他只是不回答你预设的问题……你已经在他书里看过的，想好编辑方案的，预知他会怎么回答，预知领导会在哪个地方点头，观众会在哪个地方掉眼泪的问题。

我放弃了。

脚底下的炭噼啪作响，每响一下都是小小的通红的崩溃。我不带指望地坐在那儿，手里写的提纲已经揉成了一团。这些年采访各种人物，熟极而流的职业经验，土崩瓦解。

卢安克忽然说："昨天……"

我抬起头看着他。

"……我们去那孩子家，那时候正烧火。你说你冷了，他很认真的，他一定要把那个木柴劈开来给你取暖。后来他发现，你是有目的的，你想采访有一个好的气氛，有做事情的镜头，有火的光，有等等这样的目的。他发现的时候，就觉得你没有百分之百地把自己交给他，他就不愿意接受你，而你要他带你去菜地看，他不愿意。"

我连害臊的感觉都顾不上有，只觉得头脑里有一个硬东西"轰"一下碎了："是。昨天晚上还想了很久，我想一定是我出问题了，但出在什么地方呢，我就问她。"我指指站在边上的老范，"她安慰我，说不会的，她觉得他很接受我们了。我说不是，我说接受我们的孩子不会是那样的一个表现，一定是有一个什么问题。"

卢安克说："他怪我带你们上来，说要把我杀了。我也觉得对不起他，就跟着他跑下去了。"

天哪。

我说："我很自责，我觉得我做错了，我都不知道接下去该说什么。"

"目的是好的，但是是空的。"

"空的？"

"空的，做不了的。如果是有了目的，故意去做什么了，没有用的，没有效果，那是假的。"他的声音很慢，我从没听过一个人在镜头面前的语速这么慢。

"你是说这样影响不到别人？"我喃喃自语。

"这个很奇怪，想影响别人，反而影响不到。因为他们会感觉到这是为了影响他们，他们才不接受。"

"很多时候我们的困难是在于说，我们是……"——不，不要说"我们"了，不要再伪装成"我们"来说话了，"……我是成年人，这些经验成为一种障碍，我能够意识到它，但是不知道该怎么去做。"

"把学生的事情当成认真的，自己的事情不要有目的，我觉得就可以。"

他看着我，因为太高，坐在板凳上身体弯着，两手交握在膝盖前方，看着我，眼窝深得几乎看不清眼里的神色。

记者是一个观察人的职业，这个职业保护我几乎永远处在一个主动的位置，一个让自己不动声色的壳里。卢安克从来没叫过我的名字，也没有寒暄过，他是我采访的人中对我最为疏淡的一个，但在他的眼光下，我头一次感觉自己的壳被掀开，蜗牛一样脆弱细嫩地露出头来。

我问他，村里有人说你不喝酒，不抽烟，不挣钱，不谈恋爱，问这样的生活有什么乐趣。

他笑了："有比这更大的乐趣。"

"什么乐趣？"

"比能表达的更大的乐趣。"

"能举个例子吗？"

他又笑了："昨天弟弟接受你采访的时候也是乐趣，我观察他对你的反应，我理解他。看到有的情况你无能，因为你还不知道他的情况，这也是乐趣。"

我也笑起来了。

按理说，被人洞察弱点，是一种难堪的境地，但我并不觉得羞臊或者沮丧。那是什么感觉呢？怎么也回忆不起来。采访已经无所谓了，镜头好像也不存在，我鬼使神差地讲起我小学近视后因为恐惧把视力表背熟的故事，说了挺长一段。我以前约束过自己，绝不在电视采访时带入个人感受——这是我的禁忌。但不知道为什么，这个画着黑色惊叹号的禁忌也一起在崩溃的红光中粉碎了。看节目的时候，我发现自己讲这段时目光向下，很羞涩，跟我八岁的时候一样。

我已经顾不上周围都是我的同事："因为我最大的恐惧就是跟别人不一样，我会被挑出来站在什么地方。大家说，看，她跟我们不一样。怎么才能克服这种恐惧？"

他说："以前我不想见记者，不想给别人看到我做的事情。后来我看到曼德拉说的一句话，他说，如果因为怕别人看到就不做自己觉得该做的事情，把它隐藏起来，那就等于说谁都不能做这个事情。如果自己把它做出来并让别人看到，那就等于说谁都可以这样做，然后很多人都会这样去做。因为这句话我才考虑接受你们的采访。"

卢安克刚来板烈村的时候，村里有人认为他是特务，有的拉他去政府跑项目，有的偷走了他的钱和手电，他什么反应都没有。"这样我就变成了一个没用的人。"他说，"这样我就自由了。"

他在这里生活了十年，走在村里，老太太们把背上娃娃的脸侧过来给他看看，眯眯笑。成年男人不多与卢安克说话，没人斜眼觑之，也不上来搭话，两相无事。

采访间歇，村长出面请我们在自己家里吃饭，让媳妇涮了个大火锅子，肥羊肉片，炒各种羊腰子、羊杂。村长是个大嗓门的汉子，喝几杯粗脖子通红，挨着劝我们几个喝酒，劝法强悍，但不劝卢安克。

这里土地瘠薄无法保水。大石山区还有人用一根铁丝，从高处山岩石缝中将一滴滴水珠引进山脚下的水缸里。老百姓在石头缝里种出来的玉米才一米高，结出的玉米棒还没有拳头大，常常只用来酿苞谷酒。我们在路上多见到醉汉，卢安克说他曾经反感这里的人总是喝酒，后来他理解这些成年人，跟打打杀杀的孩子一样，"情感得不到发挥，生活不允许，如果太清醒，太难受了。"

现在他与这些人"互相理解"："他们也不再劝我酒。"

卢安克从汤里拽了几根青菜吃。村长跟他老婆说："去，给卢老师炒个鸡蛋。"

他不吃荤，平常吃的跟他的学生一样——学校太穷，各家也是，一个学生一星期的伙食费是两块钱，孩子每天的午餐盒里，米饭上只盖着一个菜——红薯叶。十岁的孩子，看上去只是六七岁的身高。

我和老范曾经想买哪怕最便宜的粗棉线袜子寄给卢安克，因为村里买不到合适他大脚的袜子，但他不同意，认为给这里任何东西，都会让学生之间不平等。

他靠翻译书和父母的资助活着，每个月一百块的生活费。

饭桌上我提到，县里的官员托我们说，要给你开工资。卢安克拒绝了，不加解释。他在博客里写过一句话："我不敢向学校要工资，因为我怕学校向我要考试成绩。"

我问他："你不喜欢物质吗？"

"不是不喜欢物质，我喜欢自由。"

他四十多岁了，在广西山村从青年变成了中年人，没有家，没有房子，没有孩子，一个人走在山里，有时困了就睡在山头。

我在傍晚走过这里的山，南岭山系从西南倾斜下来，山高谷深，红水河在陡峭处不是流下来的，而是整条河咆哮着挣脱牢笼从高处跃下。天快黑的时候，庞大的山脉乌沉沉无声无息，红壤上草木森森，浓烈刺鼻的青腥之气，偶尔可见的一两星灯火让人更感到孤独。

我问他："你想要爱情吗？"

"我不知道爱情是什么，没经历过。"

我心里一紧。

他接下去说："我在电视上看过，觉得很奇怪。"

"奇怪？"

"电视上那种爱情故事根据什么产生的，我不知道。怎么说，'一个人属于我'？我想象不出来这种感受。"

他说过，他能够留在中国，很大程度因为他的父母"从来不认为孩子属于自己"。他的父亲以教师的身份退休，母亲是一个家庭主妇，他的双胞胎哥哥是国际绿色和平组织的成员，妹妹七年中一直在非洲纳米比亚做志愿者。

我问："可是就连在你身边这些小男孩的身上，我都能看到他们对人本能的一种喜爱或者接近，这好像是天性吧？"

"他们属于我，跟爱情的那种属于我是不一样的。一种能放开，一种是放不开的。"

"能放开什么？"我还是没听明白。

"学生走了，他们很容易就放开了，没有什么依赖的。但我看电视剧上那种爱情是放不开的，对方想走很痛苦的。"

"你不向往这种依赖和占有？"

"不。"

我可以从智力上理解这句话，但人性上我抵达不了。我问："这样的自由你能承受吗？"

他微微一笑："我愿意。"

我不能理解一个人能够不受人类天性的驱策，找他的经历来看。

一九六八年九月，他出生在德国汉堡。小时候，他跟双胞胎哥哥都很内向，不管别的小孩怎么欺负，都不反抗。他写过："这些痛苦也不是没有用，从痛苦的经历中我得到将来面对问题时需要的力量。"

父亲四十五岁时，为了教育他们兄弟俩，由工程师改做老师。常有人对他妈妈说，这两个小孩太不现实、太虚弱、总做白日梦，要求妈妈把他们的弱点改掉，但父母不急于让他们成为什么样的人，只让他们发展下去——兄弟俩过生日，得到的礼物只是一些木材，他们用这些木材去做了一些自己创造的模型。

在德国，基础教育学校不止一种，父母给他们选择了一所不用考试的学校，课本都是孩子自己写的，"我的父母和老师没有把我当成傻瓜，没有让我做那种考傻瓜的练习题，比如说'用直线把词语连接起来'。这种练习只是在把一个人有创造能力的思维变得标准化。第二个原因是，我的父母和老师没有把我当成聪明人，没有过早地开发我的智力。"

他也要参加中考。外语没有及格，他干脆去了一家小帆船工厂做学徒，自己设计帆船，参加国际帆船比赛，"我这么喜欢玩帆船，是因为在玩帆船时不需要思考，所有的反应都从感觉中来，这就是帆船在行进时对于风、重量和波浪的平衡感。这种平衡感在闭上眼睛时特别能发挥出来。"

之后，他向汉堡美术学院申请入学，没有基础知识，他给教授们看自己的工业设计品，教授们的看法是："已经有知识的人不需要更多的知识，缺少的是创造性。但给卢安克这个只有创造性的人增加知识，他就可以实现他头脑里的东西。"

他不通过高考就进入了大学。

设计飞机模型时，他没有画图或计算，也没用过电脑，只是去体验和感受风流通的情况："整个形态是我们做模型时用手摸出来的。我们做出来的飞机是一架世界上飞行距离最长的滑翔机。可见，如果得到了对于力学等本质的感觉，就能直接感觉到弱点在哪。"

毕业后他不想挣钱，父母担心他没有生存的能力，他做了一份装卸货物的工作，每天扛三千个大包，做了两个月，父母说这样太可惜了。他说："为了钱做是可惜的，不是工作低级可惜。"

父亲说："那你可以为别人服务了。"

他不知道要做什么，只随着自己的兴趣漂流，有一个晚上随帆船漂到一个无人的小岛上，"我在水边上了一个小山，慢慢地看天上的星。我感觉到那些星星离我其实很远，在宇宙中什么都没有。如果我在离世界无限远的地方，我怎么能再找到我们的世界？如果我在我们所谓的宇宙之外，我怎么还能找到这个宇宙？"

他回身潜入人类内心，相继在德国和巴西从事教育志愿者工作，作精神科学的研究。

一九九〇年，他来到中国，想要留下来，他没有对这个国家的狂热辞句，只说："德国一切都完成了，中国才刚刚开始。"

但之后十年，他遭遇了一连串"失败"。

最初，对志愿者管理不严，不需要教师证的时候，他在南宁的中学教学，想教"好的而不是对的"英文，"如果学生能够造这样的句子：Run like the kite；I can fly a bike. 这是多么有想象力的句子，但是根据中国的考试是错的，因为没有这样的标准答案。"段考的时候，他教的班级英文成绩全年级最差，只有六个学生及格，家长们不快，他离开，在博客里以巨大的篇幅批评和反对标准化教育，反对整齐划一的校园，反对"让人的心死去"的教育理念。

他去了广西隘洞镇的一个村子，租间每月十元的房子，招一群从来没受过教育的十四到十八岁的青少年。他们只会说壮语，卢安克教他们普通话，想让他们从尝试改变自身环境的事情做起，比如怎么画地图、修路，但后来发现因为年龄太大，这些学生们只能完成任务，不能自发地创造。

事后他写："这些事情全都失败了，失败得非常严重。但假如我当时就成功，不成熟的事情就会变得很大，而我自己就会变成我不喜欢的那种人，命运通过失败指出应该走的路。"

他到了当时只有拖拉机能够通行、没有电和自来水的板烈，与刚刚入学的孩子在一起生活，渐渐理解了现实："中国人感情很强，以前都是凭感情决定事情，缺点真的很严重了，需要标准化把它平衡。

坏事情也需要发生，如果没有坏事情，我们会意识到什么造成坏事情吗？但它肯定有一天要过去的。"

他曾经把德国教育模式的书翻译到中国来，现在他也放弃了，"我觉得西方的教育不适合这里。每个地方给学生带来不同的生活，不同的影响，所以他们需要的教育也不一样。我的教育都是观察学生自己想出来的。"

"但那样就意味着你没有任何经验可以去借鉴？"

他说："知道一个模式也不等于有经验。"

这时我才理解，他说过去的事不记得了，是真的不记得了。

我说："你一步步这样退到农村……"

他说："我觉得不是退，是一步步接近我喜欢的地方。"

我们选择卢安克身边的孩子来采访时，老范跟我商量："那个眼睛很温柔的小孩子比较诚实。"

我说："嗯，对，还有那个，比较活泼，小脸儿滴溜溜圆那个……就是上次大牙上粘菜叶的。"

有双温柔眼睛的孩子，说卢安克在下雨的时候和他去山上，看到被砍伐掉的原始森林，卢安克说树没有了，树的根抓不住土，土就都流走了。这孩子后来就去阻止砍树的人。他被耻笑，但脸上没有忿恨："我们还是要想办法，一定要劝服他。"

小圆脸也可爱，他写了篇作文，被卢安克贴在墙上，名字叫《骑猪》，活泼可喜："那年春天，我家养了一头又肥又壮的猪，有一天我突发奇想，我不能想想骑马的滋味，何不想想骑猪的滋味？说干就干，到了猪圈，我赶出那头猪，迫不及待地往它身上骑。第一次没跳上去，我往后跳了几步，向前一伸，准备起跳，猪就看见前面一堆饲料，飞快地往前跑，我扑猪屁股上，自己却一屁股坐在地上。看来不行，得想个办法，我向前轻轻触摸它油光光的背，就看起来很舒服，趁机会我用力一跳，OK，我骑到猪背上了。猪在前面跑，爸爸和爷爷在后面追，奶奶和妈妈拿着棍子在前面打，终于猪停了下来，我从猪背上滑下来，定了定神，拍拍猪屁股，强作镇定说，老兄你干得不错。爸爸虎着脸说，你老兄也干得不错。我知道情况不妙，撒腿就跑了。"

他给我们叽里呱啦念，声音清脆得像一把银豆子撒在玛瑙碗里。我控制不住一脸笑容。

卢安克身边的孩子里还有一个最皮的。

我跟别的学生说话，他都会跳进来问："说什么说什么说什么？"

等打算跟他说话的时候，他已经跳走，或者把别人压在身子底下开始动手了。我们有点无可奈何，如果不采访他，他就会来抢镜头，干扰别人。我只好采访他，他坐在凳子上急得不得了，前摇后晃。

采访完他我暗松口气："去吧去吧，玩去吧。"

他立刻操起饭盒，跑到院正中，一群女生堆里，把铝饭盒往一个女生脚下"哐当"一扔，"给我打饭"，转身就跑了。那是他姐姐。女生们拿白眼翻他。

再见他是在草地上，几个孩子滚在卢安克身上折腾，我说了句："老师会累的。"

有孩子松开了："会哦。"

这个小皮孩掰着卢安克的胳膊看他："你会死吗？"

"会。"

"你死就死，跟我有什么关系，我舒服就行。"

小黑脸上的表情狡黠又凶蛮，我张口结舌不知该怎么应答。卢安克搂着他，对他微笑："是啊，想那么多，多累啊。"

我对这些孩子中的一些有偏爱，不可避免地流露出来，就算我的记者身份要求我，也只是在一定程度上控制自己。我不明白，难道卢安克没有吗？他把小黑脸和小圆脸一边一个都搂在怀里的时候，是一样的感情吗？

我迷惑得很。

我先拐了个弯问他："你认为孩子应该是什么样的呢？"

"如果自己作为老师，想象学生该怎么样，总是把他们的样子跟觉得该怎么样比较，是教育上最大的障碍。这样我没办法跟他们建立关系，这个想象就好像一面隔墙在学生和我之间，所以我不要这个想象。"

我有点懵："我们平常接触的很好的老师也会说，我想要一个有创造力、有想象力的学生，难道你没有吗？"

"那学生做不到，他会不会放弃呢？会不会怪这个学生？"

哦。

他说好感与反感是最有危害的心态："我以前考虑过很多方法，最后放弃了，方法都没有用，总是想着这个，没办法真正去看学生是什么样子的，如果很开放地看得到，很自然地就会有反应，适合学生的反应，而这种反应学生很喜欢，很容易接受。"

我说："那很多人觉得，你只是一个生活中陪着他们的人，你并没有在教育他们啊？"

他说了一句，当时我没有注意，日后却不知不觉盘踞在我心里："教育就是两个人之间发生的事，不管是故意还是不故意。"

我憋不住，直接问："那这个孩子说你死跟我有什么关系，这话你听了不会感到不舒服吗？"

他笑了一下，脸上纹路很稠，说："我把命交给他们了，不管他们怎么对待我，我都要承受了。"

在课堂上，有时男孩子大叫大闹，甚至骂他嘲笑他，卢安克无法上课，就停下来。他说自己也有发脾气的冲动，但立刻抑制，"我受不了凶"，这个抑制比发火会更快地让班里安静下来，男孩说："我管不住自己，你让我出去站一会儿。"卢安克就开门让他出去站着。

我转述孩子的话："他们说你太温柔了，如果凶一点会更好。"

他说："有的人他没有承受能力，别人骂他，或者对待他不好，他承受不了，所以他必须反应，本来不想打人，但因为受不了就必须打人。他控制不了自己，就是心里不自由。"

所以他说："我像接受淋雨一样，接受他们带来的后果。"

我问过卢安克，为什么学生之间的攻击行为很频繁？

"那是他们的教育方式，跟父母学的。学生也互相这样教育，他们没有看到更好的方式。"

我从来没见过他跟孩子讲什么大道理。"语言很多时候是假的。"他说，"一起经历过的事情才是真的。"

他让学生一起画画、做音乐，一起拍电视剧，主人公是一个最终明白"人的强大不是征服了什么，而是承受了什么"的孩子。他说："要通过行为来学习，不是说话，说话是抽象的，不侵入他们的感受，但用行为去学习，更直接。"

"但你觉得他们能理解吗？"

"可能头脑想不到，但他们的头脑中都存在，他们已经接受了，没理解，但大了，他们会回忆，会理解。"

卢安克说："文明，就是停下来想一想自己在做什么。"

那个黑脸的小皮孩，只有待在卢安克怀里的时候，才能一待十几分钟，像只小熊一样窝着不动。即使别人挑衅他，他也能暂时不还手。他陪着这些孩子长大，现在他们已经六年级，就要离开这所学校了。这些小孩子，一人一句写下他们的歌词组成一首歌，"我孤独站在，这冰冷的窗外……""好汉不需要面子……"大家在钢琴上乱弹个旋律，卢安克把这些记下来拼在一起，他说，"创造本来就是乱来。"

这个最皮的孩子忽然说："要不要听我的？"

他说出的歌词让我大吃一惊，我捉住他胳膊："你再说一遍。"

"我们都不完美 / 但我愿为你作出 / 不可能的改善。"

我问："你为谁写的？"

他指着卢安克："他。"

做这期节目时，我和老范一反常态，只谈技术与结构问题，不谈任何内心的事。后来看她文章我才知道，她也在这过程中无数次地问自己："我自问我为什么心里总是这么急呢，做节目的时候急，没节目做也急，不被理解急，理解了之后也急，改变不了别人急，改变了也急。为什么我心里，总有那么多的放不下，那么多的焦虑呢？"

我问过卢安克："你写过，中国农村和城市的人，都有一个最大的问题是太着急了。怎么叫'太着急了'？"

卢安克说："来不及打好基础，就要看见成果。"

我说："会有人觉得那就太漫长了。"——那人就是我，那人就是我。

他说："小学老师教了一批一批，都看不到自己的成果。"

在采访他的时候，他说过："如果想改变中国的现状，然后带着这个目的，做我做的事情，那我不用做了。幸好我不是这样的，我不想改变，我没有这个压力。"

我当时一惊，担心他坠入虚无："如果不是为了改变，那我们做什么？"

"当然会发生改变，改变自会发生，但这不是我的目的，也不是我的责任，不是压在我肩膀上的。"

"改变不是目的？"我喃喃自语。

"它压着太重了，也做不到。"他说，"但你不这么想的时候，它会自己发生。"

听他说话，内心长久砌起来的砖石一块块土崩瓦解——不是被禅悟式的玄妙一掌推翻，是被严整的逻辑体系，一步步，一块块，卸除的过程。

我问："你原来也有过那种着急的要改变的状态，怎么就变了，就不那样了？"

"慢慢理解为什么是这个样子，理解了就觉得当然是这样了。"

"你对现实完全没有愤怒？"

"没有。"

"你知道还会有一种危险是，当我们彻底地理解了现实的合理性，很多人就放弃了。"这是我的困惑。

"那可能还是因为想到自己要改变，所以没办法了，碰到障碍了，就放弃了。我也改变不了，但也不用改变，它还是会变。"

"那我们做什么呢？"

"把自己的事情做好。"

在这期节目后的留言里，有一种共同的情绪，卢安克给人的，不是感动，不是那种会掉眼泪的感动，他让你呆坐在夜里，想"我现在过的这是什么样的生活"。

有天中午在江苏靖江，饭桌上，大家说到卢安克，坐在我旁边的一个人也很触动，但他说："这样的人绝不能多。"

"为什么？"

他看上去有点茫然："会引起很多的矛盾……他在颠覆。"

这奇怪的话，我是理解的。他指的是一旦了解了卢安克，就会引起人内心的冲突，人们不由自主地要思考，对很多固若金汤的常识和价值观产生疑问。卢安克并不是要打翻什么，他只是掀开生活的石板，让你看看相反的另一面。

我问过卢安克："你会引起人们的疑问，他们对原有的标准可能不加思考，现在会想这个是对还是错，可是很多时候提出问题是危险的。"

"如果怕自由，那就危险，自由是一种站不稳的状态。"

"从哪儿去找到不害怕的力量？"

"我觉得如果只有物质，那只有害怕，如果有比物质更重要的事情，就不用害怕了。"

他在这次采访中下过一个定义："脑子里没有障碍才是自由。"

我曾以为卢安克有信仰，我直接问了，他笑了一下，说："为了自己的灵魂和需要向神倾诉吗？太自私了吧。"

他明确地写过，很多人的信仰是没有独立个人意识的迷信，是一种提出条件的思想——"如果我做什么，就得到什么结果"，这是一种"教育上的误会"，想要影响人类的精神，故意采取什么固定的策略是无效的。

人们惊叹他的"神性"，这是与他最相悖之处，他认为人的内在毫无神秘可言。他在广西的山村里，把十几本德文的精神科学的书翻译成中文，就是想揭示精神是如何一步一步形成的，"破坏和脱离精神依赖并得到独立意识的手段就是相信自然科学。人们只有相信科学，才能独立思考，才能在精神方面获得自由。"

这过程意味着人人可得。

在这期节目的结尾，我本来有一段串场。这是节目的常规格式，通常需要点明主题，这节目报题是以关心留守儿童的主题去报的，就得这么点题收尾评论。我大概说"一个国家的未来，在小学课堂上就已经决定了"如何如何。

梁主任在审片的时候把它拿掉了。他说："这个人不需要为他抒情，他的行为就是他的力量。"

年底常规，主持人都需要送节目去评奖，我说那就拿卢安克这期吧。对方好意打电话来说，这个主人公没有做出什么成果，不容易得奖，换一个吧。

我说，送这期节目是我们对评委的尊重，如果他们有兴趣就看看，没有也不要紧。

老范也说，许多人听说卢安克后的第一个反应都是问她，"这个德国人在中国乡村到底做了什么？有成果吗？教出了什么牛人吗？"

她说："我每次都难以面对这样的问题，卢安克的教育方式实在无法用常规意义上的'标准'和'成功'来形容。非要这么衡量的话，那么他更是一个常规意义上的'失败者'。"

以八年前板烈小学五年级一个班里的四十六个学生为例，他们中，只有八人坚持到了初中毕业，大多没毕业就到城里打工去了，有的还没读完初一就结婚了，甚至有个父亲来找他说："我的儿子就因为学你，变得很老实，吃了很多亏。"

老范写："从世俗的意义上说，没用，没效果，不可效仿，也不可推广；他做的事情，很可能无踪无影，悄没声息地就被吞没在中国茫茫的现实中，但他的存在本身，有一种令人内心惶然震颤的力量。"

卢安克说："我的学生要找到自己生活的路，可是什么是他们的路，我不可能知道。我想给他们的是走这条路所需要的才能和力量。"

他很难被效仿，也根本不鼓励别人来做志愿者。

节目播出后那个暑假，有三所大学和几十个志愿者去板烈小学给学生补课，搞晚会，来来去去。卢安克说，学生"被忘记"的状态改变了，成为"被关注后又被忘记"。他在博客上写："请你先弄清楚：你是不是只因为我才想来？是不是期待着看到什么？如果是，你面对学生就不是真实的，对学生不可能是纯粹的，所以你也就会被他们否认。如果你仅仅是为了学生，你也不一定需要选择一个已经有志愿者的学校。"

在给老范的回信中他写过："有很多其他的人被学生吸引到这里，但他们都没有留下来。为什么呢？他不可能留下来，是因为他与当地之间没有了命运关系。"

那段时间，卢安克每天收到上千封的信件，博客点击量骤增，每天十几万。

卢安克说那些来寻找他的人"一下子要求我离开学生去休养，一下子要我写什么，要我带头什么"，他不得不躲到学生家去，因为"我午睡的时候随时都有一位陌生人坐在我的床头等我醒来"。

这当中有一部分是要嫁给他的陌生女性。有人写"我不敢想象你在你的学生和理解你的人心目中有多么伟大",想在他身边生活半年,研究他这个人。

他回信说:"我不要你们关心我,我要你们关心我的教育方法。"

她来信说:"我不太理解你的教育方法,但非常理解你。"

他写过:"我最害怕的是崇拜者,因为崇拜基于的往往是幻想。崇拜最终的结果也只能是失望。"

也有记者短信我:"请告诉我卢安克的电话,我要给他一个版来报道他,帮助他。"

我回信说:"他有公开的邮件地址,你先写信给他,征求他的意见再说吧。"

他自信满满:"不,我直接电话他,精诚所至,金石为开。"

我写:"他没电话,另外,我觉得还是尊重他的意愿。"

他回我:"那我去找他,精诚所至,金石为开。"

我没有再回了。

过了半小时,他又发短信来,说已经登上火车,留下余音袅袅,"精诚所至,金石为开"。

还有次开会,碰到一个人,带点诡异的神色说:"你做了卢安克的节目?"

我说:"是"。

饭桌上他坐我对面,忽然把脸凑近来,耸着肩,带着狎昵的口气极轻地说:"我觉得他是个恋童癖。"

一只流浪猫探头探脑地走过来,想找点吃的。他突然站起来,暴喝"滚,滚",圆瞪着双眼冲过去,把猫赶了出去。

卢安克半合法的身份开始变得敏感,他暂时关闭博客,声明自己没有取得志愿者与教师资格。但这引起了更大风波,媒体认为当地政府要驱逐他,舆论的压力很大。

我写信询问情况，征得他同意后，在博客里作了说明——他在板烈的生活和工作正常，没有离开中国，也没有被要求离开学校。他希望媒体和公众"千万不要给广西公安厅和教育部门压力"，他"需要的身份"也正在解决当中，希望不要再有人去板烈看他。

　　我在信中问他，我们是否能与当地政府联系，沟通解决他身份的问题。

　　他说很多人都试图帮助他，"城市人好像不太愿意承受各种事实，就想出各种改变事实的手段。但我都不愿意走那种非常规渠道，因为这样的渠道和手段才让我们的社会变得不公平。"

　　这话刺动我，我感到茫然，不知要怎么做，只能等待。

　　更多的媒体开始介入这件事，认为向广西政府与公安部门施压可以让卢安克的状况变好，河池官方不得不派电视台到板烈小学拍摄卢安克的生活，来澄清驱逐的传言。

　　日后我看到卢安克在博客里写："现代社会人的追求就是想要有保障，对一切的保障。如果出现任何意外，人们马上就要找一个负责人，让上级负责任。上级就很紧张，怕出事，所以要管好一切，不允许任何意外发生。反过来说，我们为什么要提那么多要求？偏偏这些要求给我们带来的是不自由。"

　　二〇一〇年，为了避开这种状态，卢安克离开板烈小学，暂时回国，很多人嗟呀欷歔。不过，春节后知道他以旅游签证重回板烈，我并不意外。

　　二〇〇四年，他在板烈曾经出过一次车祸，农用车轮子脱落，车从几十米的山坡滚下去，差两米就要掉进红水河，被一棵巨树挡住。一个朋友死亡，而他的脊柱压缩了三厘米，日后才慢慢恢复。

　　我问过他，这样的结果一般的人会承受不了的，对吧？

　　他说，如果承受不了能怎么样呢？

　　"会选择走的。"

"离开就不会再有车祸吗？"

我本能地说："但最起码不是在一个陌生的地方，贫穷的地方，和得不到医生的地方。"

"我觉得这次车祸就把我的命跟这个地方连得更紧了，走了就没有命了。"

他还会回来，是因为他要陪伴春节父母不回来的孩子。我问过他："他们会长大，他们会离开这个学校，离开你。"

他说："当然，都会过去。"

"那你怎么办呢？"

"没有考虑以后的，不考虑那么多。我考虑那么多，活得太累了，反正我这一辈子要做的事情，我觉得我已经做了，如果我现在死去也值得，没什么遗憾。"

最理解他的人是他的学生。学生说过："如果一个人为了自己的家，他家人就是他的后代；如果一个人为了自己的学生，学生就是他的后代；如果一个人为了人类的发展，那么人类就是他的后代。"

知道他回到板烈后，我写信对他说："因为我们的报道，才对板烈的孩子和你的生活造成了这些没有想到的不良影响，对不起。包括我在内，很多人从这期节目中受到好的影响，但与不良的影响相比，这种好的影响好像显得很自私了，以至于我都不能开口向你表示感谢。"

他回信说："其实我有承受的能力，只不过现在的情况要求我学会和发挥比以前更大的承受能力。你放心，我会学会。"

我没有再回复这封信。

我再没有可以说给他的话。他不需要安慰，不需要去知道自己是多么重要，他说过："以为自己的名字能给别人力量，是最坏的一种幻觉或者邪教。"

我也没有什么困惑要向他请教。他一再说："很多人需要我告诉

（王瑾 摄）

他们一个怎么样才正确的生活，但我真的没有办法告诉他们。假如我知道那么多，这些积累的知识也只会阻碍我的行为。如果一个老师不理睬自己的感受，仅仅根据知识去做，这会让学生感到虚假。怎么会有对和错的事呢？根据自己的感受去做，这就是对的吧。"

他写过，"感受"不是欲望和情绪，没有"要达到什么"的动机，只是"诚实和持续不断地对事物平静观察"。卢安克要的不是别人按他的方式生活，恰恰是要让人从"非人"的社会经验里解放出来，成为独立的自己。人们不需要在他那里寻找超我，只需要不去阻止自己身上饱含的人性。

我没有写这封回信，还有一点，是怕我一旦非要写什么，我会不由自主地写下对他来说毫无必要的感谢……曾有过无数次，在被自身弱点挟持的时候，我挣扎着想以"卢安克会怎么做"来脱身。改善常常是不可能的，但多多少少，因为他的存在，我体会到了一些从没想过、未曾明白的东西——把自我交付出去，从此就活在命运之中的必然与自由。

节目播出三年之后，二〇一二年，我收到卢安克的信件，他寄给我一份跟孩子一起拍的电视剧，说希望留给有愿望的人，"我可能没有机会继续跟我的学生做事。"

在二〇一〇年，他与一位认识八年的中国女志愿者结了婚。我祝贺他，他回信有些低落："既然我同意成家，那我就要跟着老婆走。虽然我感觉到，我的学生就是我的孩子，板烈就是我的家，但我不能要求老婆也这么看。她有她的梦想和需要，我不能不理她。我现在要面对的就是这些。"

我从没把世俗的事情与他联系在一起，意料之外，但转念也觉得是情理之中，"家庭的温暖和情感，一定会是另一种安慰吧，也许还有未来作为父亲的感受。"

他没有直接回答，说他如果离开学生，"心都死去了"。

"那么，有一个问题，请原谅我问得直接一些，在上次我采访你时，你曾说过，你不知道什么是爱情，什么是'一旦走了就放不开的''一个人属于另一个人的爱情'。那么，现在对你来说，你的看法改变了吗？如果我的问题太私人，请你不用回答就是。"

他没有直接回答，只说："我已经不是一个单身汉，已经不可以根据我一个人的想法来决定事情。真是对不起。"

我们在板烈再见时，卢安克穿着跨栏的背心，晃晃荡荡从稻田边上走过来，瘦了些，笑起来眼纹深了，淡金的眉毛已经发白了，整张脸上几乎只有浅蓝的眼睛有颜色。我问"你好吗"，他说"也好，也不好"。

四面人多，不好说话，他带我去了山上一个学生家，是班上最沉默寡言的小孩，叫小罗，与智障的哥哥同班，父母打工，他们相依为命。小罗一进门，先找盆淘米，拿一把扳手，在电饭锅坏的按钮处拧了几把，把饭做上了，山里人家来了客都是这样。

猪圈旁有一丛小西红柿，才成人指甲盖大，他俩往下摘，我问："这么小能吃了就？"卢安克说："这更有味道。"递给我一个，我在衣服袖子上擦了擦，尝尝还不错。家里没有别的菜，只有桌上放着一些扁豆，有些日子了，我们把卷边的角摘了，打算跟小西红柿炒在一起。卢安克与上次我见到时有些不同，满腹心事，把豆角一只只掰断，我埋头摘了一会儿，说："我一路上想着你这次恐怕跟以前心情不太一样。"

他说是。

我扔了一把豆角在铝盆里："难道有可能这是你最后一次回来吗？"

他不看我，"我担心有这种可能。"

我抬起眼，"记得上次采访的时候，你说这个地方有你的命，你要是离开你的命就没了？"

"从心里来理解是这样的。"

"你理解你妻子吗？"

他说："理解，她是女人。"我听见旁边老范和编导蚂蚁齐叹息。

他起身劈柴生火，准备炒菜。我问他："怎么跟他们解释呢？跟孩子？"

静了一会儿，他问我："那我怎么处理？"

我怔住了，没回答，也没说不知道。我从没想到过他会问别人他内心的困惑，我被这个困惑之深惊住了。

他起身劈柴，蹲在地上，左手扶着柴火，右手小铁斧一下一下劈开缝子，嵌进去的斧子拉起木头来再用力剁下去，我蹲在附近捡碎片，拢进火里。老范说看回放的时候，很长时间，都只有劈柴在火里烧裂时毕剥的声音，和溅出来的几星火烬。

这次的采访全部是卢安克的安排，他挑选的地点、时间，他让我们拍烈日下刚收割完的稻子，拍小罗家边上的晚霞，我们想选择更好的时间，他坚持："不拍天要黑了。"他甚至写了采访的提纲，手里攥着一张字条，上面写着中文和德文交织密密的字，"我怕我自己忘了什么。"

我没见过他这么失稳，也没见过他这样在意。

我采访的孩子中，有一个扮演电视剧主角容承，其他老师说他在班上最调皮，常带着男孩们闹事，被称为"老大"。他接受采访时有些紧张，拿着饭盒的勺子僵坐在桌边，要求卢安克一定要在边上。

我问了几个问题："你为什么演容承？""觉得他性格是什么样的？"……他都说"不知道"，几个问题下来，我看他是真不知道，带了一点放弃的感觉，转头对卢安克说"可以了"。

孩子突然号啕大哭起来，捂着肚子倒在桌子上。我说怎么了这是，赶紧看他，他说肚子疼。疼得枕在胳膊上，一只拳头按着自己胃。

我以为他是吃饭时说话着凉了。倒杯热水给他，他不喝，问他要药吗，他摇头。

卢安克蹲在他身边，抚摸他的背，对他并不说什么，跟我说了一句"我做德语口语翻译的时候，也会肚子疼"。

我明白他指什么，但不确定，俯身对孩子说："是因为我的问题给你压力了吗？如果是，那我真的对不起了，韩运。"

他埋在胳臂里摇头，"不是"，挣扎起来，脸上还挂着泪水，但表情毅然，"你问吧"。

是他这一句话，让我觉得，卢安克说的是真的。他蹲在孩子身边，不看我，轻声谈："这里是农村，自然的力量很强，叫他爬山，他什么山都爬，但叫他反思自己的一些问题他会很痛苦的。"

卢安克陪他回了宿舍，老范看我的神色，知道不理我为好，带着大家去拍外景，我一个人坐在空荡荡的六年级教室里，气恼不已，"三年了，三年了我还在犯错，我怎么这么蠢，我又问错了。"我心里知道，是我心里那点放弃他的想法，流露在了脸上，男孩觉察了。

坐了半个小时，我绞着手，下去吃饭，小潘老师杀了一只鸭子熬了个热气腾腾的火锅，大家都坐定了，卢安克在他旁边给我留了把竹椅子。吃了几口热的，我缓过来点儿了，背地里我问他："我怎么老没办法改变我的弱点？"

他说："如果那么容易的话，还要这么漫长的人生干什么呢。"

有半天的时间，卢安克带着我们组和韩运走了三个小时山路，去爬山，在刚下过雨的小山涧里捉螃蟹，躺在草地上，一直到快日落。他说不用去安抚和沟通什么："跟他沟通没有用，跟他一起行动有用。创作就是这个道理，一起做某一件事，自然就融合在一起了。"

孩子家里每人都有一张自己参与的电视剧DVD，看过了无数遍，还是嘻嘻哈哈又看一遍，遇到同学再看一遍，说起一起偷吃大米或者烂泥巴埋到下巴的细节，是真快乐。我们被招待吃了三顿饭，杀了一只鸡，孩子在水龙头底下洗内脏，卢安克蹲着给他打伞。临走时韩运又拿出中午剩下的饭和碗筷继续留人，只为了拖延点时间和卢安克多待一会儿。

卢安克说不吃了，孩子不吭声，坐在了门口凳子上。

卢安克走过去，摸了摸他的背，柔声说："再见。"

韩运没抬头，卢安克出了门。

我们收拾完东西，出门的时候对孩子说："再见。"他还是没有抬头，也没说话，只是摆了摆手，小潘老师说他哭了。

拐过一个弯，卢安克站在那里，看着夕阳快下的山，一动不动地站着，事后他告诉我，离开孩子时他也哭了。

我知道了他为什么要写信给我，在离开之前他要交托于人，留下一样东西来替代他："创作可以成为他们的权威，可以给他们归属。"

当年我们采访的六年级学生，现在一半上了初三，一半去了外地打工，打工的孩子往往会加入帮派，卢安克说这是一种归属的需要。他在信中提到一个在非洲塞拉利昂参加内战的十二岁小孩，杀了很多人，为了避免受不了的感觉，他天天吸毒。后来这个孩子在联合国的会议上解释："我们加入部队的原因是，我们找不到可以吃的，失去了自己的家，但同时盼望着安全，盼望着自己属于什么，在这个所有归属都垮下来的时代。"

他说这跟留守儿童的情况是相似的，只不过极端得多，夸张得多，"中国的社会没有那样的背景情况，但中国的留守儿童将来也会成为一个失去控制的因素，除非我们能给他们带来归属感。"

这也是当下的中国人最强烈的感受。这样一个快速变化的时期，传统的家族、集体断了，新的又没有建立起来，空虚只会导致消费和破坏，只有当人们能感到创建自己世界的满足，不会与别人去比较，不会因为钱，因为外界的压力感到被抛弃，这才是真正的归属。

在通信中，我们曾谈到，"创作"这个词现在常常被当成是一种"手段"——用来吸引孩子学习更多的手段，或者一种学习之外的调节。好像生活中总有一个伟大庄严的目的，一切都为这个目的服务。这个目的是什么呢？为了服务于一种意志吧，当这个意志让你去改造世界时，你要具有改造需要的知识。而创作在卢安克不是手段，就是归属本身。因为青春期的孩子是通过行动得到感受，从感受中才慢慢反思，反思又再指导行动的，所以他说，说话是没有用的，让他们一起进入，共同完成那个"强大的人不是征服什么，而是能承受什么"的故事，感受会像淋雨一样浸透他们，在未来的人生里缓缓滋养。

纪律可以带来秩序，但却是被动的，只有一个人归属于一件事，一群人，一个社会，才会有认同和发自内心去照顾它的愿望。

采访结束后，卢安克说他已经满足，现在可以去"承受新来的责任，家庭的责任，不管是什么结果"。

我说这句话里面有一种很沉重的意味。

他说："我也不知道我生活在这个世界上是为了什么，有什么使命，这个只能是慢慢摸索的，所以只能慢慢看有什么结果，也许过了几年我明白，为什么要这样。"

"你想检验自己？"

他好像触动了一下，说对。

我说那你害怕那些对你有期待的人会失望吗。

他说："把希望放在别人的身上是虚拟的，所以无用。如果自己不去做，那就不会有希望。"

当时暴雨初晴，强光照透了天地，我说："人生的变化很多，也许三年后我们会再见，再谈一次，谢谢你。"

他微笑，说："也谢谢你。"

采访完第二天，卢安克离开板烈，去了杭州，进了妻子联系的工厂，一个星期后他辞职，因为手续问题，去往越南，等待命运中将要发生的事情，他说："别人对我佩服的地方其实是我的无能，我无能争取利益，无能作判断，无能去策划目的，无能去要求别人，无法建立期待。也许有人以为那是超能，这个误会就造成了我现在的结果。还可以用另一种表达：人类大部分的苦都是因为期待的存在。其实，在人生中不存在任何必须的事情，只存在不必要的期待。没有任何期待和面子的人生是最美好和自由的，因为这样，人才能听到自己的心。"

在我写到这里时，他仍然在越南，身处在语言不通、无法工作的边境。除了保持与他的通信，我也没有更多能做的事。

板烈那场最后的采访，是在山间高处一片梯田里的水泥储水台上，开始之前下了雨，幸好土地里有一把破旧的大遮阳伞，是前几天收麦子的农民留下来的，卢安克把它张了起来，足够我们几个、加五六个小孩子、还有一个看热闹的老农民容身。小罗站在我身边，帮我拿着本子，两手抱在胸前。雨下了好一会儿，从伞檐上穿了线，山明一会儿，暗一会儿，大家紧靠着，面向各方自看暴雨里青绿的田野，很久，有一点金光从东山破过来，乌青的云滚动奔跑，相互推移，雨就要过去了。

就是此时的感受，让我想起哲学家雅斯贝尔斯的一句话，在这期叫《告别卢安克》的节目结尾我说，教育，是人与人之间，也是自己与自己之间发生的事，它永不停止，"就像一棵树摇动另一棵树，一朵云触碰另一朵云，一个灵魂唤醒另一个灵魂，只要这样的传递和唤醒不停止，我们就不会告别卢安克"。

药家鑫用这双弹钢琴的手刺死了张妙，他的未来也从此熄灭。"做新闻，就是和这个时代的疾病打交道，我们都是时代的患者，采访很大程度上是病友之间的相互探问。"（图片来自视频截图）

第十八章　采访是病友间的相互探问

　　二〇一〇年年尾，一个案件的审理引起举国热议。陕西西安，一个叫张妙的女人在骑电动车时被汽车撞倒在地，驾车者拿随身携带的尖刀在她的胸腹部连刺六刀，导致张妙主动脉、上腔静脉破裂大出血死亡，杀人者是西安音乐学院钢琴专业大三学生药家鑫。

　　舆论分歧巨大，几乎每次朋友聚会都会讨论。有几位力主判死刑，也有几位认为对任何人都不应判处死刑，学法律的何帆一直没有表态。

　　问到我，我说："死刑既然还没废除，就应该尊重现行法律，按现有的法条该判死刑就判死刑，不然谈不上公正。"

　　"父母送子自首，被告人又是独子，你们是不是要考虑一下父母的感受？"何帆说，"中国自古有'存留养亲'的传统。比如，兄弟俩运输毒品，论情节都可判处死刑，考虑到他们的父母还健在，这时是不是得考虑留一个？当然，'存留养亲'也不能一概而论，如果兄弟俩把别人一家几口都灭门了，还需要留一个吗？……"

　　大家都不认可："你这个也太……司法弹性这么大，还怎么树立权威啊？"

　　我自觉还算客观，觉得舆论中说的富二代、军二代那些传言都没去考虑，也不赞成群众去冲击法院，只是就事论事。"我记得，刑法里说，如果犯罪手段特别残忍，后果特别严重，社会危害极大，就算自首，也不能考虑从轻，对吧？"

他沉吟一下："这个……算不算特别残忍？"

这次他被别人打断了："这还不算特别残忍？这还不算社会危害极大？"

"与蓄谋已久、精心策划的杀人相比呢？"

我按自己理解说："故意杀人是针对特定对象的，我作为旁观者并不用恐惧。但是撞人后杀人，人人都可能成为受害者，这就是社会危害性极大。"

他笑："这是你个人的感受。"

我说："美国联邦最高法院的霍姆斯大法官不是说过么，法律的生命不在于逻辑，而是经验，经验不就是人们的感受？"

场上无话。

又过了一会儿，话题转到什么样的人可以减免死刑，有人举了一个例子，说情杀就应该免死。

诸人争论，这位朋友请了两位女服务生进来，问她们："如果一对情侣，男方出轨，在争吵中女方失手杀死了他，这女人应该判死刑么？"

两个姑娘互看一眼，说："不应该。"

他说："看，这是共识。"

两个服务员转身要走，何帆说："等一下。"

他说："我也讲个真实的情杀案子，一个男的极端不负责任，女朋友多次为他堕胎，女友第四次怀孕后，坚决要把孩子生下来，他不想结婚，就把女友杀死，连腹中孩子一起焚尸，你们两位觉得应该杀么？"

两个女孩几乎同声说："当然应该杀。"

"那到底情杀该不该免死呢？"何帆说，"我只是觉得，有时候，人们对事情的感受和判断不同，跟讲故事的方式有关。正义不能一概而论，只能在个案中实现。"

二〇一一年六月七日，中午电视新闻，我听到："药家鑫被执行死刑。"

转过身看电视时，穿着横条纹T恤的药家鑫，剃着平头，狭长的脸，眼眉低挂，签完死刑执行书，低头被两位戴着头盔护具的法警押着离开。

我看到这条新闻时，死刑已经执行完毕。

站在电视机前，心里一片空荡。

判决词里写："该犯犯罪动机极其卑劣，手段特别残忍，情节特别恶劣，后果特别严重，依法判处死刑。"

这话是我引述过的，剥夺他生命曾经是我的意志，我的主张。那为什么我会有这胸口恼人的空茫？

我打开电脑，找到一张他的图片，我从来没认真地看过这张脸，药家鑫，对我来说只是一个名字，一段二十几个字的事实。我对他只有最初知道这新闻时震惊与厌恶的情绪。

看了一会儿，给老范发了一个短信："看到新闻了么？"

她回了一个字："唉。"

当天的笔记里我写："为什么人声称追索公正，要求死亡，但死亡来到这一刻，你感到的不是满足，也不是为它的残酷而惊骇，而是一种空茫？它让你意识到，剥夺生命是什么意思？就是一切的发展，一切的可能，结束了。张妙死了，药家鑫死了，但如果只是死，结束了就过去了，那就是白白死了。"

一个多月后，我们去了西安。

张妙出事前数月，搬回了娘家，四壁空无一物，房间里灯泡都没有，衣物全火化了。

她没有单独的遗照，只拍过一张班级集体照和一张几个女孩的合影，她都站在最后一排，扎一个马尾，黑衣，翻一个大白衬衣的领子，妹妹说她不爱说话，照片上不像别的姑娘勾肩搭背，背微微地窝着，双手垂在两侧，带着怯和厚道，笑起来有点抱歉的样子。

　　"小时候身体不好，住过好几个月院。"关于女儿她父亲说得最多的是"小时候给她吃的奶粉"。

　　在农村，这些都是对娃的金贵。

　　她初中退了学，一直打工，前些年，有个在烤肉摊帮忙的小伙子喜欢过她，叠了五百二十一个幸运星给她，后来他出事判了刑，想见她一面，她没去，但一直留着那些幸运星，用一个牙膏盒子封着，去世之后，外甥拿着玩，丢了一些，被打了一顿。

　　她嫁人时，电视、影碟机都是借来的，在婆家的日子过得也不容易。出事前出来打工，卖麻辣烫，想让两岁的儿子吃好穿好点。

　　我在院子里的时候，孩子也来了，嬉笑玩乐，我们买了玩具给他，他拿着偎到我怀里"给你，摩托"，我笑："宝贝，不是摩托，是奥特曼。"

　　张妙父亲紧紧地盯着孩子，偏过头叹口气，几乎轻不可闻。

　　她母亲这两年身体不好，出事后有些精神恍惚了，我们采访父亲时，听到她在房间里哭喊。

　　我问她父亲："要不要劝一劝？"

　　张妙父亲黝黑的脸，瘦得像刀刻一样，说："不劝，这事没法劝。"脸上是日夜锤打遍的无奈。我在那个哭声里坐不住，回头对摄像说了一声"我去看看"。她坐在里屋的席子上哭喊："妈给你做好了饭，你怎么不回来吃……"我坐她身旁，也无法说什么安慰，只能把手放在她的胳膊轻轻抚摸。

　　药家居住的小区是西安华山机械厂的宿舍，上个世纪九十年代修建，药家鑫的父亲药庆卫穿着白色的确良衬衫，里面套着一个白背心，站在楼下等着我们。他说一家人在这儿住了将近二十年。

楼房没有电梯，我们走上去，房间是水磨地，坐下去是硬的转角沙发，厕所里马桶拉的绳子是坏的，用勺子盛水冲。

药家鑫的房间桌上，放着他十三四岁的照片，家里没有近几年的照片，照片前面放着一副眼镜，他在庭审的时候戴过，眼镜边上放着两张滨崎步的专辑。

药庆卫说："四十九天了……电脑没停过，就放在那儿，一直放着他爱听的歌，他说：'爸，你给我放那些歌，我听一下就能回去。'"

药家鑫的床上换上了凉席，挂了蚊帐，他妈说："夏天来了，我害怕蚊子咬着他。"她天天躺在儿子的床上睡觉，"我抱着他平时爱抱的那个玩具，那个狗熊，我都没有舍得去洗，我就不想把他身上的气味给洗掉。"

药庆卫说："我在农村的时候，总听说人死了以后家里会有动静。我以前特别怕这个动静，现在特别希望有。其实有啥动静，什么动静都没有。"

快到傍晚，客厅已经渐渐暗了下来，他停了一下，说："没有，真的，人死如灯灭。"

药家鑫死后，药庆卫开过一个微博，写："药家鑫的事情上，我负有不可推卸的责任，我平时管教孩子过于严厉，令孩子在犯错之后害怕面对，不懂处理，最终酿成大祸。"

药家鑫幼年时，父亲随军在外，读幼儿园时开始按母亲要求学琴，母亲一个月工资五十块钱，三十块交上课费，学不会被尺子打手，一边打药家鑫一边哭，但不反抗，"他也知道多学一次得多少钱"。

母亲说："从小我教育他的，凡是和小朋友在一起玩儿，只要打架了，不管谁对谁错，他回来肯定是挨骂的。"她哭着问我："不是说严格管教才能成材吗？难道严格管教也错了？"

小学一年级，药家鑫的同学逼着他背自己，不背要给一块钱，他就背了。老师找他父亲去，把对方孩子也叫来了，让他父亲处理。他说："我想着孩子玩儿嘛，小事没必要太计较，背就背一下嘛，我没有帮助他。"

中学里有同学打药家鑫，按着他头往墙上撞，他害怕父母说他，不敢说，又不敢去学校，害怕那个学生再欺负他。

母亲说儿子的个性太"奴"，陕西话，懦弱的意思，"怕男的，尤其是他爸"。

药庆卫说："因为我，当兵的可能都有点……自己说了命令性的东西，你该干啥干啥，我也没给他去说什么理由。"

我问："批评也有很多种方式，您……"

"我可能说话有点尖酸，我对别人不会这样，因为我想让我儿子好，一针见血地扎到要害，他可能是很刺痛的。"说完补了一句："但是过后去想想我的东西，都是比较正确的。"

"他一般是什么态度？"

"不反抗的，光笑笑说，那我就是咋也不对。"

他又补了一句，"男孩不能宠，我怕他以后给我惹事。"

药家鑫在庭审时说："从小，上初中开始我就特别压抑，经常想自杀，因为除了无休止练琴外，我看不到任何人生希望。我就觉得活着没有意思，觉得别人都很快乐，我自己做什么都没有意义。"

他对同学说过："我心理可能有些扭曲了。"

同学说，他沉迷一事时往往近于狂热，喜欢日本歌星滨崎步，MP3里全是她的歌，他不懂日文，就全标成中文，在KTV只唱这个人的歌，在网吧里下载一个关于滨崎步的游戏时，有人喊地震，大家都跑出去，只有他一个人坐在里面，说"如果跑出去又得重下"。

他开始上网，打游戏，逃学，父亲认为这是网瘾，有段时间专门不工作，只在家盯着他。一个月，药家鑫被关在居民楼的地下室里，除了上课，吃住都在里面，没有窗，从外面锁上。

药家鑫是什么感受，药庆卫并不知道，"他没有跟我交流，我们也体会不了他心理的斗争过程。"他加了一句："但是以后很正常了，他好了。"

药家鑫对父亲的意志有过一次反抗，中学上了法制课后，他拿着书回来说爸爸压迫他、管着他。药庆卫陪着儿子翻了一遍书，告诉他："我是你的监护人，当然要管你，不然你犯了错就要我来承担责任。"

去做节目之前，老范发过一个报道给我看，说药家鑫做过双眼皮手术，还说梦想有了五百万就去整容。底下评论里都在骂"变态"，我当时看了，嘴角"咝"了一下，也略有些反感。

在他家里，我们想拍摄他过去的资料，发现初中后他没有照片，全家福里也没有他，他母亲说他初一发育变胖后不愿意再拍照，当时体重是一百六十八斤，不到一米六五，胖到了胸前的骨头压迫肌肉产生剧痛，医生说再不减肥有生命危险。药庆卫说："他在特别胖的时候，眼睛就不容易看见，尤其一笑的时候，眼睛就没了，别人就笑他，他就跟我说要整容。"

"你怎么说？"

"他说这个我就打击他，"药庆卫说，"我说好不好都是父母给你的，如果破坏了以后就是对我的不尊重——也不是不交流，不过我说的话有可能有点……像他妈说的，让人有点接受不了。"

他又接了一句："但是我说的应该是正确的。"

药家鑫之后绕过父亲，有什么事跟母亲说，他妈说："他太在意了，总是说，总是说，说这个遗传怎么这样啊，我爸的双眼皮为什么我没有？我可怜这孩子，尽量满足他，所以我就同意让他去割了双眼皮。"

他用了四个月时间减肥，瘦了六十多斤，以至得了胃溃疡。

日后他考上大学，外公奖励了他一万块钱，他花了一半去做了双眼皮的整形手术。

药庆卫说这么多年他从来没有鼓励过儿子，这是他的教育方法："他非常热衷于的事我都会打击他，我就是不让你过热，我就想浇点凉水，不要那么过激。"

　　他不愿意让儿子考音乐学院，极力想让他学理科："其实也是从经济考虑的，但是我不能跟孩子说这个话。"他背地里去找了教钢琴课的老师，让老师多打击儿子。

　　药家鑫一直不知内情，他对父亲说过："我上一次课，被打击一次，越上我越没有信心。"

　　他还是学下来了，专业考了第一。

　　他从大一开始兼职挣钱，在酒店大堂弹琴，后来当家教，打多份工，在城郊之间往返，他妈希望给他买车，"一个学生晚上十一点才回来，不安全"，他爸不同意，因为这样太张扬，会把退役的费用全花光，后来是他妈硬作了主，他爸点头的前提是药家鑫每个月给家里一千块钱。

　　药家鑫买过一把电动按摩椅给药庆卫，他没有喜意，只说："我要的不是这个，只有一个要求，将来你挣不着钱，别问我要。"

　　狂热与极寒交激，焠出一颗赤红滚热的心。药庆卫带着疑惑说："他挣钱好像上了瘾一样，这个月挣四千，下个月就要挣五千。"

　　他说"上了瘾"的口气像是在形容一个病人。但他也没问儿子为何如此，觉得"上进就好"。

　　出事当天，夜里十一点左右，药家鑫开着车返回家。

　　法官问过他，你是向哪个方向开？

　　他说："对不起，我分不清东南西北。"

　　他四个月前才开上。在路上"打开影碟机看滨崎步的演唱会"，边看边开。"又开了一会儿，只听'嘭'的一声撞上了什么东西。"

　　他装着刀的包就放在副驾驶位置上，下车查看时，他是随身带着包下去的。因为"我父母叮嘱我，贵重物品要随身携带"。

他看见张妙躺在地上，哎哟地叫着疼，脸冲着被灯照着的车牌，他认为对方在看自己的车牌号，就拿出了刀，他们之间没说一句话，张妙伸胳膊挡了一下刀，没挡住。只是"哎哟，哎哟"喊了两声，胸、腹、背被刺中。

刀是案发当天买的，庭审时他说因为晚上从没走过这条路，带把刀防身，之前跟别人发生过纠纷。发生过什么纠纷？他没说，庭审没提及，我问他父母："他平时说过为什么事需要带刀吗？"

他母亲说："没有，他就是这一点，心里有事从来不跟我们讲。"

父亲说："我们的街坊邻居在一起都说，大部分孩子都是这个样子，跟父亲说不到两句半就窜开了，都是这样。"

关于杀人的动机，药家鑫在公开采访时说过一句"农村人难缠"，这句话后面还跟着一句没播的："我害怕她没完没了地缠着我的父母。"

他做了漆黑一片的事情，张妙胸腔主动脉、上腔静脉被刺破，开始大出血，她没有了与家人告别的机会。

药家鑫开车离开时，把刀子扔在副驾驶座，不敢看，丧魂落魄地往前开，"一瞬间，好像所有的路灯全灭了。"

药家鑫向家人隐瞒了真相。一直到第三天早晨，他叫醒母亲，让她抱下他，说害怕，车祸死了人。药庆卫从单位打车直接拉他去自首，路上没有问详情，"太自信太自负都不好，我不问他，就是太相信他不会对我撒谎，他说是车祸我就相信是车祸。"

日后他们看新闻才知道实情，他母亲说："我看新闻才知道他动刀了，动刀了呀……我就是想问他为什么要带刀，为什么要这样？你撞了人，你可以报警的，车是上了全险的呀，为什么要动刀呀？我也不理解。"

她每说"刀"这个字的时候，声音都重重地抖一下。

药庆卫说："自首绝对没有后悔过，后悔就是太匆忙。应该问问他，这个是绝对后悔，后悔一辈子。"

他再也没机会了解儿子的内心。

药家鑫临刑前，他们见了一面，十分钟里，药庆卫已经来不及问这个问题。

"进去以后药家鑫已经坐在那儿了。我一走进去他就是'爸我爱你'，重复了好几回，我说我知道，我也爱你，你不要说了，我知道，我也爱你。"

他哭出了声："那是我这辈子第一次说我爱你。他说：'你们好好活着，我先走先投胎。你们将来走了以后，下辈子当我的孩子，我来照顾你们。'"

他不知道药家鑫什么时候被执行死刑，但心里清楚这是最后一面。"我从不相信人有灵魂，我这时候真愿意人有灵魂，我说你有什么事儿没办，给爸托个梦。他说我一定给你托好梦，噩梦不算。他平常说话声音很细，但是说这些话的时候声音很大很大。他说我托的都是好梦，噩梦不算，不是我托的。"

药家鑫对他父母说，不要怨任何人，一切都是他的错，他有罪，愿意赎罪。

但这一句话让药庆卫突然心生疑问，到我们采访时，他仍认为可能是受到外界的要求，药家鑫才说出这话："他这句话太成熟了，以至于我不相信是他自己的想法。难道他能比他爸还成熟？"

这种心态下，他听到药家鑫说死后想要捐眼角膜时，心里很不受用，觉得也有可能是别人授意，他说："你不能捐。你的身体每一部分都是爸妈给的，你完整带来，完整给我带走。"

药家鑫说了好几次，每次他都立刻顶回去，因为网络上一些人说他是军队高层，干预司法，叫他"药狗"、"药渣"，他内心不平，越说越激愤，两眼圆睁："我对药家鑫说：'你捐了以后，人家用上你器官，再有什么事，我没有连带责任我都受够了。'我说希望你把你的罪恶都带走，不要再连累别人。"

采访中，他说到这儿，突然停了下来。

药家鑫已死，之前所有关于他和父亲的关系都只是旁述，是推测，是揣想。但听到这句话，看到他脸上的表情，这个细节，像把刀，扎透了这件事。

当时药家鑫没有解释，也没争辩，说："好，我听你的。"

这是他最后一次违背自己的意愿，听他爸的话。

药庆卫再说起这个细节时，紧紧攥着手，眼睛用力眨着不让眼泪流下来，憋得满眼通红："我有点偏激了，应该满足他的心愿，我不知道他咋想，也可能希望借助别人的眼睛，能再看到我们。所以说，还是那话，人不能冲动，冲动是魔鬼。"

"人最大的慈悲是给生命一个救赎的机会。"他说。

播完这期节目后，我收到柏大夫的短信："看了你的节目，我落泪了，记得宋吗？他很好，已经从海军退役。"

宋是我八年前采访的患有抑郁症的男孩，在十六七岁时曾经因为网瘾被父母送去柏大夫处救治。

小时候被寄养在奶奶家，他认为受到不公平待遇时父亲不帮助他。"他从来就没有鼓励过我，"他说，"我并不喜欢上网，网瘾只是因为现实生活中不快乐，没有寄托。"

他十六岁的时候体重一百八十斤，医生对我说："他为什么胖？因为他要靠吃来压抑自己的愤怒。"他安慰自己的方式，是在镜子上用墨水笔写"我是帅哥"，再拿水泼掉。

父亲那时与他在家中几乎不交谈，说对待他像对一个凳子一样，绕过去就是，"不理他，恨不得让他早点出事，证明自己是正确的。"

心理治疗时，宋面对柏大夫，说起小时候被人欺负，父亲不管他、不帮他的经历，在众人面前用拳锤打墙说"我恨你"，把手都打出了血。

他父亲也坐在现场，泪流满面："我从来没想到他会恨我。"

这期节目播出五年之后，宋上了厨师学校，当过兵，交了女朋友，在一个环保机构工作，瘦了四十斤，常常给我提供污染事件的报道线索。

柏大夫发完短信后不久，我也收到宋的短信："我看了药家鑫这期节目。"只此一句。

我未及细问，一年以后，才想起此事，短信问他："你当时为什么感触？"

他回："他平时不是一个坏人。"

我有点不解："你怎么知道他坏不坏？我采访了半天，我都不敢下结论。"

"姐，"宋写，"我问你，你采访的时候，发现他伤害过什么没有？"

"那倒没有，他妈说，他喜欢动物，不许她妈教训狗，狗死了难过了很久，如果看到家里杀活鱼，他害怕，这顿饭就躲开不吃了。这些信息我们节目都没用，不知道真不真实，你相信么？"

他没回答相信不相信，直接答："他会觉得动物很可怜，是因为动物不会伤害他。"

我说："一个有同情心的人会去杀人吗？"

短信断断续续，过一会儿才来："他逃避责任或者害怕吧，不成熟，不知道怎么向家里交代，也不知道以后这个事会给他带来多少累赘，怕承担。"

"怕承担的自私可能不少人都有，但他这么做太极端了吧？"

他又停了一大会儿，才写了两个字："无奈。"

"什么意思？"

"他心里有愤怒，"他写，"所以他觉得，我不让你张嘴。"

我听着心里一凛："他是在模仿伤害他的人么？"

"不是。"他说得很坚决。

又停顿了一下。他说："他在逼自己。"

他的话像是雨点越下越大，打在篷布上，我站在底下能感到震颤，但没有切肤之感，我接触不到那个雨，但隐隐觉得这句话里有某种我感觉到但没法说清楚的东西，只能问他"什么意思"，他干脆打电话来了："路上太冷，发短信折腾得很，我在路上走呢，这样说痛快点，你想问什么就问吧。"

我说："你认为他凭什么要加害一个已经被他伤害的人呢？"

"他下车的时候并没有拿出刀对吗？他是看到她在记他的车牌号……"

"这个动作怎么了？"

"这个动作在他看来是敌意，"他听出我想打断他，"我知道，她当然是无辜的。但你现在是在问我，药家鑫会怎么想，我是在试着告诉你他的想法。"

我闭嘴：'好，你说。"

他没有用"可能""或许"这样的推断词语，直接说："他觉得，你记住了车牌号，我爸妈知道了，就饶不了我，这对他是天大的事。"

"出个车祸怎么算是天大的事？"我又忍不住了。

"可能对你来说不是，"他一字一句地说，"这对他来说就是天大的事。"

一瞬间，我想起小学五年级的时候打碎了一只碗，在等我妈回来的时候，我把碎片一片一片拼在一起，一只全是碎纹的白瓷碗，窝在一摞碗的最上面，等着她。到现在我还觉得，那个黄昏，好像比童年印象里哪天都暗都长，那种如临大敌的恐惧。结果我妈回来，发现之后居然大笑，跟邻居当笑话讲，我当时心理不是如释重负，而是莫名其妙的郁闷："就这样？难道就这么过去了？"

"但是，为了这样的恐惧去杀人？"我无论如何理解不了。

他在冷风里走路，说话时气喘得很粗重。"你当年采访我的时候，有件事我没有告诉你，"

他说，"我曾经有一次拿着菜刀砍我姐姐，如果不是他们拦住了我，我不知道会发生什么事情。"

"你？"我意外，他在生活里几乎是懦弱的，一开始认识时，他都无法与人对视，在抑郁症治疗中心，当着众人面连上台去念一句诗都做不到。

他说："我内心是有仇恨的，因为大人老说我，老说我姐姐好，老拿我们俩比，所以我就要砍她。"

"如果你觉得大人欺负你，那为什么你报复的不是大人？"

"因为我打不过大人，但她比我弱。"

"可她并没有伤害你？"

"她向他们告我的状。"

我听到这，忽然寒意流过胸口，想说什么，但没有说。我俩都有一会儿没说话。

他停了一下，接着说："从那以后，大人对我好点了，我是发泄出来了，但药家鑫没有。"

我们挂掉了电话，几分钟后，我又收到他的一条短信，他说："我知道你想问我什么，其实刚才我中间有几次，很长时间没回你短信，是在写：如果是我小时候，那时的我也许会像他一样。后来又删了。"

我说为什么。

他说："我真不想再这样说我爸了，觉得不好，也不用这样说他，岁数大了不容易，何况他们都只是不会教育孩子。药家鑫不像我这么幸运，他就是没扛过去这几年。"

六月七号那天，药家鑫的父亲与他见完面，走回家，从正午的电视新闻里知道了儿子被执行死刑的消息。

他不看我，也不看镜头，眼光漫散向虚空，"我那天去还嘱咐他几句话，我说孩子，现在特别热，走的时候，你要把买的衣服都穿上，那边会很冷，他说我知道。那天去我还给他包了点饺子，带了他爱吃的火龙果，就刮成瓤弄个饭盒给他。我走回家，人已经没了，我就不知道那个时候，他穿衣服吃饭，够不够，我想看看他。"

当天下午六点钟左右，他写了微博。"好无助，希望大家哪怕是大骂也好，什么声音都是安慰。"抽泣堵在胸腔里，推得他身子一耸一耸："这个房子，我回来时候这半拉都是黑的，没有任何动静的时候，骂声不也是声音，不也是一种安慰吗？当一个人走在一个深山，连一声鸟叫都听不见的时候，你是很害怕的。"

我们走的时候，已经不早了，药庆卫留我们吃饭，说给你们一人做一碗西红柿面，我们通常不在采访对象家吃饭，这一次大家说好，人忙活的时候，能把心里的事暂时放下一会儿。

我们几个坐在褐色的四合板桌子边，他把几个叠在一起的塑料蓝凳子拔开给我们坐，在阳台的灶下面条，一面自言自语："这两个月都没怎么动锅灶，面下得不好，都黏了。"

家里没有别的菜，他炒了一小碗葱花，放在桌上给我们下饭，我说，让他妈妈也来吃吧。

他木板板的脸，说不用叫了，脸上表情与张妙父亲一样。

走的时候，他妻子还躺在药家鑫的床上，蚊帐放着，她搂着那只大狗熊蜷着。天黑了，药庆卫坐在桌边上，愣愣的，眼睛一眨不眨，脸都垮下来，松垂着，坐在半暗的房间里，我们招呼他，他才反应过来。

节目播后，也有一些人在我博客里反复留言，说："你为什么要播一个杀人恶魔弹琴的样子？让他父母说话？"

宋打断我时说过：我知道张妙是无辜的，但你现在的疑问是，药家鑫为什么会这么想？我在告诉你这个。

二十三岁的宋尝试着以他的人生经验去理解同龄的药家鑫，并不一定对，但他打断我，是觉得，如果带着强烈的预设和反感，你就没有办法真的认识这个人。也难以避免这样的事情再发生。

药家鑫未被判死刑前，音乐人高晓松曾经在微博中评论："即便他活着出来，也会被当街撞死，没死干净也会被补几刀。人类全部的历史告诉我们：有法有天时人民奉公守法，无法无天时人民替天行道……生命都漠视的人会爱音乐吗？"

数万人转发他的话。

一个月之后，高晓松作为被告出现在法庭上，他醉酒驾驶导致四车追尾，一人受伤，被判服刑六个月。

六个月后我采访他，说："也许会有人问你，一个生命都漠视的人怎么……"

我没有问完，高晓松说："我觉得我活该。每一个犯了错的人，别人都有权利把你以前的言论拿出来印证你。"

他说他出事就出在狂妄上："我早知道会撞上南墙，明明酒后的代驾五分钟就到了，非要自己开车走，这不是狂妄是什么？"

他出身清华，少年成名，二十六岁已经开校园民谣的音乐会，崔健跟他谈过一次，说："你的音乐当然很好听，但是你有一个大问题，你不了解这个社会，也不了解人民怎么生活。"他回答："我代表我懂的那些人，你代表你懂的那些人，我们加在一起，就为所有人服务了。"

他现在想起此事，说当年的自己"其实是强词夺理，就是我真的是对真实的人生缺少……我连敬畏都没有，就是缺少大量的认识"。

与高晓松关在同一间牢室的人，有受贿的官员，行贿的老板，打人的贵公子，黑社会，偷摩托车的……从前没交集、不理解的人，现在关在一块，睡在一个大通铺上，每天轮着擦牢室里的厕所，擦得明光锃净。

他原来觉得自己够文，也够痞，可以写"白衣飘飘的年代"，也能混大街，后来才发现，"你也就混混清华附近的五道口，那些混西客站的根本不知道你写的歌，也不认识你是谁。跟坐牢比起来，什么都是浮云，真的就是"。

他用塑料水瓶，在盖子上扎眼做一个滴漏，刻下道子，整夜滴着，"有个响动，有个盼头"，用蘸汤的纸糊着圆珠笔芯当笔，趴在被子上写字，生病时有人把攒下的一块豆腐乳给他吃，"就是世间最大的情义"。

看守所里，一只不知从哪里来的小猫，每天会从补充热水的小窗口里露出头来，人人都省下馒头争相喂它，"那个猫是个特别大的安慰，你觉得自己还是个人，还能喂别人。你会听到，隔壁的那个黑社会本来特别厉害，能听着在隔壁骂人，特别凶。就那猫一去了，他也叫，'喵'，特别那个。"

都是人，也只是人。

在看守所的电视里，他看到另一起英菲尼迪车撞人案，长安街上，有人醉酒驾驶撞死四人，被判了无期徒刑，那个人也被舆论形容为"恶魔"，他认识那个人，是一个曾经与他合作过的舞蹈师，他知道那人生活里怎么说话，婚礼上什么样子，对职业的态度是什么。他看着这个新闻，后怕，也难受，第一次想，"那人也有可能是我。"

采访完药家鑫和高晓松，编导和我都讨论过，要不要把舆论对他们的各种疑问都积累出来，再一一回答。

我说："我觉得还是只陈述，不解释吧。"

老老实实地说出知道的那一点就可以了。

何况我们知道的并不完整，不敢说这就是结论，我只知道他俩身上携带的病菌，人人身上或多或少都有。

王开岭是我的同事，他说过："把一个人送回到他的生活位置和肇事起点，才能了解和理解，只有不把这个人孤立和开除出去，才能看清这个事件对时代生活的意义。"

他还说了一句我印象很深的话："做新闻，就是和这个时代的疾病打交道，我们都是时代的患者，采访在很大程度是病友之间的相互探问。"

五年前，我和老郝曾在江西调查私放嫌疑人的公安局长，采访结束后我少年意气，曾发短信给她说"赢了"。之后这位局长被捕，三年后，老郝与公安部的同志一起去深圳拍摄，在监狱里见到他。

他被判了十六年刑，剃了光头，穿着囚服坐在镜头前忏悔。

老郝回来后对我说："他没有认出我，他就是崩溃了，看着他号啕大哭，我心里特别复杂。"

我没说话。

这位前局长因为当过警察，在牢里受了不少苦。老郝向监管部门反映了这个问题，给他调换了一间囚室。

我理解她。

何帆曾是一名刑事法官。他说，自己刚进法院时，血气方刚，豪情万丈，认为刑事司法的真谛就是主持正义、荡涤邪恶。但是，他第一次亲临刑场，观看死刑执行时，临刑前，死囚突然对法警提出请求："我可不可以挪一下位置，我面前有块石头，如果倒下，这石头正好磕着我的脸。"法警满脸迷惑地看了看在场监刑的法院副院长，副院长点一下头："给他挪挪。"对在场所有人说了一句："即使在这一刻，他们也是人，也有尊严。"

日后处理死刑案件时，只要在判决前稍有一点法理、情理乃至证据认定上的犹豫，何帆说他都不会作出死刑判决。

他读书时，抄写过民国法学家吴经熊一段话。

上世纪三十年代，吴经熊曾是上海特区法院的院长，签署过不少死刑判决。他在自传中写道："我当法官时，常认真地履行我的职责，实际上我也是如此做的。但在我内心深处，潜伏着这么一种意识：我只是在人生的舞台上扮演着一个法官的角色。每当我判一个人死刑，都秘密地向他的灵魂祈求，要他原谅我这么做，我判他的刑只因为这是我的角色，而非因为这是我的意愿。我觉得像彼拉多一样，并且希望洗干净我的手，免得沾上人的血，尽管他也许有罪。唯有完人才够资格向罪人扔石头，但是，完人是没有的。"

在这段话边上，学生时代的何帆给的批注是："伪善。"

如今，他拿出笔，划去那两个字，在旁边写上："人性。"

与老范和另一位朋友在旅行中。

第十九章　不要问我为何如此眷恋

　　从进台开始，发生争执时，陈虻总说："你的问题就是总认为你是对的。"

　　我不吭气，心说，你才是呢。

　　他说："你还总要在人际关系上占上风。"

　　咱俩谁啊？从小我就是弱势群体，受了气都憋着，天天被你欺负，哪儿有你说的这毛病？

　　我采访宋那年，他十六岁，在抑郁症治疗中心的晚会上参加一个集体朗诵，他分到那句诗是："这就是爱。"

　　他脸上表情那个别扭。

　　采访时我问他："你为什么说这句的时候那么尴尬？"

　　他说："我不知道什么是爱。"

　　我用了很大的力气去准备，跟他一起吃饭、聊天。但第一次正式采访，还是特别不顺，找采访的地方就花了挺长时间，他不想说心里的话，我勉强着问，脸上的笑都是干的。两位摄像因为机位和光线遇到点麻烦，也有点较劲。

心里的急像针一样扎着我，我把脸拉下来，说："不拍了，走吧。"

老范是编导，扭着手看着我。

"都不快乐，就不要拍了。"我转身拉开门就走了。

老范后来控诉过我："你每次说的话其实都没什么，最可怕的是脸色。"

我？我对着镜子左照右照……我？我不是最恨动不动给人脸色的人么？每次看到那样的脸，我都心里抽一下，紧一下。我？我给别人脸色？

"你……对别人挺好的吧……就是对我。"她一边说还一边看着我的脸陪着点小心。

"我真的脾气不好啊？"坐在车上我犹豫半天，问小宏。

他是我们三个女生——老范、老郝、我——最信任的人。从不解释自己，也不说服别人，没见他对谁冷眼，也不抢什么风头。小时候被大人戏弄，光屁股放在铁丝上坐着，疼得龇牙咧嘴还要冲人家笑。节目需要隐蔽拍摄艺校学生陪酒事件时，他作为当时组里唯一成年男性必须出马，隐姓埋名偷拍一段。完成任务后，他请陪酒的女生吃了披萨，还一整夜没睡好，觉得欺骗别人内心不安——就是这么个人。我们三个女生有不对的地方，他也不责备，他的存在就是示范。

我问完，他想了想说："你是这样，别人一记直勾拳，你心里一定也是一记直勾拳，不躲避，也不换个方式。"

我嘟囔了一下："我还觉得我挺温和呢。"

他微笑："那只是修养。"

我吓了一跳："你知道啊？"

他说："当然啦。"

他这话给我刺激很大："你们知道我本来什么样还对我好？"

他不答只笑，好像这句话根本不需要解释。

但我也拉不下脸来向老范道歉，只好发个嬉皮笑脸的短信过去。

她立刻回一朵大大的笑。我自惭一下。

第二天，再去拍。奇怪，我前一天把采访都废了，脾气那么急，宋倒没生我的气，可能看到我的弱点，有点亲切。

这天坐在他的小房间里重新采访，光线有点暗，地方也很局促，李季是摄像，说："别管光线，新闻就是新闻，他就应该待在他的环境里。"我心里一下就松了。

宋说，他跟父母一起去了友谊医院的心理治疗俱乐部，在现场治疗，家长孩子都在。宋和他爸爸坐在台上，柏大夫对他说："你要把你对你爸的感受说出来。"

宋不肯说。

柏大夫说："说出你真实的感受。"

僵持片刻后，他说起这些年被父亲漠视的感受。

"你倒是逃避了，我呢？"他说着说着站了起来。有人要拉他，被医生制止了。"我恨你。"他捶着墙，脸扭曲了，一呼一吸，胸口剧烈起伏，哮喘病都发作了。

现场一片乱。柏大夫坐着没动，说："说出你真实的感受。"

采访时宋的父亲跟我说起这个瞬间："我知道他对我不满意，但我从来没想到我对他的伤害有这么大。"他的眼泪挂下来："原来我说他的那句话，'早晚有一天后悔'，现在意识到我这么做我应该后悔了。对他放弃、漠视，今天这个结果就是当初种下的。"

平静下来后，父亲去了墙边，拉儿子的手。他说："这感觉非常奇妙，这么多年我们都没有接触过。"

我问宋这个瞬间，他把头偏到一边笑了，说："哎哟太假了我告诉你。"

"你没有你爸说的那感觉？"

"没有没有。"他不看我。

"你说的是真话么，还是你只是不愿意承认？"我笑。

"我看着你的眼睛说的话是真的，不看的时候就不是。"他也笑了。

"每个人都会有不够有勇气的时候，"我说，"那一瞬间你是不是有些原谅他了？"

他看着我说："可能是……原谅了吧。"

采访完，机器一关，我俩对着笑，他说："我战胜了自己。"我说："我也是。"他跟我拥抱了一下，说："战友。"

晚上回到家，宋发了一个短信，说他在查一些关于我的资料，看到网上讨论"双城的创伤"时，记者是否应该给小孩子擦去眼泪，有人说这样不像一个记者。

他说："我想告诉你，如果你只是一个记者，我不会跟你说那么多。"

这个片子剪完第一版，又出了事。

每次看粗编的片子，老范都紧张得把机房的门从里面插上，不许别人进来，死盯着我。只要我看着监视器，她就敏感得像一只弓着背的猫，头发都带着电往上竖着。她就这样，婴儿肥褪后，早出落成好看的大姑娘了，还是绝不让人看她不化妆的样子。

看这个片时我面无表情……素来如此。看完我转头说了一句："把采访记录给我看看。"

她就炸了："柴静，你太不信任我了。"

我莫名其妙："怎么了？"

她冲我嚷："你根本不知道我对你多好，我什么时候牺牲过你的采访？"

我心想，这跟对我好不好什么关系，这是业务讨论啊。

她翻脸了，一副我受够你了我不干了的样子。

我回家路上气恨得直咬牙，喉咙里又辛又酸，心想："爱走走，等将来你吃亏的时候就知道了。"

我承认问她要采访记录确实是对剪辑有不满的地方，但我心想，是因为你的节目好，所以我才用不着刻意表扬你呀，挑点你的错——

那是因为我比别人对你更负责，所以才要求你，希望你更好。

我俩都打电话向老郝投诉，她两边劝，也没什么用，闹到不可开交，往往要靠小宏出面调解。

我在他面前脾气更大了："我就奇了怪了，这么点小事，就跟我过不去？"

他说："没人跟你过不去，是生活本身矛盾密布。"

我不吭气了。

他从来不指责我们中的谁，有次说起小时候家事，他家三兄弟，母亲承担生活重压，脾气暴躁，常常打他们，下手不轻。他说："每次她发火我都害怕，立刻认错。"

我以为小孩子怕挨打。

他说："我怕她生气，气坏身体。"

我用那个口气对老范说话，还有个原因，是觉得她素来没心没肺，跟谁都嬉皮笑脸，小甜嘴儿，爱热闹，一点点大就跑工地上找个铁棍子拿手里，对民工大叔们说："我给大家表演十个节目。"

用同事杨春的话说，十处打锣，九处有她。

我送过她一副蓝宝石耳环，她成天挂着，挤地铁被一个人扯了一下，直接把耳垂扯豁，耳环也掉了。我听说了，眯着眼嘴里嗞嗞直抽凉气，两天后一见面，我先扒拉开她头发想看看伤情，发现耳环已经在刚愈合一线的小豁口上悬着了。所以我对她比起别人格外不留心，觉得她皮实，怎么都成。有次我们在宾馆坐电梯，我突然发现，她恶狠狠地看着镜子里的自己，特别狰狞。

我吃一惊，她平常从来没这表情。

后来才发现，每次只要路过镜子，她唯一的表情就是这副仇恨自己的样子。我实在忍不住了："难道你这么多年就认为自己长这样子么？"

她吃惊得很："难道我还有别的样子么？"

有次陈威给她拍照片上内刊封面，拍了很多张，别的都巧笑倩兮，只有一张是她当时看见了镜头上自己的倒影，立刻怒目而视。结果她非要选这张当封面。老郝死劝她，她急了："你们爱选哪张随便吧。"转身走了。

我俩才知道她是认真的，她认为真正的自己就应该是在镜子里看到的那样，苍白忧郁，自怨自艾。每次她这么说，我跟老郝都笑得直打跌，至于她为什么要这么看待自己，我没问过，也不当真。烂熟的人，往往这样。每次一看见她这个表情我就呵斥她，胡噜她的脸："不许！"

但几年下来，这个根本改不了。做宋这期节目时，她让那些得抑郁症的孩子看自己手上的烟疤，一副"我也有过青春期"的悲壮。我一开始当笑话听，后来有次看过她胳膊，抽口冷气，气急败坏："不许！"

小宏对她只是溺爱，只有我问他，他才说："范的内心有一部分其实是挺尖锐的。"一副心疼的口气。他不责备她，也不要她改变，只是过马路的时候轻扶着这姑娘的胳膊——因为她永远在打电话，完全不顾来车。

那天看老范的粗编版，其实挺触动我的，只是我没告诉她。有一段纪实是我采访完宋，两天后，他要正式登台朗诵。当天他爸说好要来，临时有工作没来。他急了，又捶着墙，不肯上台演："既然他不来，你说让我干嘛来呀？"

他父亲后来赶到了现场，说事儿没处理好，"今后一定改……"

宋打断他："能自然点儿吗？改变也不是一时半会儿的。以前怎么冷落我的？我不愿说，一说就来气。"

他父亲神色难堪，压不住火，说了句"二十年后你就明白了"，转身要走，走到门边又控制住自己。在场另一位带女儿来治疗的母亲劝解他，他说："可能我的教育方式太简单了，我认为儿子应该怎么怎么着。"那位妈妈说："不光是简单，不光是家长，不管任何人，你去告诉别人应该怎样，这就是错的方式。我就错了这么多年。"

这话说得多好，我回去还写进日记里了。道理我都懂，但只要落到我身上，工作中一着急一较真，碰到自己认为非得如此的时候，就免不了疾言厉色，而且一定是冲自己最亲近的人来。

老郝说我。

我不服气："那我说得不对吗？"我心想，事实不都验证了嘛。

"你说得对，但不见得是唯一的道路。"

我一愣，这不就是陈虻说的话？老郝这么一说，我不言语了。

老范不像老郝这么硬，做节目时她一吵不过我，就从宾馆出走。雨里头淋着，哭得像个小鸭子。

我给她发一短信：吵不过可以扭打嘛，冻着自己多吃亏。

过一会儿，收到短信，说："我在门口呢，没带钥匙。"

门打开，我一看头发是湿的，小卷毛全粘脸上了，去洗手间找条毛巾给她擦头："好啦，我错啦。"

她哇一声搂着我哭了，我只好尴尬地拍着她背。

唉，这辈子认识他们之前，我就没说过这三个字，说不出口。现在才知道，搞了半天，这是世界上最好听的三个字。

她让我最难受的，不是发火，也不是哭，是这事儿过后，就一小会儿，她脸上还挂着哭相，眼睛肿着，天真地举着一只大芒果，趴在我床边一起看网上有趣的事儿，还自言自语："你说这会儿心情怎么跟刚才特别不一样呢？"

我事后问她："你干嘛这么脆弱啊？这只是工作嘛。"

她说："因为我在意你啊。"

没人用这方式教育过我，我当时噎住。

我每每和老范吵架，分歧都是，她时时处处要为我们采访的人着想、开解。而我担心这失于滥情，不够冷静，觉得工作应该有铁律，必须遵从，不惜以冷酷来捍卫。

某次采访一位老爷子，做实业十几年，挣了几百亿，捐出四十亿做公益。他崇拜曾国藩，要"求缺"。闲着没事的时候，我说你经商很成功，那要你来经营新闻，能做成么。他认为跟企业一样，抓住核心竞争力，建立品牌，品牌就是人。我说那负面新闻你怎么处理？

他摇摇头："新闻不分正面负面，新闻的核心是真实。"这句话我早知道，但从他这儿说出来，还是让我琢磨了很一会儿。

这位老爷子脾气直，采访谈得差不多了，他直接站起来把话筒拔掉。"可以了。"他说，"柴静，来一下。"我挺意外，但知道这老头儿肯定是要讲点什么给我听，比如像曾国藩一样指点下别人面相。

果然。

进他的办公室后，他就说他懂点看相："你，反应很快，才思敏捷……但是……"

来了。

"……你有一个致命的缺点。你太偏激，就是你们说的愤青。"他接着说，"偏激就会傲慢，无礼。你很想做事，但要改掉这个毛病。"

我想辩解，还算咽下去了，说："那怎么办？"

"多读书。"老爷子说，"另外，存在即合理，你要接受。"

我回来当玩笑说给她俩听，结果老郝听完看着老范一笑，老范也看着老郝一笑。我气得："我有那么偏激么？"老郝安抚我："倒没有……只是有点好胜。"我让她举例子，她说："比如说，我觉得你不太在意别人的片子。"

我想说我怎么不在意了？想了想开会的时候评别的小组的片子，我几句话就过去了，或好或贬，都只是结论，词句锋利，好下断语，听完别人不吭气。我自认为出于公心，但对别人在拍这个片子过程中的经历没有体谅，我不太感受这个。

老范评片子时，永远赞美为先，处处维护，我有时觉得她太过玲珑。共事几年后，同事聚会，李季喝了点酒，握着她手，说了一句"原来以为你……"他顿了一下没说下去，接着说："几年下来，你是真他妈纯洁。"

纯洁，哎。

她纯洁，心里没有这个"我"字，一滴透明的心，只对事坚持。而我说道理时，往往却是"应该"如何，觉得自己掌握了真理，内心倨傲，只有判断，没有对别人的感受。

陈虻以前要我宽容，我把这当成工作原则，但觉得生活里你别管我。他老拿他那句话敲打我："如果说文如其人的话，为什么不从做人开始呢？"

我听急了："我做人有自己的原则。"

他气得："你觉得你特正直是吧？"

"怎么啦？"

"我怎么觉得你的正义挺可怕呢？你这种人可以为了你认为的正义背弃朋友。"

我当时也在气头上："还就是。"

他第一次住院的时候，我和老范去看他，他还说起这事，对老范说我坏话："她这个人身上，一点母性都没有。"

老范立马为我辩护："不是不是，她对我就有母女之情！"

我勾着她肩膀，冲陈虻挤眼睛。他噎得指着我"你你你"半天，又指着老范对我说："她比你强多了。"

我不当回事儿。

有次采访一个新疆卖羊肉串的小贩，跟他一块吃凉粉，他说当年一路被同乡驱赶，脚被拴在电风扇上绞断了，在贫困山区落下脚接来亲人。亲人却为独占地盘，对外造他杀人的谣言，我说："不会吧？真的吗？"他把筷子往碗上一放，看着我说："底层的残酷，你不理解。"我哑口无言。在电视素材里看见这段镜头，心想，这女同志，表情怎么那么多啊？听到自己经验之外或者与自己观点相悖的意见，她脸上会流露出诧异、惊奇、反感、不屑，想通过提问去评判对方，刺激别人，想让对方纠正，那种冷峻的正直里暗含着自负。

这女同志原来是我，那些表情原来就是我在生活里的表情。

这大概就是老范说的"脸色"。

唉。坐在电视机前，居然才把自己看得明明白白。

批评别人的时候，引过顾准的话"所谓专制，就是坚信自己是不会错的想法"，这会儿像冰水注头——天天批评专制，原来我也是专制化身。

我上学早，小矮弱笨，没什么朋友，玩沙包、皮筋、跑跳都不及人，就靠墙背手看着。

课堂上老师把"爱屋及乌"读成"爱屋及鸟"，我愣乎乎站起来当众指出。老师脸色一沉，说话难听一点，此后我就不再去他办公室。朋友间有话不当心，刺到痛处，就不再交往。十几岁出门读大学，不习惯集体生活，与同寝室的女生都疏远，天天插着耳机听收音机——如果当时有这说法，大概也可按"收音机瘾"收治我。

偶然，遇到一个女生在水池洗头，她胳膊有些不便，我顺手举起盆给她倒水冲洗，她神色奇异："原来你对人挺好的。"

"我？"我莫名其妙，我什么时候对人不好了？

"你挺容忍的。"她说，"但你心里还是有委屈。"

这话说得我一怔。委屈，这个词，好像心里有一只捏紧的小拳头。

日后工作上学，换了不少地方，去哪儿都是拎箱子就走，不动感情，觉得那样脆弱，认为独立就是脱离集体，不依不附。亲近的人之间，一旦触及自尊心就会尖锐起来，绝不低头。我做宋的那期节目，多多少少是投射自己的青春期。

只有到了"新闻调查"这几年，我们组几个人，一年到头出差待在一起的时候比家人还长，简直是从头再长大一遍。老范和我都贪睡，不吃早饭，但她每天早起十几分钟，不开灯先洗完脸，就为了让我多睡一会儿。洗漱完一开门，一袋蛋糕牛奶挂在门把手上，还烫着，是李季挂在那儿的。这大个子从来不多话，但眼里心里都有。我的腰坐的时间长了有点问题，去农村坐长途车，席鸣给我在出租车的后座上塞个宾馆的白枕头。在地震灾区没条件洗澡，每个人一小盆水，我蹲在泥地上，小毕拿只一次性塑料杯子一杯一杯舀着温热的水给我冲头。早春到南方出差，细雨里，街边老人蹲在青藤篮子前卖蔟新的白玉兰。小宏五毛钱买一小束，用铅丝捆着，插在小宾馆漱口的玻璃杯里，让我放在枕边，晚上一辗转，肺腑里都是清香。

采访前，我常黑沉着脸，谁跟我说话都一副死相，心里有点躁时更没法看，陈威把他的不锈钢杯子递给我，"喝一口。"我扑哧乐了，接过来喝一口，递还他。他不接，说："再喝两口。"

热水流过喉咙，脸儿也顺了。

没工作的时候，老郝拿碎布头缝个花沙包，五六个人去天坛，天空地阔，玩砸沙包。老范在边上吃老郝炒的芝麻面，像个花猫满脸都是……原来大家童年都寂寞。

年底我生日，老郝开了瓶酒，做了一大桌菜。吃完饭，灯忽然黑了，电视上放出个片子，是老范瞒着我，拿只DV到处去采访人，片子配了我从小到大的照片，还有音乐和烟花。我是真尴尬，这么大了，没在私人生活里成为主角，这么肉麻过。

最后一组镜头，我差点从沙发上滚下来，是我妈！这厮居然到我家采访了我妈。我妈戴只花镜，特意吹了卷发，拿着手写的绿格稿纸，很正式地边看边说："妈妈真没想到，小时候孤僻害羞的你，现在做了记者这个行业，小时候落落寡合的你，现在有这么一群团结友爱的好同志……"

我一边听，恼羞成怒地拿脚踢老范。小宏一手护我，一手护她："好了好了，踢一下可以了。"老郝拿个纸巾盒等在边上，挤眉弄眼。

他们对我，像丝绸柔软地包着小拳头，它在意想不到的温柔里，不好意思地笑起来了，生锈的指节在嘎吱声里欲张欲合，还是慢慢地有些松开了。

老郝批评过我不看别的组片子后，节目组里片子我都尽量看，别的电视节目也看，看时做些笔记，一是向人学习，另一个第二天开会发言，才能实事求是，对人对己有点用处。对自己节目的反思也多了。

白云升负责策划组开会讨论节目，听完了对我莞尔："觉得你最近有些变化。"

唉，这么大岁数了才有。

我在日记里写："一个人得被自己的弱点绑架多少次啊，悲催的是这些弱点怎么也改不掉。但这几年来，身边的人待我，就像陈升歌里唱的，'因为你对我的温柔，所以我懂得对别人好'，能起码认识到什么不好，最重要的，是能以'别人可能是对的'为前提来思考一些问题。"

年底开会的时候，我向组里道歉："不好意思啊平常太暴躁啦。"

大家笑，好好，原谅你。

我又不干了："哟，我就这么一说，你们真敢接受啊，谁敢说我暴躁我看看。"

他们哄笑。

后来送我一副对联："柴小静，勇于自省，永远任性。"

宋成年之后，我与他在柏大夫那里见过一面，柏大夫说她一直有件后悔的事。当年父子俩在台上，宋当着众人面喊出"我恨你"时，她应该"托一下"这位父亲。

意思是她当时应该让男人讲一讲他的"无奈"，作为儿子，也是父亲，被两种身份卡住时的难堪和痛苦，让双方有更多的理解。每个人都是各种关系里的存在，痛苦是因为被僵住了，固定在当地，转不到别人的角度去体会别人的无助。

我听到她说，也有一些懊悔，拍那期节目时，我才二十多岁，也还只是一个孩子诉说自己委屈的心态，并没有去体会那个父亲的困境。

柏大夫听了微笑着说："你那时很内向，看你眼睛就知道。"

她忽然开口说起自己。三岁之前，母亲把她寄养在别处，带着姐姐生活，重逢后她觉得母亲不亲，觉得母亲更喜欢姐姐。五十年过去了，她养两条狗来修复自己的创伤，"因为那个不公平的感觉一直在"。原先那只养了六年的狗叫小妹，总是让她抱，趴在怀里，新来的流浪狗妞妞在旁边眼巴巴看着，她想放下小妹来抱妞妞，但小妹不肯让出位置，她放不下来，也就体会了"当年一直跟着母亲长大，突然加进一个成员时，我姐姐的难受劲"，知道"在每个角色里待着的人，都会有很多不舒服"。

她说，知道了这一点，"我就原谅了我母亲"。

生命是一个流动的过程，人是可以流淌的。宋现在长大成人，有了女朋友，夹在女友和母亲之间，他说多少体会到了父亲当年的感受。柏大夫说给他，也说给我听："和解，是在心里留了一个位置，让那个人可以进来。"不是忍耐，不是容忍，她指指胸口，"是让他在我这里头。"

陈虻说"宽容的基础是理解"，我慢慢体会到，理解的基础是感受。人能感受别人的时候，心就变软了，软不是脆弱，是韧性。柏大夫说的，"强大了才能变软"。我有一个阶段，勒令自己不能在节目中带着感受，认为客观的前提是不动声色，真相会流失在涕泪交加中，但这之后我觉得世间有另一种可能——客观是对事件中的任何一方都投入其中，有所感受，相互冲突的感受自会相互克制，达到平衡，呈现出"客观"的结果，露出世界的本来面目。

二〇〇七年之后，小组里的人慢慢四散，调查性报道式微，小宏去了新疆，杨春去了埃及，小项天贺小鹏老陈强那时也都离开了"新闻调查"。我问过小项为什么走，他说："没快感了。"他没有跟大家辞别，选在记者节那天走——"为了记着"。办公室我渐渐去得少了，都是空落落的桌子。后来办公室搬到一个黑洞洞的没日光的大杂间里，原先台阶上一年一标的箭头，被擦掉了。

老范也去了国外。

一年中我们几乎没有联系。我是觉得她这性格肯定已经打入异国社交界，别拖她后腿，让她玩吧。我生日那天，她在网上留了个言，说一直没跟我联系，是怕打扰我。认识这么多年了，两人还是这样，能把一步之遥走成万水千山……还好知道出发点，也知道目的地。

我和老郝相依为命，日日厮混。夜半编片子，有人给她送箱新鲜皮皮虾，她煮好给我送，我冲下楼去接，电梯快要停了，两个人撒腿就跑。在两人宽的小街上擦肩而过，到了对方楼下等不着人，手机都没带，找个公用电话打手机也没人接，四顾茫然往回走，一步一蹭走到人烟稠密的麻辣烫摊边，一抬头遇上，不知道为什么都傻乎乎的欢天喜地。

这路如果不拐弯，也不后退，走不了多久。老郝说："这么走是条死路。"但她过了一会儿，说："不这么走也死路一条。"

那就走吧。

这一年，我的博客也停了。外界悄然无声，人的自大之意稍减，主持人这种职业多多少少让人沾染虚骄之气，拿了话筒就觉得有了话语权，得到反响很容易，就把外界的投射当成真正的自我，脑子里只有一点报纸杂志里看来的东西，腹中空空，徒有脾气，急于褒贬，回头看不免好笑。

六哥兴之所至，每年做几本好看的《读库》笔记本送朋友们，还问："放在店里你们会买么？"

"会。"

"知道你们不会。"过了一会儿，他又捏起小酒杯说，"但我喜欢，又行有余力，就做好了。"

过半年，他又问："本子用了么？"

"没有，舍不得。"大都这么答。

他说了一句："十六七岁，我们都在本子上抄格言、文章，现在都不当回事了。"

他说得有理，长夜无事，四下无声，我搬出这些本子，抄抄写写，有疑惑也写下来，试着自问自答。困而求知，没有了什么目的，只是为了解开自己的困惑。眼酸抬头时，看到窗外满城灯火，了解他人越多，个人的悲酸欢慨也就越不足道，在书中你看到千万年来的世界何以如此，降临在你身上的事不过是必然中的一部分，还是小宏那句话："只是生活本身矛盾密布。"

年底，我在出差的车上，接到老郝电话，她说："我跟你说个事。"

我说什么事儿。

她那边没出声。

电光石火间，我知道了："你谈恋爱了……"

"切。"

"你谈恋爱了？"

"……"

"你谈恋爱了！"

"别喊！"

我了解她的脾气，没有确定的把握，她绝对不会说的，这就是说，她终于要幸福了。

六年里，我俩多少次走过破落的街道，在小店里试衣服，一起对着镜子发愁，挨个捏沿路小胖子们的脸，他们冲我们一笑，我们都快哭了。现在她终于要幸福了。

"天哪你为什么现在才告诉我？"

"死人，别喊啊，他们要听见了。"

我挂了电话，给老范发了个短信。她马上把电话打过来，尖叫："我明天就要回来。"

挂了电话，车往前开，陈威坐在副驾驶座上，过了一会儿，回头看着我笑了："哟，柴记者，这些年还没见你哭过呢。"

"你管呢。"我抽抽搭搭地说。

老郝结婚的大日子前夜，我俩还在成都采访孙伟铭醉驾案。

做完要赶当周播。

她问我："结婚证能不能他一个人去领？"

"滚。"我说，"你明天一早回去，后面的我盯着。"

等我拍完回去，她新婚之夜也待在机房，一直病着。我给她按按肩膀，又扯过她左手，端详她手指，玫瑰金。我啧啧啧，她不理我，右手放在编辑机上一边转着旋钮，反反复复找一个同期声准确的点，已经三天没怎么睡了，新郎来送完吃的又走了。

我们工作了一大会儿，我说："老郝。"

"嗯。"

"老郝。"

"说。"

"将来我要死了，我家娃托付给你。"

她头都不回："当然。"

三个月后，我接到通知，离开"新闻调查"。

那天我回来得很晚，电梯关了，我得爬上十八楼。楼梯间灯忽明忽暗，我摸着墙一步一步走，墙又黑又凉。

想起有一年跟谭芸去四川的深山采访，下了几十年没有的大雪，山里满树的小橘子未摘，雪盖着，我让张霖站在车上，从树上摘了几个。拿在手里小小鲜红一粒，有点抽巴，冰凉透骨，但是，那一点被雪淬过的甜，是我吃过的最好的橘子。

中午走到镇上，水管冻裂，停水了，我们找到一家小馆子，让他们下挂面，煎了几只蛋，又切了些硬邦邦的结着霜的香肠。胖老板娘拿只碗，红油辣子、花椒油、青蒜叶子调的蘸料，又抓一把芫荽扔里头。

冰天雪地里，围着热气腾腾的灶，吃点热乎东西，李季说："真像过年。"

我呢，在万山之间，站在肮脏的雪地里，脚冻得要掉了，深深地往肺里吸满是碎雪的空气，心里忍不住说："妈的，我真喜欢这工作。"

现在我得离开了。

我从此再也没有去过调查，跟同事们也没有告别。能说的都已知道，不能说的也不必再说。我唯一放心不下的是老郝，她从那以后，没有再与出镜记者合作，万水千山独自一人。但这话我俩之间也说不出口。

我在别的节目工作很久后，新闻中心的内刊让大家对我说几句话，调查的人把对我的话写在了里头。陈威没写，发了一个短信给我："火柴，什么时候回来？"

我说："等着，放心。"

他说："不放心。"

我不知道怎么回。

内刊上有老郝的一句："她是我迄今为止所见意志最强的记者，相知六年，真希望再一个青春六年来过，我们再并肩。"

六年……六年前，还是二〇〇四年，大伙都在，不管去哪儿出差，多偏远的路，外面雷雨闪电，车里都是一首接一首的歌。出租车有音响就都跟着唱，没有音响，就谁起个头大家跟着唱，不知哪儿来的劲儿，啸歌不尽，好像青春没个完。

有一次，出差在哪儿不记得了，薄薄一层暮色，出租车上，我哼一首歌："我迷恋你的蕾丝花边……"

"编织我早已绝望的梦……"有人接着唱。

是小宏。我转头看他一眼，这是郑智化一首挺生僻的歌，我中学时代，一个人上学放学的路上，不知唱过多少遍，从没听别人唱过。

他不往下唱了。

我又转回头，看了会儿风景，又随口往下哼："不要问我为何如此眷恋……"

这次是两个人的声音接下去了："我不再与世界争辩……"

我猛一回头，盯着老范，她个小破孩，连郑智化是谁都不知道，怎么可能会唱这歌？

她一脸天真地看着我："你老唱，我们就去网上找来学啦。"

我不相信。

他俩说："不信你听啊。"

小宏对老范说："来，妹妹，预备……起——不要问我为何如此眷恋，我不再与世界争辩，如果离去的时刻钟声响起，让我回头看见你的笑脸。"

他们合唱完了，傻乎乎冲着我笑。

老范，老郝，我。

陈虹

第二十章 陈虻不死

二〇〇八年十二月二十三日晚上十一点，我接到同事短信："陈虻病危。"

去医院的车上，经过新兴桥，立交桥下灯和车的影子满地乱晃，我迷糊了，两三个月前刚见过，简直荒唐……不会，不行，我不接受。我不允许，就不会发生。

一进门，一走道的人，领导们都在，我心里一黑。

走到病房门口的时候，他们说陈虻已经没有任何反应。

房门关着，崔永元一个人站在病床边上，握着陈虻的手。

我站在门外，透过一小块玻璃看着他们。

陈虻一再跟我说，评论部里，他最欣赏的人是小崔。

崔永元说："二〇〇二年病好了以后，我回来工作，抱着混一混的心态。我也干不动了，也没心思干了，糊弄糊弄就完了。那个节目收视率极高，其实是投机取巧。我内心里其实是看不上那个节目的，一辈子做那个东西，收视率再高也没意义。"

陈虻那个时候是副主任，小崔说："他审我的片子，很不满意，但他体谅我，知道我生病。片子里现场观众连连爆笑，他坐在那儿一点表情都没有，我就知道他心里怎么想。他不希望我这样，但又不想给我太大的压力，也不知道怎么和我说。"

片子录完，陈虻要签播出单。

小崔说："每次去找他签字，他还问我身体怎么样。我说挺好，然后就走了。其实我很难受，我也知道这么做不好，但我当时没能力了。"

他站在病床边，握着陈虻的手，我站在门口，从小窗口看着他俩。

崔永元说过："我们这拨人可能都这样，或者累死在岗位上，或者彻底不干工作，没中间道路，做不到游刃有余。"

崔永元和白岩松是"东方时空"原来的制片人时间发掘的，刚来评论部的时候，饭桌上同事常聊："哎你说是时间厉害还是陈虻厉害？"他俩是一个战场上的战友，也是业务上的对手。

我第一次参加评论部的会，刚好是时间最后一次主持。他要离开了，坐在台上，一声不吭，差不多抽完一根烟，底下一百多号人，鸦雀无声。

他开口说："我不幸福。"

又抽了两口，说："陈虻也不幸福。"

他是说他俩都在职业上寄托了自己的理想和性命，不能轻松地把它当成生存之道。

说完，把烟按灭，走了。

我开的第二个会，是陈虻主持的。他接手了"东方时空"，正赶上十一长假后，开场白是："我不是来当官当领导的，我就是教练，不负责射门。我只是盯着你们，谁也别想躲过去。"

他让我们观摩能找到的所有国外优秀节目："你们要把每个片子拆分到秒，从每个零部件去学习。"

我接下茬："看来是这辈子最后一个假期了。"

大家哄笑。

他正色说："你说对了。"

散会后他找我谈："成功的人不能幸福。"

"为什么？"

"因为他只能专注一个事，你不能分心，你必须全力以赴工作，不要谋求幸福。"

我听着害怕："不不，我要幸福，我不要成功。"

"切，"他说，"一九九三年我要给'生活空间'想一句宣传语，怎么想都不满意。回到家里，恨自己，恨到用头撞墙，咣咣作响。睡到凌晨四点，突然醒了，摸着黑拿笔划拉了这句话——'讲述老百姓自己的故事'。你不把命放进去，你能做好事情么？"

陈虻得的是胃癌。

小崔说过："陈虻是一个特傻的人，特别傻，看起来很精明，实际上憨厚得不行。你要是看到他讲课时那个傻劲、他审片时那个表情，你就知道这个人不可救药。"

陈虻是哈尔滨工业大学光学工程专业的，孙玉胜任命他当制片人时，他才三十出头，部里很多有资历的纪录片人，觉得他没什么电视经验，有点抱臂旁观。他上来就不客气："别以为你拿个机器盯着人家不关机就叫纪实，这叫跟腚。你的理性到场没有？"

这话当然让人不服气，拿出一个片子让他评价，陈虻看之前就说："我跟你们打个赌，这个片子肯定没有特写。"

他们不信，一看果然没有。

他说："为什么肯定没有？因为摄影肯定不敢推特写。为什么不敢？因为他不知道推哪张脸。不知道怎么判断这个事儿，他怎么推啊。推就是一次选择。"

底下窃窃私语，意思是——你推一个看看？

他举例子："美国'挑战者号'升空爆炸，全世界有多少台摄影机在场？但只有一位拿了奖，他拍的不是爆炸的瞬间，他转过身来，拍的是人们惊恐的表情。谁都可以作选择，区别在于你的选择是不是有价值。"

他没拍过什么片子，说用不着以这个方式来证明自己可以当领导："判断一个运动镜头的好坏，不是看流不流畅，要看它为什么运动。一个摇的镜头，不是摇得均不均匀，而是摇的动机是否深刻、准确。"

他每年审的片子上千部，每次审片时，手边一包七星烟，一包苏打饼干，十分钟的片子要说一两个小时，每次身后都围一堆人。做片子的人当然都要辩解："这个镜头没拍到是因为当时机器没电了"；"那个同期的声音质量不行所以没用"……

他就停下："咱们先不谈片子，先谈怎么聊天，否则这么聊，我说出大天来，你也领会不了多少。"

胆子大点的人说："聊天也不是光听你的吧。"

他摇头："你不是在想我说的这个道理，你在想：'我有我的道理。'这是排斥。这不是咱俩的关系问题，是你在社会生活中学习一种思维方式的问题。"

他有一点好，不管骂得多凶狠，"你认为对的，你就改。想不通，可以不改。我不是要告诉你怎么改，我是要激发你自己改的欲望。"但你要投入了，他又要把你往外拉："不要过于热衷一样东西，这东西已经不是它本身，变成了你的热爱，而不是事件本身了。"

你点头说对对。

他又来了："你要听懂了我的每一句话，你一定误解了我的意思。"

打击得你哑口无言，他还要继续说："你别觉得这是丢人，要在这儿工作，你得养成一个心理，说任何事情，是为了其中的道理，而不是说你。我的话，变成你思维的动力就可以了。"

总之，没人能讨好他。但大家最怕的，是他审完片说"就这样，合成吧"，那是他觉得这片子改不出来了。只能继续求他："再说说吧，再改改。"他叹口气，从头再说。

审完片，姑娘们抹着眼泪从台里的一树桃花下走过去，他去早没人的食堂吃几个馒头炒个鸡蛋，这就是每天的生活。

陈虻的姐姐坐在病房外的长椅上。她把病中的父母送回家，自己守在病房门口，不哭，也不跟别人说话。

我以前不认识她，在她右手边坐下。过了一会儿，她靠在我肩膀上，闭上眼。她的脸和头发贴着我的，我握着她手，在人来人往的走廊上坐着。

老范过一会儿也来了，没吭声，坐在她左手。中间有一会儿，病房医生出去了，里面空无一人，我把她交给老范，走了进去。

陈虻闭着眼，脸色蜡黄发青，我有点不认识他了。

最后那次见，他就躺在这儿，穿着竖条白色病服，有点瘦，说了很多话，说到有一次吐血，吐了半脸盆，一边还问医生："我是把血吐出来还是咽下去好？"有时听见医院走廊里的哭声，他会羡慕那些已经离开人世的人，说可以不痛苦了。说这话他脸上一点喟叹没有，好像说别人的事。当时他太太坐在边上，我不敢让他谈下去，就岔开了。

敬一丹大姐说，陈虻在治疗后期总需要吗啡止痛，后来出现了幻觉，每天晚上做噩梦，都是北海有一个巨人，抓着他的身体在空中抡。

是他最后要求医生不要救治的，他想离开了。

我垂手站在床边，说："陈虻，我是柴静。"

他突然眼睛大睁，头从枕头上弹起，但眼里没有任何生命的气息。床头的监视器响起来，医生都跑进来，挥手让我出去。

这可能是一个无意义的条件反射，也可能只是我的幻觉。

这不再重要，我失去了他。

这些年他总嘲笑我，打击我，偶尔他想弥补一下，请我吃顿饭，点菜的时候，问："你喝什么？"

我没留心，说："随便。"

他就眉毛眼睛拧在一起，中分的头发都抖到脸前了："随便？！问你的时候你说随便？！你已经养成了放弃自己分析问题、判断问题、谈自己愿望的习惯了！"

这顿饭算没法吃了。

但好好歹歹，他总看着你，楼梯上擦肩而过，我拍他一下肩膀，他都叫住我，总结一下："你现在成熟了，敢跟领导开玩笑了，说明你放松了。"

我哈哈笑。

他一看我乐，拿烟的手又点着我："别以为这就怎么着了，你离真的成熟还远着呢，就你现在青春期这小资劲儿，毛病大着呢，不到三十多岁，不遇点大的挫折根本平实不了。"

讨厌的是，他永远是对的。

八年来，我始终跟他较着劲，他说什么我都顶回去，吵得厉害的时候，电话也摔。

他生病前，我俩最后一次见面都是争吵收尾。他在饭桌上说了一句话，我认为这话对女性不敬，和他争执以至离席，他打来电话说："平常大家都这么开玩笑的。"

"我不喜欢这样的玩笑。"

"你是不是有点假正经啊。"他有点气急败坏。

"你就这么理解吧。"

"这么点儿事你就跟我翻脸，你看你遇到问题的时候我是怎么教导你的？"

"教导，这就是你用的词。你为什么老用这样的词？"我也急了。

他气得噎住了。

"你不要总把我当一个学生，也别把我光当成一个女人，你要把我当成一个人。"

他狠狠地沉默了一会儿，居然没修理我。

一个月后，我在机场，他打了个电话来，说一直颠来倒去地想这事，想明白了，说："我错了，我们还是朋友，对吧？"

我心想，这厮还是挺厉害的。嗯了一声说："当然。"

数月后，听说他胃出血动手术了，我没当回事儿，谁出事儿他也不会出事儿。他不是说过吗，我是只网球，他是那只拍子，"你跳得再高，我也永远比你高出一厘米"。他会带着个难看的光头出院上班，絮絮叨叨讲生病的经验："哎，我最近想到了十个人生道理……你怎么不拿笔记一下？……每句都记说明你根本抓不住重点……"到了八十岁还披挂着他花白的中分长发，拐棍戳地骂我："你昨天那个蠢问题是怎么问的……"

这人是不会心疼人的，他只是盯着你，不允许你犯任何错误浪费生命。

他生病时，我发短信说要去看他，看到他回信，下意识用手在桌上重重一拍："啊！"他说术后的疼痛已经连吗啡都没有用了，说"只能等待上帝之手"。

我不信，说想见见他，但他说没有精力，太疼了，短信写："电视上看到你，瘦了。保重身体，人不要死不要进监狱不要进医院。"

过一阵子精神好的时候，他的短信回得很长，说手术完了，在深夜里好像能感觉得到舌头上细胞一层层滋长出来，头发茬子拱出头顶，说"饿的感觉真美好"。我心里松快了，叮嘱他"你在病床上能写点就写点，回来好教育我"，他响亮地回了句"嗯呐"。

我当时想，就是嘛，这个人太爱生命了，不可能是他。

到了教师节，我给他发了一条短信："好吧，老陈，我承认，你是我的导师，行了吧？节日快乐。"

他回说："妹子，知道你在鼓励我。现在太虚弱了，口腔溃烂几乎不能说话。没别的事，就是疼。没事，可以被打死，不能被吓死。"

"就是疼。"我心里难受，得多疼呢？

告别的时候，陈姐姐还是不哭不作声，只拉住陈虹的手不放。

过了一会儿，边上的医生轻声喊我。

我把她的手握住，又握住陈虹的手，把它们慢慢松开。

这一下，温暖柔软。这是八年来，我第一次和陈虹如此亲近。

最后一两年，我不再事事向他请教，有时还跟着别人谈几句他的弱点，认为这样就算独立了。他讲课也少了，新闻速度加快，大家都忙，业务总结的会少了。有时候碰见我，他递给我一张纸，说"这是我最近讲课的心得"，我草草扫一眼，上面写"现场……话语权……"回家不知道收到什么地方。他也不管我："你这个人靠语言是没用的，什么事都非得自己经过，不撞南墙不回头。"

我遇到过一次麻烦，他打电话来，一句安慰都没有，只说你要怎么怎么处理。

我赌气说无所谓。

他说："是我把你找来的，我得对你负责。"

我冲口就顶回去了："不用，我可以干别的。"

他没吭声。

后来我觉得这话刺痛了他，后悔是这个，难受是这个。

他最后一次参加部里的活动，聚餐吃饭，人声鼎沸。他一句话不说，埋头吃，我坐他侧对面，他披下来的长头发，一半都白了。

出来的时候，我不知道说什么好，就跟着他走，默默走到他停车处。他停下脚，忽然问我："二十几了？"

我笑："三十了。"

他顿了一下："老觉得你还二十三四，你来的时候是这个岁数，就老有那个印象。"

我看他有点感喟，就打个岔："我变化大么？"

他端详我："没变化。"

顿了一下，又说了一句："还是有点变化的，宽厚点了。"

我咧咧嘴，想安慰他一句，找不到话。

他看出来了，笑了一下："嘿，就这么回事儿。"

手机响了，他挂着耳机线，一边接一边冲我挥了下手，拉开他开了十年的老车，车后边磕得掉了漆。

我转身要走了，他按住耳机线上的话筒，又回身说了一句："你已经很努力了，应该快乐一点。"

凌晨两点半，我跟陈姐姐一起下楼。电梯开的时候，看到白岩松，对视一下，我出他进，都没说话。

他和陈虻，像两只大野兽，有相敬的对峙，也有一种奇异的了解。大家谈起陈虻时，有人说智慧，有人说尖锐，白岩松说"那是个非常寂寞的人"。陈虻活着，就像一片紧紧卷着的叶子要使尽全部气力挣开一样，不是为了得到什么，也不是要取悦谁，他要完成。

他的寂寞不是孤单，是没完成。

后来岩松说，那天凌晨离开医院后，无处可去，他去陈虻的办公室坐了一夜。那个办公室里，有一盆白菊花，不知道是哪位同事送的，上面的纸条写的是："陈虻，怀念你，怀念一个时代。"

陈虻葬礼那天特别冷，我去的时候，紧闭的大门外，已经站了一千多人，我第一次见到台里那么多同事，无人召集聚在一起，人人手里拿着白菊花在冷风中等着。天色铁一样寒灰，酿着一场大雪。呼气都是白雾，没人搓手跺脚取暖。

小崔面色铁青，坐在灵堂边的小屋子里不说话。

我坐他侧面的椅子上，看着他。

他从口袋里拿出一把药，我给他递一瓶水，他拿在手里，没喝，直接把药咽下去了。

他心脏不好。

他看看我，说："别生气，别生闲气，啊。"

我说不出话。

陈虻生前参加的最后一次年会，还是小崔主持，没有了《分家在十月》那样的片子，小崔自己去请了赵本山、郭德纲……一个部里的小小年会，搞了五个小时，不知他花了多少工夫。

陆陆续续，台下的人有些走了，或是打着手机出去了。陈虻搂着儿子，跟我隔着走道坐着，一直没动。

罗大佑是压轴演出，他一直坐在第一排，喝完两瓶酒，登台是晚上十一点，没上舞台，踩着一只凳子站在过道上，一束追光打着，冲场下问："唱什么？"

几百条汉子齐声喊："光阴的故事。"

罗大佑轻捻弦索，众人纷纷离开座位，围拢到他周围，席地而坐。小崔坐在过道台阶上，向我招手，我手脚着地爬过去，坐他身边，回头看了一眼，陈虻搂着熟睡的儿子，坐在席间未动，微笑着张嘴不发声，随着众人唱："遥远的路程昨日的梦以及远去的笑声，再次的见面我们又历经了多少的路程，不再是旧日熟悉的我有着旧日狂热的梦，也不是旧日熟悉的你有着依然的笑容……流水它带走光阴的故事改变了我们，就在那多愁善感而初次流泪的青春……"

陈虻葬礼上，仪式全结束后，有三四十个人没有走。

大门关上，大家挨个排队走过去，再次向陈虻鞠躬。

陈真是原来"东方时空"的编导，他说："陈虻的一生没有拍什么片子，但我们就是他的作品。"

年底，我离开"新闻调查"，很快又离开评论部，去了"面对面"，再离开新闻中心，到了"看见"，像草在大风里翻滚成团，不知明日之事。早几年大概会心如飞蓬。但现在对我来说，想起陈虻的死，这世间还有什么可怕。

我离开评论部时，白岩松在南院的传达室里放一个袋子，让人留给我，里面装着书，还有十几本杂志，都是艺术方面的。我理解他的意思，他希望什么都不要影响到生命的丰美。他的书出版，托人转我一本，里面写："陈虻总说，不要因为走得太远，忘了我们为什么出发。如果哀痛中，我们不再出发，那你的离去还有什么意义？"

我翻到扉页，他写"柴静：这一站，幸福"。

史努比常常来找我。他结了婚，当了副总，买了房。但不谈这些，也不问我工作，"比起身体，都是浮云"。就拉着我打球，吃饭，吟个诗，谈电影。骑个自行车带着我，大门口还给我买半个红瓤翠瓜，拎在手上，就这么半拉瓜，还左手换右手，汗流浃背地走，说起当年办公室大姐想撮合我俩的事，我忍不住后怕："要真成了……"

他也乐，脸皱出几个大括号："可不也就过下去了么。"

我说："你看你，现在也不教育我了。"

他一副长兄看顾遗孤的口气，"你现在已经挺好的了。"

我说你现在怎么样。

他说："有不好的我也不告诉你。"

我笑，觉得我俩都大了，或者说，老了点。

过一会儿他还是没控制住，说："给你挑个小毛病行不？"

这就对了。

他说，看你前两天博客里写"我抿着嘴往那个方向一乐"，把"抿着嘴"去了吧。

嗯，是，女里女气的。立刻删了。

他说，哟我的意见还真挺重要。

"那是。"我说，"你说什么我总是先假设你是对的。"

他得意："哎这话我爱听，那我教育你这么多年了，你也反哺我一下吧，我现在对这世界特别失望。"

我说："十年前咱们在'东方时空'，你写过一篇文章《天凉好个球》，里头不是引过一句里尔克的诗嘛——'哪儿有什么胜利可言，挺住意味着一切。'"

离开"新闻调查"之后,有段时间我主持演播室节目,有观众在留言里语带讥讽问我:"你不再是记者了,以后我们叫你什么呢?温室里的主持人?"

是一个记者,坐在哪儿都是。如果不是,叫什么也帮不了你。

不管什么节目,都得一期一期地做,做完贴在博客里听大家意见,陈虻当年希望我们每做完一个片子,都写一个总结:"这不是交给领导,也不是交给父母的,也不是拿来给大家念的,就是自己给自己的总结。"

观众一字一句敲下评论,一小格一小格里发来,不容易,像电台时期那些信件一样,我珍重这些。有一期谈收入分配改革,有位观众留言:"在采访中,当采访对象说到城市收入的增加比例时,本来人家紧接着就要说农民的比例,但柴静非要问一句'那农民呢',故作聪明!"

底下的留言中有不少人为我辩解,说这是节目节奏要求,或者需要这样追问的回合感等等。还有人说这位留言的观众:"你用词太刺激了。"

批评我的这位写了一句话:"当年陈虻说话也不好听,现在陈虻去世了,我们也要像陈虻那样对待她。"

我心头像有什么细如棉线,牵动一下。

他说得对,去打断谈话,问一个明知对方接下去要谈的问题,不管是为什么,都是一个"有目的"的问题,是为伪。

什么是幸福?这就是幸福,进步就是幸福。我的起点太低,所以用不着发愁别的,接下来几十年要做的,只是让自己从蒙昧中一点点解缚出来,这是一个穷尽一生也完成不了的工作,想到这点就踏实了。

日子就这么过去了。有年夏天,台里通知我参加一个演讲,题目叫"为祖国骄傲,为女性喝彩"。上学时我常参加演讲比赛,通常几个拔地而起的反问句"难道不是这样吗",再加上斜切向空中的手势:

"擦干心中的血和泪痕，留住我们的根！"狗血一洒满堂彩。这么大岁数，我实在是不想参加演讲比赛了。但台里说这事已定，当天领导辛苦地起个大早替我抽好签，十四号。

第一位选手已经开始，我袖口上别着十四号的塑料圆牌子，左腿搭右腿，不知说什么好。旁边有位选手穿了件大红裙，凑耳过来说："越配合，完得越早。"

我笑，觉得有理，混一混，等会儿就结束了。包里装着北大徐泓老师整理的陈虻生前讲课的记录，正好翻翻看，有的话以前没听过，有的听了没听进去，有些听进去了没听明白，有一句我以前没注意，这当口看见刺我一下："你必须退让的时候，就必须退让。但在你必须选择机会前进的时候，必须前进。这是一种火候的拿捏，需要对自己的终极目标非常清醒，非常冷静，对支撑这种目标的理念非常清醒，非常冷静。你非常清楚地知道你的靶子在哪儿，退到一环，甚至脱靶都没有关系。环境需要你脱靶的时候，你可以脱靶，这就是运作的策略，但你不能失去自己的目标。那是堕落。"

"不要堕落。"他说。

我以为我失去了他，但是没有。

叫到十四号时，我走上台，扶了下话筒："十年前在从拉萨飞回北京的飞机上，我的身边坐了一个五十多岁的女人，她是三十年前去援藏的，这是她第一次因为治病要离开拉萨。下了飞机很大的雨，我把她送到了北京一个旅店里。过了一个星期我去看她，她的病已经确诊了，是胃癌晚期，她指了一下床头的一个箱子，她说如果我回不去的话，你帮我保存这个。这是她三十年当中走遍西藏各地，和各种人，官员、汉人、喇嘛、三陪女……交谈的记录。"

认识她，正是我十年前挣扎来不来中央台做新闻的关口。认识她，影响我最后的决定。"她没有任何职业身份，这些材料也无从发表，她只是说，一百年之后，如果有人看到的话，会知道今天的西藏发生了什么。这个人姓熊，拉萨一中的女教师。"

在这种来不及思考的匆忙里，才知道谁会浮现在自己心里。

我说了郝劲松的故事，"他说人们在强大的力量面前总是选择服从，但是今天如果我们放弃了一点五元的发票，明天我们就可能被迫放弃我们的土地权、财产权和生命的安全。权利如果不用来争取的话，权利就只是一张纸。"他和我没有什么联系，但我们都嵌在这个世界当中。有一天他从山西老家寄给我一个纸箱子，剥开，是胖墩墩一大塑料袋，里头还套了一个塑料袋，红绳子系着口。解开把手插进去，暖暖热的碎金子一样的小米粒，熬粥时米香四溢，看电梯的大姐都来寻一碗喝。

人不可能孤立而成，人由无数他人的部分组成。

我说到了陈锡文对征地问题的看法："他说给农民的不是价格，只是补偿，这个分配机制极不合理，原因不在于土地管理法，还根源于一九八二年宪法。"在那期节目播出后，我曾收到陈锡文的短信，他说："我们做的事情，都是为了让人们继续对明天有信心。"

二〇〇三年的一场座谈会上，我曾经问过一个人："你说年轻记者要对人民有感情，我们自认有，但是常常遇到挫折。"他回答说，有一年去河北视察，没有走当地安排的路线，他在路边看见了一个老农民，旁边放着一副棺材。老农民说太穷了，没钱治病，就把棺材板拿出来卖。他拿出五百块钱让这农民回家。他说，中国大地上的事情是无穷无尽的，不要在意一城一池的得失，要执著。这个人是温家宝，中华人民共和国总理。

这个演讲场地很小，水泥台子上放了个喷塑的泡沫背景板，大红的仿宋体写着"为祖国骄傲，为女性喝彩"。底下坐了几十人，评委坐在课桌后，桌上面铺着鲜红的绒布。这是一个有点简陋的场地，但人站在了这里，这里就是真的。

"一个国家由一个个具体的人构成，它由这些人创造并且决定，只有一个国家能够拥有那些寻求真理的人，能够独立思考的人，能够记录真实的人，能够不计利害为这片土地付出的人，能够捍卫自己宪法权利的人，能够知道世界并不完美、但仍然不言乏力不言放弃的人，"我回身指了指背景板上这几个字，"只有一个国家拥有这样的头脑和灵魂，我们才能说我们为祖国骄傲。只有一个国家能够珍重这样的头脑和灵魂，我们才能说，我们有信心让明天更好。"

结束后坐在台下等着离开，有位不认识的同行移坐身后，拍了下我肩头："今天早上我特别不愿意来，但听你讲完，觉得有的事还是要把它当真，不然就真没意思了。"

演讲结束时间还早，我去公园。拎了瓶冻得结实的冰水，像平常那样找个僻静处，木凳上一躺，满天浓荫，虫鸟声无已。

长空正滚滚过云，左边不远处是湖，风从湖上来，带着暗绿色的潮气，摇得树如痴如醉。更远处可见青山，两叠，浅蓝青蓝，好看得像个重影，当下此刻，避人默坐，以处忧患。

湖在脚下，乳白色清凉的雾里全是青草的味儿。没有人，听很久，茂密的草丛深处才听到水声。水无所起止，只知流淌，但总得流淌。山高月小，它要滴落，乱石穿空，它要拍岸，遇上高山峡谷，自成江河湖海。此刻这水正在平原之上，促急的劲儿全消，自顾自地缓下来，一个温柔的转弯推动另一个温柔的转弯，无穷无尽，连石头都被打磨得全是圆润结实，就这么不知所终，顺流而去。

后 记

三年前，我犹豫是否写这本书时，最大顾虑是一个记者在书里写这么多"我"是否不妥，六哥说不在于你写的是不是"我"，在于你写的是不是"人"。

这本书才得以开始。

当中数年我停停写写，种种不满和放弃他都了解，不宽慰，也不督促，只是了解这必然发生，我才有气力写下来。书稿完成后他承担了大量编辑工作，编辑时他曾说过有点悠然的快乐，是我作为作者的最大奖赏。

余江波是我"看见"栏目的原同事，这本书很多具体的材料与修订工作都是他的心血。他曾是我博客的读者，一再告诫我，不要偷懒简单地使用过去的材料，读者是不会满足的，必须重新与生活打滚，不断地深化材料。他的严苛是对的。

感谢何帆承担了这本书相关法律问题的修订工作。也感谢张宏杰、汪汪、老颓、牟森、土摩托。三年中，写是一件不知所往的事，还好有朋友相互伴随。

　　谢谢广西师大出版社的几位编辑杨静武、周昀、陈凌云，他们对书中每期节目的内容都进行了核实，对书稿的结构与文字提出了中肯的见解与建议，使这本书得以规避很多毛病。

　　感谢梁建增先生对这本书的爱护与关切。感谢张洁、李伦以及所有共事者对我的全部宽容。书中封面照片是在重庆开县麻柳村采访时陈威拍摄的，部分现场照片由席鸣拍摄，感谢他们。

　　老范现在是"看见"栏目的主编，与我一起工作，老郝当了妈妈，我们仨没有失散。

　　感谢我的家庭。

柴静

图书在版编目(CIP)数据

看见 / 柴静著 . — 桂林：广西师范大学出版社,2013.1
ISBN 978-7-5495-2932-2

Ⅰ.①看… Ⅱ.①柴… Ⅲ.①随笔 – 作品集 – 中国 – 当代
Ⅳ.① I267.1

中国版本图书馆 CIP 数据核字 (2012) 第 276723 号

广西师范大学出版社出版发行

广西桂林市五里店路9号 邮政编码：541004
网址：www.bbtpress.com

出 版 人：张艺兵

全国新华书店经销

发行热线：010-64284815

肥城新华印刷有限公司

开本：960mm×635mm 1/16

印张：26.5 字数：230千字 图片：33幅

2013年1月第1版 2018年8月第25次印刷

定价：39.80元

如发现印装质量问题，影响阅读，请与出版社发行部门联系调换。